汽车喷涂技术及系统集成

Automotive Spraying Technology and System Integration

臧齐安　编著

化学工业出版社

·北京·

内容简介

本书全面阐述了汽车涂装工艺和生产线中喷涂部分的基础理论知识、系统设计、集成、制造、安装、使用维护等环节的技术要点、流程工艺、操作维护规范、系统自动控制以及产品质量检测评价手段；重点介绍了 3C1B、B1B2 等油漆紧凑工艺以及自动喷涂和打胶技术，新型智能涂料供给系统、各种新型涂料泵和喷具、水性涂料喷涂技术、水电隔离旋杯、定量缸、走珠换色技术、定量注蜡技术、双组分发泡灌注技术、图像定位等近年发展应用的新型技术。

为方便读者理解，本书配有 26 个喷涂设备工作原理和作业视频，可通过扫描二维码观看。

本书凝结了作者 30 余年从事汽车喷涂系统设计和生产线建设经验，具有很强的实用性，可供汽车喷涂专业的系统设计、设备制造、生产线操作人员以及从事汽车涂装、焊装、总装的工程技术人员参考阅读。

图书在版编目（CIP）数据

汽车喷涂技术及系统集成 / 臧齐安编著. —北京：化学工业出版社，2024.3
ISBN 978-7-122-45070-8

Ⅰ. ①汽… Ⅱ. ①臧… Ⅲ. ①汽车-喷涂 Ⅳ. ①U472.44

中国国家版本馆 CIP 数据核字（2024）第 033733 号

责任编辑：傅聪智　　　　　　　文字编辑：徐　秀　师明远
责任校对：王鹏飞　　　　　　　装帧设计：王晓宇

出版发行：化学工业出版社
　　　　　（北京市东城区青年湖南街 13 号　邮政编码 100011）
印　　刷：北京云浩印刷有限责任公司
装　　订：三河市振勇印装有限公司
710mm×1000mm　1/16　印张 23　彩插 4　字数 429 千字
2024 年 5 月北京第 1 版第 1 次印刷

购书咨询：010-64518888　　　　　售后服务：010-64518899
网　　址：http://www.cip.com.cn
凡购买本书，如有缺损质量问题，本社销售中心负责调换。

定　　价：150.00 元　　　　　　　　　　　　版权所有　违者必究

序一

中国汽车工业起步于 20 世纪 50 年代初。直至 70 年代末，发展水平远落后于世界汽车发达国家。自改革开放以来，从技术引进到市场的全面开放，自主、合资合作、外资等同步发展，目前中国已经连续多年成为全球第一的汽车生产和消费大国。汽车涂装技术与汽车发展同步，完全与世界融合发展，且在汽车新涂装生产线建设及涂装新技术应用方面处于世界领先水平。

汽车涂装在整车制造的四大工艺（冲压、焊装、涂装、总装）中，无论是生产线设计建造，还是生产运行维护管理，都可谓是技术最复杂、投资最高、管理难度和对整车生产影响最大的。汽车涂装工艺是典型的流程式工艺，在汽车涂装生产线的数十道工序中，自动喷涂工序是重中之重，其核心是喷涂设备（包括雾化器单元、机器人单元、涂料计量及换色单元等）和涂料输送供给及清洗废料回收系统（包括涂料/稀释剂/废料等储存及其调制/处理单元、泵送循环单元、压力流速控制单元等）。以目前较广泛应用的 3C1B（也称 3WET 或 B1B2）喷涂工艺为例，完整的喷涂过程有 3~4 道工序（自动喷涂站），每道工序包括多台机器人（负责喷涂和开关门盖等），一般习惯上将这些统称为喷涂系统或自动喷涂系统。显然，喷涂系统非常复杂，专业性极强，一般由专业公司根据涂装工艺要求进行系统设计、制造、安装调试及售后服务。

目前，就中国汽车涂装相关要素领域的发展而言，基于全球可用资源，总体上处于世界先进水平。然而，在涂装材料、涂装设备关键配套件或系统、自动喷涂设备及工具、检测及控制等方面，自主核心技术的掌控水平与国际先进水平尚存在不小的差距。

除汽车涂装外，喷涂技术在汽车的焊装和总装工艺中，乃至其他机械制造领域也有广泛的应用，可谓制造业中不可或缺的重要支撑技术。

臧齐安先生（在北京瑞科公司）从事喷涂专业技术工作 30 余年，参与了改革开放以来中国汽车工业的发展腾飞历程，参加过许多汽车喷涂系统和相关生产线建设项目的设计建造，积累了丰富的技术和实践经验；也长期参加或关注中国汽车涂装技术交流活动，对业内技术动态较为熟悉。

此书根据他多年的工程实践经验积累编写，全面翔实地介绍了喷涂的基础知识以及汽车喷涂系统的匹配、设计、制造、安装调试等技术要点，也介绍了喷涂新技术、新工艺以及相关系统、设备的原理和使用知识，是喷涂技术领域实用性较强的著作，对从事汽车涂装、焊装、总装等相关工程技术以及操作维护的人员是难得的工具书，对其他相关专业的学生和工程技术人员也具有参考价值。

吴 涛

中国表面工程协会名誉副理事长

中国汽车工程学会涂装技术分会主任

2023 年 6 月

序二

我和臧齐安先生第一次见面是在15年前,当时我还是固瑞克的一名产品经理。这么多年过去,我不仅对臧先生本人有了非常深入的了解,而且见证了他的专业水平在业内技术不断更迭的过程中得到了长足的成长与进步。

北京瑞科公司凭借自身努力在汽车制造业的喷涂技术领域做出了出色的业绩,也积累下雄厚实力。瑞科和我们有逾30年的积极合作,不得不说,在这些日子里,我们的合作一直让我感到十分愉快。我们一直在紧密协作,用新的产品和技术推动行业的发展。而如今,我们仍然对整个汽车制造业的前景充满期待。

如今,中国的汽车制造业正在继续高歌猛进,超过2700万辆的汽车年产销量使中国成为全世界最重要的制造基地和市场。中国的汽车工业正在以令人惊叹的速度进步发展,并已成为新能源汽车市场的领头羊。

能为这本书写序言,我感到十分荣幸。希望您能喜欢这本书,并从中得到汽车喷涂技术的相关参考知识。在接下来的岁月里,固瑞克仍将继续携手瑞科研发前沿技术,为整个汽车行业做出新的贡献。

Anthony Gargano
美国 GRACO 公司亚太区总裁
固瑞克流体设备(上海)有限公司
2023 年 6 月

前言

本人在喷涂业内从业多年，见证并参与了中国汽车业从起步到腾飞的历史过程。汽车制造业是国家工业的基石，和其他领域一样，从技术引进、消化吸收到自主创新，都走过了漫长而艰辛的探索积蓄之路。如今，我国在汽车制造业特别是新能源车领域取得井喷式发展，甚至站到了世界前端，是国家政策支持和业内同仁奋发图强的结果。

纵观我国汽车涂装技术领域的发展历程，也具有两重性：一方面通过消化吸收和局部创新在技术、工艺和制造方面取得了长足进步，在汽车厂建线的速度和成本方面则遥遥领先于欧美，这也是中国汽车制造业突飞猛进的原因之一。另一方面，在概念模式、应用技术、关键设备元件等方面依然相当依赖国外技术和产品，自主研发创新和国产化的投入力度、成果尚且不足。从生产线建设方面看，有限资金的投入也未尽科学合理，常有重硬件、追求进口高端配置、互相攀比的倾向，对核心技术、软件、国产化的重视不足。目前涂装线总包商已形成机械工业第四设计院、第九设计院和德国杜尔等几家实力雄厚的大型集团；而二级承建分包商则相对分散，研发创新、技术进步、水平提高显得缓慢和不足。改变这些要大家共同努力。

本人在北京瑞科公司（喷涂系统集成商）从事技术工作多年，也参加了许多建线项目的设计建造，对喷涂技术和系统集成有较多的参与和体验，现整理出来，试图做些分享工作，和同仁们共同交流讨论。本书从生产线建设、子系统集成角度，阐述当前国内汽车喷涂系统的结构、原理、设计、建造、安装调试的流程和技术要点，并着重介绍喷涂技术领域一些新型理念、系统以及机具设备，例如走珠换色、定量注蜡、聚氨酯发泡等应用技术，希望对相关从业人员有所帮助。限于本人水平能力，定有疏漏不足之处，敬请同仁批评指正。

本书荣幸地得到业内资深专家吴涛先生亲自过目、指点、正误并作序，瑞科公司长期、亲密的合作伙伴美国 GRACO 公司亚太区总裁 Anthony Gargano 先生也热情地写了序言，本人及瑞科公司深表感谢。

本书由瑞科公司刘柯制作了流体、系统和设备部分（占全书大部分）的图纸，参与了技术讨论和校审；周雪冬制作了电气部分的图纸、人机界面，参与了技术讨论和校审；赵凯参与了新技术部分的资料整理、技术讨论；梁斌参加了漆膜检测部分的技术讨论和校审；周振发、孙永波等也给予了技术支持；GRACO 公司孙国桢先生还提供了自己编写的技术资料作为参考。在此一并感谢。

臧齐安
2023 年 6 月

目录

绪论 001

第 1 章　喷涂技术在汽车制造中的应用 004

1.1　喷涂技术在汽车涂装线中的应用 004
  1.1.1　车身油漆 005
  1.1.2　车身涂胶 007
  1.1.3　空腔保护 010
1.2　喷涂技术在汽车焊装线的应用 011
1.3　喷涂技术在汽车总装线的应用 013

第 2 章　流体和涂料的基础知识 016

2.1　流体的基础知识 016
  2.1.1　流体的黏度和剪切 016
  2.1.2　牛顿流体和非牛顿流体 018
  2.1.3　流体在管道中的流态 019
  2.1.4　流体运动的压力损失和计算 020
  2.1.5　液体的压缩和温度体积膨胀 023
2.2　喷涂材料的一般知识 025
  2.2.1　汽车喷涂材料家族 025
  2.2.2　油漆 026
  2.2.3　胶 028
  2.2.4　蜡和聚氨酯发泡材料 029
  2.2.5　溶剂 029
  2.2.6　固化剂 030
2.3　涂料的理化特性 030
  2.3.1　涂料的黏度和剪切特性 030
  2.3.2　涂料的管路流态 031

		2.3.3 涂料的流变特性曲线	032
	2.4	喷涂材料黏度的测量	033
	2.5	喷涂材料的输送	034

第 3 章　喷涂的基础知识　　036

	3.1	汽车涂装的工艺流程	036
		3.1.1 前处理、电泳	037
		3.1.2 车身涂胶	038
		3.1.3 车身油漆	038
		3.1.4 空腔加注	041
	3.2	喷涂的作业方式	042
	3.3	喷涂系统的构成和运行模式	044
		3.3.1 喷涂系统的构成	044
		3.3.2 工位供给和集中供给模式	045
		3.3.3 涂料输送	049
		3.3.4 涂料循环系统的运行模式	053
	3.4	涂料系统的临时生产和换色	054
		3.4.1 小系统	054
		3.4.2 油漆系统的换色	055
		3.4.3 走珠式快速换色系统	055

第 4 章　通用喷涂机具设备　　057

	4.1	喷具	057
		4.1.1 空气喷枪	058
		4.1.2 无气喷枪	059
		4.1.3 混气喷枪	060
		4.1.4 静电喷枪	061
		4.1.5 双组分喷枪	062
		4.1.6 挤胶枪	062
		4.1.7 热熔胶枪	062
		4.1.8 专用喷枪	063
		4.1.9 旋杯	065
	4.2	涂料泵	070
		4.2.1 柱塞泵	072
		4.2.2 容积泵	093

  4.2.3 隔膜泵 095
  4.2.4 齿轮泵 097
  4.2.5 螺杆泵 098
 4.3 流体处理元件 098
  4.3.1 搅拌器 098
  4.3.2 涂料稳压器 099
  4.3.3 涂料过滤器 099
  4.3.4 涂料调压器 101
  4.3.5 涂料背压器 103
  4.3.6 空气处理元件 105
 4.4 流体测量和控制元件 106
  4.4.1 温度传感器 106
  4.4.2 压力传感器 108
  4.4.3 流量计 108
  4.4.4 液位计 110
  4.4.5 仪器仪表 111
  4.4.6 电气驱动元件 112
  4.4.7 气控元件 113
 4.5 喷涂设备 115
  4.5.1 换色器 115
  4.5.2 双组分配比器 116
  4.5.3 胶体流量控制器 117
  4.5.4 高压双组分配比设备 118
 4.6 喷涂机器人 120
  4.6.1 油漆喷涂机器人 120
  4.6.2 胶蜡喷涂机器人 122
  4.6.3 喷涂机器人的控制 122
 4.7 其他喷涂设备 122

第 5 章 喷涂系统非标设备的设计与制作 124

 5.1 涂料桶 124
  5.1.1 油漆桶 124
  5.1.2 溶剂、固化剂桶 126
  5.1.3 废溶剂桶 127
  5.1.4 中转胶桶 128

  5.1.5 水套桶 129
 5.2 搅拌器 129
  5.2.1 油漆搅拌器 129
  5.2.2 高黏度材料搅拌器 130
 5.3 涂料温控设备 131
  5.3.1 管中管式换热器 131
  5.3.2 管中管温度控制器总成 132
  5.3.3 管中管模组 133
  5.3.4 媒质供给单元 135
 5.4 液压站 138
  5.4.1 液压油箱 141
  5.4.2 液压主泵 141
  5.4.3 控制元件 141
  5.4.4 冷却系统 142
  5.4.5 液压油 142
 5.5 其他配套机具 142

第 6 章 油漆喷涂系统的设计和集成 144

 6.1 喷涂系统的设计要求 144
  6.1.1 生产纲领和技术要求 144
  6.1.2 设计大纲和设计任务书 145
  6.1.3 项目设计流程 145
  6.1.4 项目设计内容 145
 6.2 油漆供给系统的设计 146
  6.2.1 油漆供给系统的结构设计 146
  6.2.2 油漆供给系统的流量设计 152
  6.2.3 油漆输送管路的设计 156
 6.3 油漆供给单元的集成 164
  6.3.1 主泵模组 165
  6.3.2 油漆桶模组 166
  6.3.3 流体处理模组 168
  6.3.4 溶剂、固化剂供给单元 170
 6.4 涂料输送管路和枪站 170
  6.4.1 油漆输送管路 170
  6.4.2 枪站 172

  6.4.3 压缩空气供给单元 174
 6.5 油漆温控单元 175
 6.6 废溶剂回收、反冲洗单元 179
  6.6.1 洗枪盒 179
  6.6.2 反冲洗 179
  6.6.3 废溶剂中转站 179
  6.6.4 废溶剂回收和反冲洗管道 181
  6.6.5 废溶剂回收 183
 6.7 小系统 184
 6.8 走珠式换色系统 184
  6.8.1 走珠式换色系统的原理 185
  6.8.2 走珠式换色系统的结构模式 188
  6.8.3 简易走珠模式 188
  6.8.4 主、支管走珠模式 193
  6.8.5 单通道矩阵走珠模式 194
  6.8.6 多通道矩阵模式 197
  6.8.7 支管选色模式 199
  6.8.8 供漆单元 200
  6.8.9 溶剂供给和废溶剂回收系统 202
  6.8.10 中压空气站 202
  6.8.11 控制中心 202
 6.9 油漆喷涂系统的安全和环境要求 202
  6.9.1 调漆间、储漆间的安全要求 202
  6.9.2 调漆间、储漆间的环境要求 203

第 7 章 胶、蜡、发泡系统的设计和集成 204

 7.1 胶蜡系统的结构和管线设计 204
  7.1.1 胶蜡系统与油漆系统的异同 204
  7.1.2 单级和双级供给系统 205
  7.1.3 供给系统的循环 208
  7.1.4 供胶输送管路的设计 208
  7.1.5 系统工作压力计算和主泵选取 213
  7.1.6 管路温控设计 214
 7.2 供胶系统的集成 216
  7.2.1 供胶系统的基本配置 216

  7.2.2 各胶种系统配置 219
 7.3 注蜡系统的设计与集成 223
  7.3.1 供蜡单元 223
  7.3.2 定量注蜡 224
  7.3.3 定量注蜡枪 224
  7.3.4 注蜡枪站 226
  7.3.5 车型识别装置 226
  7.3.6 控制单元 227
 7.4 聚氨酯发泡空腔灌注系统的设计与集成 227
  7.4.1 材料供给单元 227
  7.4.2 主机单元 228
  7.4.3 发泡主机 229
  7.4.4 枪站单元 234
  7.4.5 系统的循环状态 238
  7.4.6 干燥空气模组 239
  7.4.7 机器人加注的位置识别 239
 7.5 焊装线和总装线的涂胶 242
  7.5.1 点焊胶涂胶系统 242
  7.5.2 热熔胶涂胶系统 243
  7.5.3 窗玻璃胶涂胶系统 243

第 8 章 电气控制系统的设计和集成 245

 8.1 工业现场的 PLC 控制系统 245
  8.1.1 工业现场总线 245
  8.1.2 PLC 主控单元硬件结构 246
  8.1.3 PLC 工控系统的总线网络结构 249
  8.1.4 CPU 的工作方式 254
  8.1.5 PLC 系统的人机界面 255
  8.1.6 变量控制 257
  8.1.7 系统软件和用户程序 258
 8.2 油漆喷涂系统的控制单元 259
  8.2.1 油漆供给单元的控制 259
  8.2.2 油漆温控单元的控制 262
  8.2.3 废溶剂回收单元的控制 264
  8.2.4 走珠式换色系统的控制 266

  8.2.5　油漆供给系统的中控界面　　267
 8.3　打胶系统的控制单元　　275
  8.3.1　供胶单元的控制　　276
  8.3.2　供胶系统的温度控制　　276
  8.3.3　供胶系统的主控单元　　276
 8.4　注蜡系统的控制单元　　281
  8.4.1　供蜡单元的控制　　281
  8.4.2　定量注蜡的控制　　281
 8.5　聚氨酯双组分发泡系统的控制单元　　285
 8.6　控制单元的制作　　290
  8.6.1　主站中控柜　　290
  8.6.2　工位控制箱　　292

第9章　喷涂系统的安装施工、流道处理、系统调试　　293

 9.1　设备安装和管路架设　　293
  9.1.1　设备安装　　293
  9.1.2　管路架设　　293
  9.1.3　管路连接　　294
  9.1.4　管路加热　　296
  9.1.5　管路保温　　297
  9.1.6　电气设备布线　　297
 9.2　涂料管路的检漏和耐压试验　　298
  9.2.1　气体检漏和保压试验　　298
  9.2.2　液体保压和耐压试验　　299
 9.3　管路的酸洗钝化和系统的清洗　　300
  9.3.1　不锈钢管路的酸洗钝化　　300
  9.3.2　系统的清洗　　302
 9.4　喷涂系统的调试　　304
  9.4.1　设备、传感器、仪表的定标　　306
  9.4.2　系统初始化　　307
  9.4.3　系统调试　　308
  9.4.4　人员培训　　311
 9.5　试生产　　311
 9.6　喷涂系统的停机和再开机　　311
 9.7　喷涂系统的操作和维护　　312

9.7.1	更换滤袋、滤芯	313
9.7.2	稳压器和储能器充气	314
9.7.3	电动机和主泵维护	314

第 10 章　汽车漆膜及外观检测　　315

- 10.1　外观检测　　316
  - 10.1.1　光泽仪　　318
  - 10.1.2　雾影仪　　319
  - 10.1.3　橘皮仪　　320
  - 10.1.4　云雾仪　　323
- 10.2　颜色检测　　325
  - 10.2.1　颜色系统和检测原理　　326
  - 10.2.2　颜色的测量　　330
  - 10.2.3　分光色彩纹理仪　　332
- 10.3　物理测试仪器　　333
  - 10.3.1　漆膜测试仪器　　333
  - 10.3.2　湿膜及油漆测试仪器　　337
  - 10.3.3　涂料参数测试　　339
  - 10.3.4　烘烤测试　　340
- 10.4　机器人检测　　342

参考文献　　343

附录　　344

- 附录 1　常用喷涂术语简明汉英对照表　　344
- 附录 2　喷涂技术常用物理单位对照表　　351

绪　论

　　汽车制造是资本密集型和技术密集型行业，也是国家重要的支柱产业。整车制造位于汽车产业链中游，又以乘用车占比最大。我国2022年汽车产销已达2700万辆，连年位居世界第一，其中80%以上是乘用车。在汽车制造技术中，也以乘用车最具代表性，所以本书主要讨论乘用车的相关技术。

　　众所周知，汽车整车厂的制造工艺由冲压、焊装、涂装、总装四大板块组成。涂装板块的任务是将各种油漆、胶蜡等材料涂覆于汽车车身以及构件的内外表面，用以实现车身表面和结构的防蚀、密封、阻尼减震、装饰等各项功能。汽车涂装作业是由自动化的流水线完成的，它包括多道工艺流程（涉及多种材料、复杂的工艺、众多的流程设备），精细严格的生产、技术、质量管理，以及安全、环保、节能等各个相关环节，是四大流程板块中投资最大、技术和管理难度最高的。涂装还占有汽车制造厂一半以上的能耗，也是废气、废水以及有机挥发气体（VOC）的主要来源。所以，涂装技术对于汽车制造的质量、成本、能耗、环保等都是非常重要的。

　　汽车的涂料作业不仅限于涂装线，它在焊装和总装工艺中也都有很多应用。在焊装线要涂点焊胶、折边胶、结构胶、减震胶；总装线要涂玻璃胶、内饰件胶黏剂、防护蜡等。合计起来，一台乘用车所使用的油漆和胶蜡等涂覆材料会有数十种，遍及车身各个部位，总量达到20～30kg之多。这么多的涂覆材料，除车身底漆使用电泳工艺之外，其余都采用喷涂、挤涂等物理手段作业，我们统称为喷涂作业，是本书讨论的内容。

　　现代汽车涂装流水生产线主要包括工艺室体和输送、作业系统等线体，也包括动力、物流、安全、环保、信息管理等配套设施；从工艺流程上说，涂装线包含前处理、电泳、打胶、喷漆、烘干、空腔保护等流程；而本书所叙述的喷涂系统，则仅涉及打胶、喷漆、空腔保护等液体涂料的供给、处理、输送和涂布流程。它虽然仅是涂装工艺的一部分，却是较为关键、重要和复杂的部分，它直接关系着产品的最终质量、成本。我们将这一部分的机具、设备、工艺流程和软件集成为系统，称为喷涂系统；而将实现喷涂工艺目标的相关技术称为喷涂技术。汽车种类繁多，不同类型汽车的喷涂方式、应用技术、作业手段也各不相同，但以乘用车技术最为全面、复杂、先进，而且产量最大、在用系统最多，所以本书主要叙述乘用车的喷涂技术。

我们也常说汽车制造技术代表了一个国家的工业发展水平。一方面汽车制造综合采用了材料、化工、工艺、机械、控制、自动化、人工智能、能源、环保、安全等诸多领域的先进技术，全面而复杂，处于各领域的技术前端；另一方面，科技和产业界的创新进步，也总是会很快在汽车业内得到应用。随着社会进步，汽车消费者对车辆性能、智能化、乘坐舒适性、外观个性化的需求也日益提高，所以，汽车制造的理念、工艺、技术也总是处在不停的变革、发展、进步和升级之中。

进入 21 世纪以来，随着世界范围内第四次工业革命的步伐，对信息化、智能化以及环保节能要求日益提高，新材料、新工艺、新技术的推出和应用加快，加上新能源汽车的推广普及，汽车涂装技术又出现巨大变化和进步，其速度超过历史上任何时期。罗列起来，其一，新能源车辆席卷全行业，车体结构、功能要求和制造技术也发生许多改变。其二，水性涂料被大量采用，使工艺、线体、喷涂技术发生重要改变。随着车身外板及涂料的技术进步，得以使用紧凑喷涂工艺（3C1B 工艺、B1B2 工艺等）代替传统的 3C2B 工艺，大幅减少材料、能源消耗以及 VOC 排放处理，也节省了厂房空间，缩短了涂装生产时间。但水性涂料黏度高、电导率高，对管路及设备有一定腐蚀性，喷具也要采用静电隔离技术，所以对设备、输送管道要求较高。其三，机器人的广泛应用使线体自动化程度大幅提高，不仅油漆自动喷涂作业覆盖率已达到 100%，而且几乎全部胶体、石蜡、空腔加注等作业也都实现了机器人自动化。这不仅要求涂料供给系统提供的涂料参数更为精准、稳定，也需要车型和位置自动识别、喷具自动定位、智能管理等技术配合。其四，用户对乘用车外观、色彩个性化多样化需求提高，需要简易快速的系统换色手段，催生出走珠模式快速换色技术。这是一种创新的甚至具有颠覆性的技术。它使用简单供漆单元、矩阵式智能化油漆配送中心和可用走珠清洗的涂料软管，不仅使快速换色成为现实，也可以实现定量供漆，大幅节省了材料和能源。它可以作为特殊色（小颜色）的快速换色手段对现有生产线进行补充，也可以搭建全新的、设备和管路更为简化的整线供漆系统。其五，乘用车 NVH（噪声、振动、舒适性指标）等概念提出，车辆驾驶向舒适性拓展，催生或改进了 LASD（以液体消音胶替代沥青胶垫）、聚氨酯发泡填充、定量注蜡等工艺手段。其六，喷涂设备、机具元件自身更新换代加速，例如涂料泵由气动、液压、交流电动走向直流电动，越来越多的喷涂设备、元件具有智能控制、人机界面、网络接口，其功能、操控技术、环保节能都有很大进步。其七，现场局域网、分布式 I/O、智能控制、信息共享等现代工业控制技术大量应用，PLC 硬、软件技术的升级换代，都使作业系统的控制管理更为精准、快速、可靠、方便，向智能化迈进。其八，车身的新型材料、全新的外观装饰理念和涂装技术也在孕育尝试中。

这些技术上的创新、变革、进步是推动生产力发展的动力。它们在提升汽车性能、质量、作业效率的同时，也大幅提高了环保、节能指标，降低了生产成本，提升了行业的总体现代化水平，使传统作业方式以及线体构成发生了深刻的变化。所以，新技术是本书着力描述的重点。随着汽车制造技术的升级节奏加快，创新的概念和技术手段快速更迭，喷涂技术也将面临巨大变革。与此同时，由于目前以及一段时间内燃油车与新能源车仍会并存生产，许多传统模式的生产线也仍然在继续运行，喷涂模式的多样性会持续存在，所以本书仍以传统喷涂技术的描述作为主线。

喷涂技术涉及材料学、流体力学、工艺学以及机械、化工、电气、自动控制等学科的理论和应用技术。本书在内容编排上，主要叙述喷涂系统的结构，各子系统的组成，主要设备、机具、仪器的结构原理和应用特点等，包括喷涂系统的设计、配套、建造安装、调试、使用维修等方面。为节省篇幅，除必要的基础知识外，不深入讨论专业理论，仅从原理和应用角度加以描述。为使描述形象直观，本书插入了大量实例图片和一些设备的工作原理及作业视频（可用手机扫码观看）。由于喷涂机具、设备、仪器品类繁多，在介绍其具体的结构、原理时，以目前在国内外汽车喷涂系统应用最为广泛的美国 GRACO（喷涂设备）、ABB（机器人、旋杯）、德国 BYK（漆膜检测仪器）、SIMENS（控制系统）等公司的主流产品作为范例，也涉及 DURR、FANAUC 等专业涂装公司的自动化产品。

喷涂技术是一门实践性、经验性很强的技术，本书会介绍许多系统设计、建造、调试、使用维护方面的实践经验，力求对业内相关的工程技术人员有所帮助。由于现代流水线大量采用机电一体化、智能化设备，对现场操作、维修人员的知识更新要求也日渐提高，本书希望对他们也能提供有益的帮助。

第1章
喷涂技术在汽车制造中的应用

1.1 喷涂技术在汽车涂装线中的应用

汽车涂装线是将各种油漆、胶体、石蜡、聚氨酯发泡等防蚀、保护、装饰、功能材料涂覆在金属车身内外表面并固化成膜的自动化流水生产线，通常安排在2万~6万平方米的厂房内，如图1-1所示。

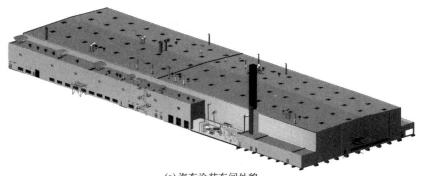

(a) 汽车涂装车间外貌

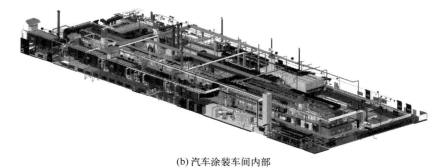

(b) 汽车涂装车间内部

图 1-1 汽车涂装车间（彩图见文后插页）

喷涂系统是涂装线的子线系统，它负责电泳漆之外的涂料涂覆作业。乘用车主要的喷涂作业内容可分为三漆四胶两注。其中油漆部分以目前流行的 3C1B 或 B1B2（3C1B 紧凑工艺的一种简化版）工艺为例，喷涂系统各流程功能、工艺、参数简单描述如表 1-1。

表 1-1 喷涂工艺流程以及涂层要求

工序	工序名称	覆盖部位	功能	作业方式	涂料/材料	干膜厚度/μm
油漆	中涂漆（B1）	车身外表面	填充、紫外线遮蔽、漆种过渡、防蚀	机器人自动喷涂一遍	水性漆（2~6 种颜色）	30~40
	色漆（B2）	车身内外表面	装饰、紫外线遮蔽	机器人自动喷涂两遍	水性漆（6~20 种颜色）	18~28
	罩光漆（CC）	车身内外表面	耐擦划、耐候、紫外线遮蔽、色漆保护、装饰	机器人自动喷涂，一至两遍	溶剂型双组分清漆（1~3 种）	30~50
胶	车身密封胶（IBS）	车内连接缝	防蚀、密封	机器人喷涂或人工挤涂	PVC 塑溶胶	胶型或窄幅喷涂
	车底密封胶（UBS）	车底焊缝	防蚀、密封	机器人喷涂	PVC 塑溶胶	500~1000
	车身细密封胶（ISS）	车门、舱盖	防蚀、密封	机器人喷涂或人工挤涂	PVC 塑溶胶	胶型或窄幅喷涂
	车身装饰密封胶（CSS）	车身外露接缝	装饰密封	机器人喷涂	PVC 塑溶胶	挤涂
	抗石击减震胶（UBC）	底盘外部	抗石击减震	机器人自动喷涂	PVC 塑溶胶	500~1000
	裙边胶（RPP）	车门下部裙边	防蚀、减震、抗石击	机器人或自动机喷涂	PVC 塑溶胶	150~300
	液态隔音阻尼胶（LASD）	驾驶舱底、侧面	噪声阻隔、减震	机器人自动喷涂	液化聚合物胶	1500~3000（湿膜）
空腔喷注	喷蜡（WAX）	车架等结构空腔内部	防蚀减震	半自动喷涂、人工喷涂	石蜡	20~50
	聚氨酯发泡灌注（FOAM）	梁柱等结构空腔内部	防蚀、减震、结构增强	机器人自动喷灌、人工半自动喷灌	双组分聚氨酯	有效充满

1.1.1 车身油漆

油漆是汽车内外表面最重要的涂覆材料，主要作用是防蚀、保护和装饰。在 3C1B 紧凑工艺中，车身油漆分为中涂漆、色漆、罩光漆三道，喷完后一次烘干。在 B1B2 工艺中，B1、B2 和 CC 三道漆相当于中涂漆、色漆、罩光漆，每道漆厚约为 18~50μm，和电泳漆加在一起总厚约为 110μm，见图 1-2。油漆喷涂全部由机器人旋杯自动作业，见图 1-3。

图 1-2 汽车油漆涂层

(a) 汽车油漆喷涂作业

(b) 汽车油漆喷室

图 1-3 汽车油漆喷涂（彩图见文后插页）

油漆喷涂作业

中涂漆或 B1 是车身喷涂的第一道油漆涂层，它的下面是电泳底漆，上面是色漆。作为中间的过渡涂层，它既要保证与电泳底漆的亲和力、覆盖电泳漆相对粗糙的表面使之平整，又要遮蔽紫外线保护电泳漆、遮蔽电泳漆颜色不使渗透，并与色漆牢固结合，同时为油漆涂膜提高了整体丰满度。

色漆或 B2 是车身油漆第二道漆，作用主要是装饰。为了获得良好和多样化的视觉效果，在油漆材料中加入了色母料以及闪光颗粒等效果成分。

罩光漆（CC）是汽车油漆的外表面涂层。它除了透明度高、硬度高、耐擦划之外，还要求耐候性能好、阻隔紫外线，以防止色漆涂层老化。罩光漆涂层较厚采用透明清漆涂料，近年来也有着色哑光漆应用。过去，罩光漆仅与闪光色漆配套使用，本色（也称素色）漆一般不用，由于罩光漆保护、装饰效果好，现在所有色漆表面都要喷涂罩光漆。

各道漆都要求具有紫外线遮蔽功能，这是由于车身的锈蚀从金属表面开始，而电泳底漆在大剂量的紫外线长期照射下易于老化，使防蚀性能减退。

1.1.2 车身涂胶

为增加汽车车身焊缝或钣金件机械连接处的密封性，实现或加强车身防蚀、减震、降噪、抗石击、保护等功能，以及提升乘车舒适性，要在车身多部位进行多胶种的涂覆作业，我们统称为涂胶，俗称打胶。涂胶部位广泛分布于车身、车顶、车底、内舱等处，如图 1-4 所示。除个别胶种外，乘用车涂胶基本都采用机器人自动作业。乘用车涂胶在涂装、焊装、总装线也都有应用。

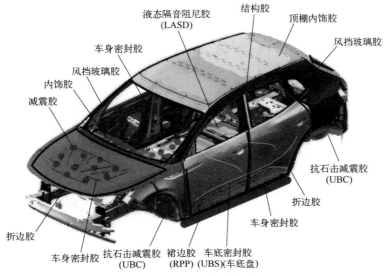

图 1-4 汽车涂胶部位

涂装胶中,密封胶是最基本、应用最广的胶种。由焊装线完成的车身,钣金件结合部接缝处虽已涂有密封胶,但防水密封、耐蚀强度不够,涂装线需要再次涂 PVC 胶以进一步加强。根据密封要求、部位、工艺的不同,涂装密封又可分为车身密封、车底密封、细密封、装饰密封等,其中车身密封和车底密封俗称粗密封,细密封指门框、舱盖等外观部位的精细密封,装饰密封指车身外露部分接缝等处密封。除少数粗细密封尚保留一些人工作业外,其余都采用机器人作业,见图 1-5。密封胶胶型参见图 1-12(b)、图 1-13(b)。

IBS 作业

UBS 作业

图 1-5 焊缝密封胶作业

抗石击减震胶（PVC 胶）喷涂在车底。汽车底盘下装有发动机、传动系统等机构,其表面易受泥水腐蚀以及车轮碾压弹起的石子击打破坏,也会产生噪声。如果在这些部位喷涂普通的防蚀漆,很快就会损坏脱落并失效。现代涂装工艺在车底发动机护板、底盘、轮罩、门踏板等部位下表面涂覆弹性 PVC 胶作为防护涂层,它不仅可以防蚀、抗石击,还可以减震阻尼,有效降低车辆的振动和噪声。UBC 采用 PVC 胶,由机器人携自动喷枪作业,见图 1-6。

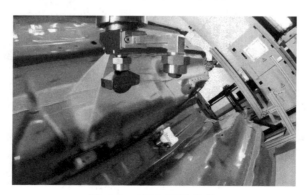

图 1-6 UBC 喷胶作业　　　　　　　　UBC 喷胶作业

裙边胶喷涂在车门下部裙边。那里由于经常受到雨雪天泥水包覆以及车轮碾起的沙石撞击，漆膜较易受损产生锈蚀。裙边胶有一定厚度和弹性，不仅可以对这些部位提供保护，还可以降低行车噪声。目前裙边胶被越来越多的车型采用，成为涂装标准工序。裙边胶也采用PVC材料，用机器人或专用机自动作业，见图1-7。

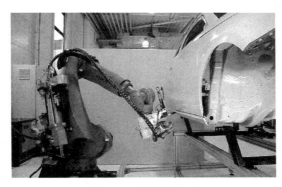

图1-7　裙边胶作业

液态隔音阻尼胶喷涂在驾驶舱内部地面、底侧壁，取代过去使用的沥青胶片。与沥青胶片相比，液态隔音阻尼胶涂层可以显著减少车辆（特别是燃油车）行驶过程中发动机与传动机构产生的机械振动与噪声、轮胎与地摩擦声、刹车声、空气摩擦声、石子对底盘的击打声，以及它们引起的共振、声振。

近年来人们对乘用车制造提出NVH（noise、vibration、harshness）概念，指噪声、振动与声振粗糙度，是用来衡量乘用车舒适度的一个综合概念，也是衡量汽车品质的标准之一。有资料显示，整车约1/3的故障和NVH问题有关系，而各大公司有近20%的研发费用消耗在解决车辆的NVH问题上。它要求采用各种有效技术减轻上述干扰，以提高整车质量和乘坐舒适性，液态隔音阻尼胶是NVH技术的一个应用。液态隔音阻尼胶使用液态聚合物胶，由机器人喷涂作业，见图1-8。

图1-8　液态隔音阻尼胶喷胶作业

液态隔音阻尼胶作业

1.1.3 空腔保护

汽车车身许多梁柱、复合结构都具有空腔，内部需要防蚀处理，而电泳无法做到全覆盖，需要采用内腔涂料涂覆处理。

喷蜡（WAX）是普遍采用的内腔保护技术。石蜡是一种相当理想的材料，加热后流动性好、易于喷涂作业。它不仅可以防蚀，还可以减震阻尼。喷蜡要求对空腔表面全部均匀覆盖，采用人工作业或自动、半自动定量作业。空腔喷蜡作业见图1-9。

聚氨酯发泡灌注（FOAM）应用在汽车车身的梁柱结构内腔，如A/B/C柱、顶梁、底梁、门梁等处，在它们内腔注满轻质聚氨酯发泡材料，可以有效防蚀、减震、阻隔噪声，提高乘坐舒适性。它也是NVH技术的一个应用环节。此外，它还可以保温隔热和加强结构总体强度。所以，汽车的结构空腔如果允许饱满填充，发泡灌注就是优先采用的灌注技术。机器人聚氨酯发泡作业见图1-10，也可采用自动加注设备人工作业。

空腔注蜡、空腔发泡灌注和涂胶一起俗称为胶蜡作业。

图1-9 空腔喷蜡作业

图1-10 机器人聚氨酯发泡作业

内腔聚氨酯
发泡加注

1.2 喷涂技术在汽车焊装线的应用

我们常说汽车是焊出来和粘出来的,可见胶体在车身焊装中的重要性。焊装线要将各冲压件连接成车身,连接的主要手段是金属焊接;一些无法焊接的部位,要使用机械连接或粘接。所有这些工艺接缝处都需要涂胶。虽然焊装胶有很好的密封性,但不充分,涂装线都要再次密封。焊装胶使用的胶种、部位如表 1-2。

表 1-2 焊装线涂料种类及工艺要求

类别	覆盖部位	功能	作业方式	胶体材料
点焊胶	点焊焊缝	助焊、防蚀、密封	挤涂,自动/手动	热塑性树脂等
折边胶	车门、舱盖等双层金属结构折边处	粘接、密封	挤涂、喷涂,自动/手动	热熔胶
结构胶	不宜焊接的钣金件结合	黏合	喷涂,自动/手动	环氧树脂胶等
减震胶	四门两盖	减震	挤涂、喷涂,自动/手动	聚合物胶

大部分焊装胶使用机器人作业,见图 1-11。

图 1-11 焊装线涂胶作业(彩图见文后插页)

焊装胶作业

点焊胶在点焊前涂在工件焊缝间。焊装线大量使用点焊工艺焊接车身,但点焊并非满焊,焊点间有一定间隔,所以焊前要涂布点焊胶密封。点焊胶为热塑性树脂,具有可焊性,加热固化后成为橡胶弹性体,密封性能良好。点焊胶由机器人携带挤胶枪挤涂,根据不同的焊缝选用不同胶型的胶嘴。点焊胶作业、胶型见图 1-12(a)、(b)。

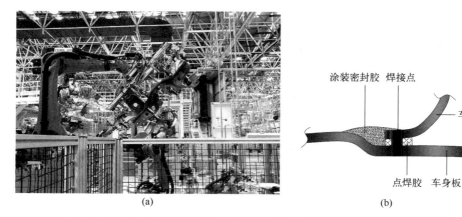

图 1-12 （a）点焊胶作业（彩图见文后插页）和（b）点焊胶胶型

折边胶用于汽车车门、发动机舱和行李舱盖（四门两盖）等折边连接部位。它们采用双层金属板、外层包围内层的折边连接结构，结合部为了美观不采用焊接而用折边胶粘接。粘接材料常用热熔胶，它是以环氧树脂为基材的热塑性胶体，可以防水、防尘、防锈，并提高结构整体刚性。折边胶要使用热熔胶专用设备供胶，由机器人携带热熔胶枪作业，见图 1-13（a），胶型见图 1-13（b）。

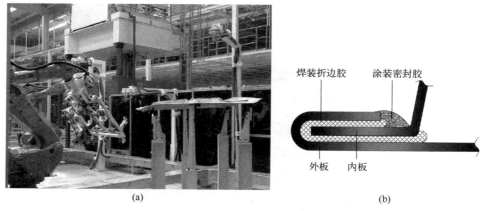

图 1-13 （a）折边胶作业（彩图见文后插页）和（b）折边胶胶型

结构胶用在出于美观考虑不宜焊接的金属结构件连接部位。焊装线对车身外表、顶盖、A/B/C 立柱上下端口、上边梁、车身悬挂梁、门槛梁、前后厢锁钩等连接部位使用热固型环氧树脂类结构胶粘接。结构胶没有密封作用，但有很强的粘接力和持久性；粘接处剪切强度可达 20MPa，剥离强度在 1.0MPa 以上，可以增加车身静态刚性、抗冲击性、抗疲劳性，提升整体安全性能。结构胶由机器人携带胶枪作业，见图 1-14。

图 1-14　结构胶作业（彩图见文后插页）

减震胶也称膨胀胶，涂在有小间隙的隔板之间，如四门两盖等处，通常分段打成条状或圆点状，用以减震降噪、提高整车舒适性。减震胶使用以合成橡胶为基材的胶黏剂，由机器人携带胶枪作业，见图1-15。

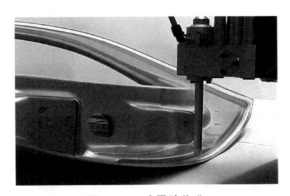

图 1-15　减震胶作业

1.3　喷涂技术在汽车总装线的应用

总装线窗玻璃、表盘、大灯、内饰件等多处采用粘接工艺，整车也需喷蜡处理。总装线涂料种类及工艺要求如表1-3。

车窗玻璃胶用于总装线安装前后风挡玻璃、三角玻璃等固定玻璃安装。安装时要在玻璃四周均匀挤涂有固定胶型（通常为三角形）的胶黏剂（通常为单组分湿气固化聚氨酯胶黏剂）；用自动挤胶枪和专用胶嘴，由机器人携带作业，见图1-16。

表 1-3　总装线涂料种类及工艺要求

类别	工艺名称	覆盖部位	功能	作业方式	胶体材料	胶型
涂胶	玻璃胶	固定玻璃	粘接密封	机器人自动挤胶	聚氨酯胶黏剂	三角胶型
	总装件、内饰件黏合	车身内外结构、车舱内表面等	黏合	自动/手动喷涂/挤涂	水性聚氨酯胶黏剂	均匀涂布
防蚀蜡	黑蜡、防锈蜡	车底或海运车外表面喷覆	存放、运输防蚀	人工喷涂	防锈蜡	有效覆盖（可选项）

图 1-16　车窗玻璃挤胶作业（彩图见文后插页）　　玻璃胶作业

胶黏剂用于车身部件以及车舱内饰件粘接，常用的有热熔胶、水性聚氨酯胶黏剂等，由机器人携带自动喷涂或挤涂。车灯胶黏剂挤涂见图 1-17。

图 1-17　车灯胶黏剂挤涂　　车灯粘接作业

黑蜡又称底盘防锈蜡。汽车售出前要经过储存运输环节，长期露天存放会加速锈蚀，底盘更为严重。所以很多乘用车出厂前要在车身底盘、前桥、中桥、传动轴总成、弹簧总成以及车轮轮辋等部位喷涂非永久性复合材料，俗称黑蜡，见图1-18。黑蜡由高分子材料制成，由机器人或人工喷涂。

图 1-18　车底黑蜡

车身防锈蜡用于海运防蚀保护。海运车辆为防止盐雾腐蚀，要在全车外表面涂覆一层防锈蜡，在汽车使用前用煤油清除，称为开蜡。防锈蜡是高分子材料，使用喷枪喷涂。

第 2 章
流体和涂料的基础知识

2.1 流体的基础知识

涂料是流体，流体知识是喷涂技术基础之一。流体的基本特征是没有固定形状并具有流动性。液体和气体属于流体。在流体的体积、温度、压力变化时，其他参数都会产生相应变化。气态流体具有可压缩性，但液体可压缩性很小。从流体力学角度看，一切流体均具有黏度、剪切、流变、压变、表面张力等特性；在运动状态下，流体还呈现出流态、内摩擦、压力损失等特性。本书只讨论液体涂料。

2.1.1 流体的黏度和剪切

在流体处理中，黏度和剪切是最重要的理化参数。任何流体都具有黏度，它是流体内部亲和力的表现，对流体运动呈现阻力。黏度的概念模型是这样建立的：我们取一对平行板，面积为 A，相距为 Y，板间充满某种液体；对上板施加一个推力 F 使其产生运动，速度为 U；由于液体存在黏度，上板所受的作用力会通过流体传递下去，此时靠近上板的流体会以几乎同样的速度 U 运动；靠近下板的流体几乎不动，如图 2-1 所示。这样两板之间的流体就会被撕裂成无数薄薄的流层。由于推力中的一部分力用于克服流体层间摩擦阻力（忽略重力影响），力在向下传递时是逐步衰减的，这就使各流层有着不同的、逐渐降低的运动速度，也就是速度梯度，这种分层流动也称为剪切。我们假设其中某一流层的流速为 du，层厚为 dy，两者之比 du/dy 称为速度梯度，也称为剪切速率（shear rate），用 r' 表示，单位为秒的负一次方（s^{-1}）。在管道输送中，流体会存在速度不同的环形流层，越靠近管道中心流动越快。流层的流速相对管道半径的变化速率 du/dr，同样也称为剪切速率。

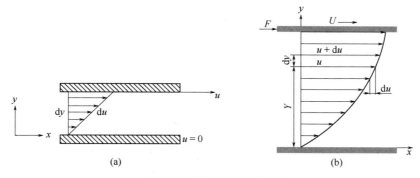

图 2-1　流体平行板模型

回到平行板运动模型，我们将推动平板单位面积所施加的外力 F/A 称为剪切应力，用 τ 表示；剪切速率用 r' 表示，不考虑重力影响，则剪切应力与剪切速率间具有如下关系：

$$\tau = \eta r' \text{（或 } \eta = \tau/r' \text{）} \tag{2-1}$$

这就是牛顿内摩擦定律的数学表达式，它表示黏度是剪切应力与剪切速率之比。式中，比例系数 η 被称为液体的剪切黏度，即我们通常所说的流体动力黏度（dynamic viscosity）。动力黏度的定义是流体的剪切应力与剪切速率之比：

$$\eta = \tau/r' = \dfrac{\tau}{\dfrac{du}{dy}} \tag{2-2}$$

在管道中则表示为

$$\eta = \dfrac{\tau}{\dfrac{du}{dr}} \tag{2-2a}$$

黏度是流体运动时内摩擦力或阻力的量度，是流体黏滞性的一种量度，是流体动力对其内部摩擦现象的一种表现。黏度大表示流体内摩擦力大。通常流体分子量越大、碳氢结构越多，这种内摩擦力也越大，黏度越高。

黏度单位的定义如下：将两块面积为 $1m^2$ 的平行板浸于液体中，两板距离为 $1m$，若在一块板上施加 $1N$（牛顿）的力，能使两板之间的相对运动速率为 $1m/s$，代入式（2-2），得

$$[\eta] = \dfrac{[\tau]}{\left[\dfrac{u}{y}\right]} = \dfrac{[\tau y]}{[u]} = \dfrac{\dfrac{N}{m^2} m}{\dfrac{m}{s}} = (N/m^2)s = Pa \cdot s$$

即此液体的黏度单位为 Pa·s（帕斯卡秒）。1Pa·s = 1N·s/m²（牛顿秒每平方米）。以此定义的黏度称为动力黏度，用 η 表示。工业中动力黏度常用单位 P（泊，Poise）表示，在汽车涂装行业中通常表示为 POIS，它的定义是两流层相距 1cm、面积各为 1cm²、相对移动速度为 1cm/s 时所产生的阻力，单位为 dyn·s/cm²（达因秒每平方厘米）。由于 1 牛顿（N）= 10^5 达因（dyn），于是

1Pa·s = 1N·s/m² = 10^5dyn·s/10^4cm² = 10dyn·s/cm² = 10P = 10POIS。

工业上也常使用 cP（厘泊）单位，1cP = 0.01P = 0.01POIS = 1mPa·s（毫帕斯卡秒）。

黏度的另一个定义参数是运动黏度（kinematic viscosity），用 ν 表示。它定义为流体的动力黏度 η 与同温度下该流体密度 ρ 的比值，即 $\nu = \eta/\rho$。它表征这种流体在重力参与作用下的流动阻力。在国际单位制（SI）中，运动黏度的单位是 m²/s，这是一个很大的单位，所以国际单位通常使用斯托克斯（Stockes 或 St，1St = 1cm²/s），或厘斯（cSt 即 1% St，或 mm²/s）作为运动黏度的单位，1m²/s = 10^4St = 10^6cSt。

这样按理想模型定义下来的液体黏度称为绝对黏度，它只适用于牛顿流体。

2.1.2 牛顿流体和非牛顿流体

如前述，黏度的定义是流体的剪切应力与剪切速率之比。那么，对于某种流体来说，黏度是常数吗？

首先，黏度都是温度的函数，它会随温度的变化而变化。其次，流体承受高压力时黏度也会发生变化。如果不考虑这些影响，牛顿发现，一些流体能够很好遵守内摩擦定律，它们的黏度值为常数，这类流体我们称为牛顿流体。牛顿流体通常是受力后极易变形、剪切应力与剪切速率成正比的低黏性流体，如水和酒精等大多数纯液体、轻质油、低分子化合物溶液以及低速流动的气体等。牛顿流体的黏度通常只与温度有关，与剪切速率无关，称为绝对黏度。

另一类流体不遵守牛顿内摩擦定律，它们的内摩擦力与速度梯度并不是简单的线性关系，它们的比值（即黏度）不是常数，称为非牛顿流体。非牛顿流体流动时，所需的剪切应力会随流速等条件的变化而改变。引起其变化的常见因素是剪切速率、持续时间等。高聚物的溶液、混悬液、乳剂和含表面活性剂的溶液，一般属于此类。此种流体的黏度会随剪切应力、剪切速率的不同而随时变化。变化又会有两种结果：一种黏度值会随剪切应力、剪切速率的增加而增大，称为触稠型流体，或胀流型流体；另一种黏度值会随剪切应力、剪切速率的增加而减小，称为触稀型流体，或拟塑性流体。拟塑性流体的内摩擦力 τ 与速度梯度的关系表示如下：

$$\tau = k\left(\frac{du}{dt}\right)^n$$

式中，$n<1$；k 是系数，随 $\dfrac{du}{dt}$ 的增大而减小。

由于非牛顿流体的黏度不是常数，随剪切条件而变化，我们也常以一定条件下的剪切应力 τ 与剪切速率 r' 的比值来定义流体黏度，称为表观黏度，用 η_a 表示：

$$\eta_a = \tau/r' \tag{2-2b}$$

对于非牛顿流体，在工程计算中必须采用特定条件下的表观黏度，特定条件指剪切速率、持续时间和温度。流体的表观黏度可用黏度曲线表示。我们发现许多流体的流动性不仅与剪切相关，而且与测试前的剪切历史经历（如搅拌等的剪切时间）相关，即对时间有依赖性。我们称这类流体为触变流体。对于触变流体，从低剪切逐步增加到高剪切测得黏度/剪切曲线；再从高剪切返回低剪切作出曲线，发现两条曲线并不重合，见图 2-2。

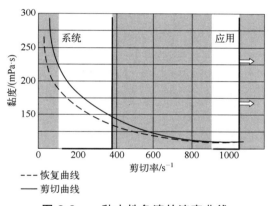

图 2-2 一种水性色漆的流变曲线

通常的液体涂料均为非牛顿流体，而且黏度都会随剪切的加大而降低，并与剪切时间相关，所以它们都属于触变流体。它们的黏度随温度的不同也会有显著变化，通常随着温度升高而减小，但随压力的不同发生的变化较小。涂料的触变特性由流变曲线描述。油漆涂料的触变特性对于喷涂工艺非常有利，我们在下一节详细描述。

黏度是流体的基本性质，也是涂料最重要的特性，是涂料处理和输送系统设计、计算的基本依据。

2.1.3 流体在管道中的流态

流态指流体的流动形态。在管道中流动的流体，基本可分为平流、层流、湍流等几种流态。流态主要与管道形状、管径、变形局部、管壁粗糙度等，以及流体黏度、流速、受力情况相关。

流体在内壁光滑、直径不大的等径直管中低速流动,如果流体在管道内各截面都受到均匀的平推力,基本可视为整体平移,称为平流,但这种理想状态并不多见。实际上管道内壁总是不够光滑,流体与管壁之间的黏滞度和摩擦力与流体内部不同,而且流体在管道截面内不同流层受力也会不均,此时流体就会出现错层流动。通常管道中心处流速最高,各流层的流速自管道中心向管壁呈现梯度降低,速度梯度曲线通常并非直线,此种流态称为层流。如果继续提高流速,随着流速的增加,层流会变得不稳定,达到一定数值时,流体开始出现波动性摆动,进入过渡流态。当流速继续增加到达临界值时,流体的层流会遭到完全破坏,流体会呈现出纵向波动和扰动,甚至出现很多漩涡,这便是湍流,湍流又称作紊流、扰流或乱流,此时流体会呈现出很大的内摩擦阻力。

流态一般用雷诺数(Reynolds number)判定。雷诺数是一种可用来表征流体流动状态的无量纲数,以 Re 表示。如果以 ρ、u、η 分别表示流体的密度、流速与黏度,d 为圆形管道半径,那么 $Re = \rho u d/\eta$。利用雷诺数可判定流体的流动是层流还是湍流,也可用来确定流体在流动中所受到的阻力。通常雷诺数 $Re<2100$ 为层流状态,$Re>4000$ 为湍流状态,两者之间为过渡状态。在不同的流动状态下,流体的运动规律、流速的分布等都是不同的,管道内流体的平均流速与最大流速的比值也是不同的。因此雷诺数的大小决定了黏性流体的流动特性。

2.1.4 流体运动的压力损失和计算

当流体通过一段管路时,管路内壁与流体之间、流体与流层之间都会产生摩擦阻力,称为流阻。一段管路的流阻与流体的黏度、流态、流速、管路参数(管径、长度、形状、内壁的粗糙度)等相关。流体在克服这些阻力流动时会损失能量,造成压力降落,称为压力损失,简称压损。既然流体在管道流动时存在这些阻力,要使流体获得必要的流量和流速,就需要给流体施加足够的外力(压力)。所以压损的计算对流体输送管路的计算和系统压力设计非常重要。

在中学物理教科书中,是将压力和压强作为两个不同的物理量来对待的,前者指物体表面所受到的总垂直作用力;后者指物体表面单位面积受到的垂直作用力。但是在热力学、流体力学等专业和工程中,压力和压强通常是作为同一个物理量来称呼的。以下我们所提到的压力均指压强,而将物体受力称为力。

流体在管道中的压损分为沿程压损和局部压损。沿程压损指管路直线部分的压损,它通常与流体黏度、流速、管道长度成正比,与管道截面积成反比。局部压损指流体在管路拐弯、变径或经过狭缝元件时的压损,此时层流可能会被破坏,甚至产生湍流,使流阻、压损增大。局部结构多样、计算复杂,在工程计算中常以经验公式、经验数据或等效长度替代。

沿程压损的计算公式可由牛顿内摩擦定律导出。我们在流体管路中靠圆心取一段柱形流体作为流层，其半径为 r，长度为 l，流速为 u，管路半径为 R，见图 2-3。

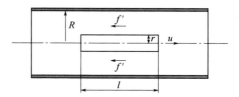

图 2-3　管路流体的层流运动

柱形流层流动时，侧表面与邻近流层会因存在速度差而产生摩擦。摩擦力 f' 为柱体侧面积乘以剪切应力 τ（流体单位面积所受内摩擦力），它应与流层端面所受净驱动力 Δf 大小相同、方向相反：

$$f' = 2\pi r l \tau = -\Delta f$$

根据牛顿内摩擦定律公式（2-2a），得 $\tau = \eta \dfrac{\mathrm{d}u}{\mathrm{d}r}$，代入上式，得

$$\Delta f = -2\pi r l \eta \frac{\mathrm{d}u}{\mathrm{d}r}$$

或

$$\frac{\mathrm{d}u}{\mathrm{d}r} = -\frac{\Delta f}{2\pi r l \eta} \tag{2-2c}$$

设 p_1、p_2 为柱体端面压力（压强），则

$$\Delta f = (p_1 - p_2)\pi r^2 \tag{2-2d}$$

将其代入式（2-2c），可得

$$\frac{\mathrm{d}u}{\mathrm{d}r} = -\frac{(p_1 - p_2)\pi r^2}{2\pi r l \eta} = -\frac{(p_1 - p_2)r}{2l\eta}$$

令 $(p_1 - p_2) = \Delta p$，则

$$\frac{\mathrm{d}u}{\mathrm{d}r} = -\frac{\Delta p r}{2l\eta} \quad 或 \quad \mathrm{d}u = -\frac{\Delta p r}{2l\eta}\mathrm{d}r$$

做不定积分，得

$$u = \int \frac{-\Delta p r}{2l\eta}\mathrm{d}r = -\frac{\Delta p r^2}{4l\eta} + C \tag{2-2e}$$

根据管道层流模型，流速 u 在半径 $r = R$（管壁）处为 0，代入上式，可得到不定积分常数：

$$0 = -\frac{\Delta p R^2}{4l\eta} + C, \quad C = \frac{\Delta p R^2}{4l\eta}$$

将 C 代入式（2-2e），可得此不定积分的一个特解

$$u = -\frac{\Delta pr^2}{4l\eta} + \frac{\Delta pR^2}{4l\eta} = \frac{\Delta p(R^2 - r^2)}{4l\eta} \quad （2\text{-}2\text{f}）$$

上式若设 $r = 0$，则 $u = \frac{\Delta pR^2}{4l\eta}$，即在圆心 $r = 0$ 处流速 u 取得最大值，为

$$u_{\max} = \frac{\Delta pR^2}{4l\eta}$$

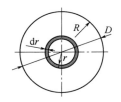

图 2-4　流层的受力情况

为计算管道流量与压损关系，我们在管道流体中取一个平行于轴线的环形微单元，见图 2-4。设其内径为 r，厚度为 $\mathrm{d}r$，截面积为 $2\pi r \mathrm{d}r$，流速为 u。

则其流量 $\mathrm{d}q$ 为环形单元截面积乘以流速

$$\mathrm{d}q = 2\pi r \mathrm{d}r u \quad （2\text{-}2\text{g}）$$

将式（2-2f）$u = \frac{\Delta p(R^2 - r^2)}{4l\eta}$ 代入上式，可得

$$\mathrm{d}q = \frac{2\pi r \Delta p(R^2 - r^2)}{4l\eta} \mathrm{d}r \quad （2\text{-}2\text{h}）$$

将其在半径 $0 \sim R$ 域内对 r 做定积分，可以得到管路总流量 Q：

$$\begin{aligned}
Q &= \int_0^R \frac{2\pi r \Delta p(R^2 - r^2)}{4l\eta} \mathrm{d}r \\
&= \int_0^R \frac{2\pi \Delta p R^2 r}{4l\eta} \mathrm{d}r - \int_0^R \frac{2\pi \Delta p r^3}{4l\eta} \mathrm{d}r \\
&= \frac{2\pi \Delta p R^2 r^2}{8l\eta} \bigg|_0^R - \frac{2\pi \Delta p r^4}{16l\eta} \bigg|_0^R = \frac{2\pi \Delta p R^2 R^2}{8l\eta} - \frac{2\pi \Delta p R^4}{16l\eta} \\
&= \frac{\pi \Delta p R^4}{8l\eta}
\end{aligned}$$

用管路直径 d 代替半径 R，可得

$$Q = \frac{\pi \Delta p d^4}{128 l\eta} \quad （2\text{-}2\text{i}）$$

同时，由于总流量 Q 等于平均流速 u 乘以管道截面积，即 $Q = ud^2\pi/4$，代入上式可得

$$\frac{d^2 \pi u}{4} = \frac{\pi \Delta p d^4}{128 l\eta} \quad （2\text{-}2\text{j}）$$

由此得

$$\pi u = \frac{\pi \Delta p d^4}{128 l \eta} \times \frac{4}{d^2} = \frac{\pi \Delta p d^2}{32 l \eta}$$

于是

$$\Delta p = 32 \frac{\eta l u}{d^2} \quad (2\text{-}3)$$

式中，Δp 为管路沿程压损。若设黏度 η 单位为 POIS、流速 u 单位为 m/s、管路长度 l 单位为 m、管路内径 d 单位为 mm，则 Δp 单位为 bar。

上式为管路流体设计计算的基本公式。如果式中流速 u 改用流量 Q，单位为 L/min，可用如下计算公式（推导从略，下同）：

$$\Delta p = 680 \frac{\eta l Q}{d^4} \quad (2\text{-}3a)$$

Δp 单位仍为 bar。如果采用英制单位，经过单位换算，压损可用如下公式计算：

$$\Delta p = 0.0273 \frac{\eta l Q}{d^4} \quad (2\text{-}3b)$$

式中，Δp 单位为 psi，1psi = 1/14.5bar；η 单位为 POIS；Q 单位为 gal/min（加仑每分钟，1gal❶ = 3.785L）；l 单位为 ft（英尺，1ft = 0.304m）；d 单位为 in（英寸，1in = 25.4mm）。

上述这些压损计算的解析公式都是建立在黏度定义模型和理想的层流运动状态下，与涂料在现实的管道输送有较大不同，高黏度涂料输送时差异更大。这是由于理想的黏度和层流模型建立在流层速度梯度均匀分布的状态下，并假设流体在管壁处流速为零。而实际管道中的流层速度梯度不一定呈线性，在涂料输送管内壁平直光滑时，涂料界面流速也不会为零，使得实测压损值较公式计算值小。涂料在不同的管径、不同流速的管路内流动时，其剪切速率不同，各处表观黏度也并非恒定值，这些因素使得涂料压损不能仅靠上述解析公式来计算。对不同黏度、管径和流速的涂料输送压损，分段、精确计算会是非常复杂的，工程计算中的简单实用手段是用经验公式修正。这些问题在管路设计中再仔细讨论。

2.1.5 液体的压缩和温度体积膨胀

我们常说液体是不可压缩的，是指相对于气体，液体可压缩性极小而言。实

---

❶ 全书 gal（加仑）均为美制单位。

际上任何物质、物体都是可压缩的，只是有难易区别或压缩系数有大小而已。液体体积会随压力增高而减小，其压缩性用压缩系数 β_p 表示（它随压力不同有微小改变）：

$$\beta_p = -\frac{1}{\Delta p}\frac{\Delta V}{V} \quad (2\text{-}4)$$

式中，Δp 为压力增量；ΔV 为体积增量；压缩系数的单位是 Pa^{-1}。

工程中也常用体积弹性模量 K_p 衡量液体可压缩性或"刚度"，数值越大越难压缩。它是压缩系数的倒数：

$$K_p = \frac{1}{\beta_p} = -\frac{V\Delta p}{\Delta V} \quad (2\text{-}5)$$

K_p 单位为 Pa。液体也具有膨胀性，它的体积会随温度的升高而增大。液体体胀系数用 α 表示，表示液体在 0℃ 时，温度每升高 1℃ 时的体积膨胀率：

$$\alpha = \frac{\Delta V}{V}\frac{1}{\Delta T} \quad （单位为 ℃^{-1}） \quad (2\text{-}6)$$

而液体的体积膨胀为

$$\frac{\Delta V}{V} = \alpha \Delta T$$

20℃ 的水在标准大气压下的压缩系数约为 $4.76\times 10^{-10} Pa^{-1}$，弹性模量为 $2.18\times 10^9 Pa$，体胀系数约为 $2.07\times 10^{-4}℃^{-1}$。

【例 2-1】在封闭系统中加热水，系统容积为 $1m^3$，温度从室温升高 20℃，计算系统压力升高值。

计算：根据公式（2-6），水温升高 20℃ 的体积膨胀为

$$\frac{\Delta V}{V} = 2.07\times 10^{-4}\times 20 = 0.04$$

考虑过程发生在封闭容器，假设容器为完全刚性、体积无法膨胀，则相当于水体积被压缩了 -0.04。代入式（2-5）可得

$$\Delta p = -\frac{\Delta V}{V}K_p = -(-0.04\times 2.18\times 10^9)Pa = 8.72\times 10^7 Pa = 87.2MPa$$

当然，实际上容器的压力升高绝不会至此，这是因为容器（系统）并非完全刚性。容器通常由钢材制成，钢材的弹性模量为 $E = 2.06\times 10^{11} Pa$，即在很宽的压力范围内存在弹性形变，它可以吸收大部分液体的体积膨胀，使得封闭容器内的压力增加不会达到计算值那样高。但封闭容器因加热引起的压力升高不容忽视，它会造成严重的设备、系统破损，必须采取应对措施。

我们之所以关注液体的压缩和膨胀性，是因为喷涂系统中会经常遇到封闭加热过程，如胶体升温过程、媒质水升温过程等。这些过程中都会遇到液体的温度上升→体积膨胀→压力上升的现象。如果忽略而不进行必要计算并采取措施，可能造成系统或设备损坏事故，以往有过相关教训。详细内容会在系统设计部分讨论。

2.2 喷涂材料的一般知识

喷涂材料是涂装三要素（材料、工艺、管理）之首，它对涂装质量起着决定性作用。喷涂材料确定之后，涂装流程和工艺要满足其施工工艺条件、要求，才能使其性能完美体现，所以材料参数和处理、作业、固化等工艺要求是涂装线设计的基本依据。

汽车涂料可分为液体、粉体两大类。液体喷涂材料有各种液态漆、胶、石蜡、发泡材料等；粉体喷涂材料有粉末漆。它们都要用喷具喷涂、挤涂等方法涂覆到工件表面，再靠高温或常温（有时要添加固化剂辅助）固化。

油漆是重要的喷涂材料。液体油漆防蚀、保护和各种功能性能良好，光滑细腻、有很强的装饰性，施工条件也较为理想。粉体漆坚固耐磨，防蚀、耐候性好，而且可以回收利用，排放和环境污染较少，也是理想的涂料之一。但在装饰性要求很高的乘用车应用中，粉体涂料细腻度、颜色和光学指标等还与液体涂料存在一定差距，而且工艺和储运设备较为复杂，与液态油漆兼容性、可修补性也存在问题，所以粉体喷涂虽然很早就在宝马、奔驰等汽车公司的轿车工艺中有所应用，但并未得到广泛普及。目前国内乘用车也在进行粉体材料工艺探索，但实际应用不多，故不多论及。本书所指涂料均指液体涂料。

胶体是另一类重要的喷涂材料，而且品种、用量最多。此外石蜡、聚氨酯双组分发泡材料、溶剂、固化剂等都属于喷涂材料范畴。

2.2.1 汽车喷涂材料家族

汽车生产使用大量、多种类的喷涂材料，它们形成一个很大的家族，按材料可分为油漆、胶、蜡、发泡材料、溶剂、固化剂等种类；按功能又可分为防蚀涂料、装饰涂料、密封涂料、功能涂料、胶黏剂、填充材料等。

本书不讨论这些材料的成分、化学结构等材料专业内容，只从应用角度简单描述其属性、理化性能、外部表现、使用要求。

汽车喷涂应用的材料种类、功能、参数如表2-1所示。

表 2-1　汽车主要喷涂材料和相关参数

工序	功能	主要材料成分	施工黏度/POIS	固体分/%	密度/(kg/L)	喷涂工艺温度/℃
中涂漆、色漆（B1、B2）	防蚀、装饰、遮蔽紫外线等	水性高分子聚合物	1.2～2	18～55	1.1～1.4	22～25
罩光漆（CC）	保护、装饰、遮蔽紫外线等	天然清漆	0.6～1.2	40～55	0.9～1.3	22～25
密封胶	焊缝、连接缝密封	PVC	1000～1500	≥96	≤1.45	25～35
抗石击减震胶（UBC）、裙边胶（RPP）	防石击、减震阻尼	PVC	350～750	≥90	≤1.45	25～35
液态隔音阻尼胶（LASD）	隔音减震阻断噪声	水性丙烯酸基、橡胶基、再生油基等液化聚合物	800～1100	79～85	1.4～1.7	25～35
喷蜡（WAX）	空腔防蚀减震	石蜡	2～8	≥60	≤1.3	25～35
聚氨酯发泡灌注（FOAM）	空腔防蚀减震、提高结构强度	多元醇、异氰酸酯	4～12	≥90	0.85～1	30～45
点焊胶	助焊、密封	丁基橡胶、聚氯乙烯或丙烯酸酯	>600	≥90	1.2～1.4	25～35
折边胶（热熔胶）	折边处、结构搭接处黏合、密封	环氧树脂类、聚氯乙烯类、乙烯酸酯类或丙烯酸酯类等	>600	≥90	1.2～1.4	50～100
结构胶	钣金件黏合	改性环氧树脂等	>600	≥90	1.2～1.4	25～35
减震胶	接触面减震	聚氨酯类	>600	≥90	1.2～1.4	25～35
玻璃胶	固定式玻璃粘接	聚氨酯类	>600	≥90	1.2～1.4	50～65
胶黏剂	内饰件黏合	天然高分子材料、合成树脂、橡胶	>600	≥90	1.2～1.4	25～35
有机溶剂	稀释涂料、调整黏度	二甲苯、松香、醇类、醚类	<0.01	—	0.8～1.2	—
水性溶剂	稀释涂料、调整黏度	纯水、有机溶剂、添加剂	约0.01	—	1	30～45
固化剂	固化涂料	聚异氰酸酯	1～1.4	80	1.2～1.4	22～25

2.2.2　油漆

随着水性漆的广泛应用，油漆（paint）的字面概念也变得模糊，本书泛指涂料漆这一传统的广义概念，再按照分散介质类型分为有机溶剂漆（溶剂漆）和水性漆。

油漆是汽车内外表面最主要的涂覆材料。它的主要作用是防蚀、保护、紫外线遮蔽和装饰。油漆的分类方法非常多，按分散溶剂可分为溶剂漆、水性漆等；按功能可分为防蚀漆、装饰漆、保护漆等；按装饰性分为素色漆、效果漆、罩光漆等；按工艺又分为电泳漆、喷涂漆等。

有机溶剂漆（SB）在20世纪被广泛应用。这种油漆固体分低（约20%～30%）、黏度低（约0.2～0.5POIS）、易于处理和传输，线体和喷具较为简单，但其易燃性VOC含量高。VOC作为喷涂过程的参与量，最终会全部挥发掉，不但给环境处理增加麻烦，而且能耗高、安全及环保性能差、生产成本高。20世纪末至21世纪初，国内外汽车厂大规模应用高固体分水性漆。这是一场革命性进步，至今已全面普及，而且许多胶体涂料也改为水性。

水性漆（WB）以丙烯酸、改性聚氨酯为主要原料，以纯水作为分散介质来替代大部分有机溶剂，但仍保留少量有机溶剂用以改善性能参数。水性涂料固体分高（约30%～50%）、VOC少、后处理简单、使用较为安全、环境危害小。目前汽车中涂漆和色漆几乎全部采用水性漆，但其黏度高（约1.2～2POIS）、表面张力大、电导率高，对带高压静电的旋杯作业有较高的绝缘要求，使得工艺和喷涂设备较为复杂。

清漆（CC）用于色漆罩光。由于目前性能最好的清漆是天然树脂，其硬度、透光度、耐磨性、耐候性都很优秀，但其不溶于水、不易稀释和固化，所以要使用有机溶剂稀释，并添加固化剂组成双组分涂料以利于固化。

油漆主要由成膜物质、颜料、添加剂、效果材料、溶剂等组成。

成膜物质是油漆主料，也称为基料。它是树脂类，经历了硝基纤维、醇酸树脂、环氧树脂、聚丙烯、聚氨酯、高分子聚合物、纳米复合材料等发展历程，形成以高分子聚合物为主的多样化家族。不同的漆种、配方和添加剂可以使油漆具有不同的硬度、耐磨性、透明度、亲和力等特性并具有各种功能。

颜料（pigment）产生涂层颜色。它由体质颜料、防锈颜料、着色颜料以及各种添加剂等组成。它一般不溶于有机溶剂或水，在流体涂料中呈悬浮颗粒状。颜料除了着色作用外，还有防蚀、增加硬度和耐磨性等功能。

添加剂（additive）也称助剂，是涂料的"维生素"。它的数量虽少，却决定着涂料的性能和成膜质量，也能使涂料具备均匀性、稳定性、持久性和可施工性。添加剂有很多种，主要有增塑剂、分散剂、流平剂、消泡剂、颜色稳定剂、防沉降剂、抗氧化剂、防针孔剂、抗紫外线剂等。其中增塑剂可增加树脂的溶解度、亲和力、均匀性；分散剂主要防止色母料等成分的结块；流平剂使涂料喷到工件表面后保有适当流动性，使各喷幅之间的衔接更平整自然；颜色稳定剂可以防止颜色因颗粒大小不等分层而产生的颜色不均；防沉降剂可以减少涂料成分中悬浮颗粒的沉淀；消泡剂可以消除涂料喷出后在空气雾化中所携带的小气泡，防止其在烘烤过程中破裂产生疵点；抗紫外线剂可以阻隔紫外线，减少对涂层的损坏。

效果材料（effect material）主要为闪光颗粒（flash particle），如金属颗粒（铝箔）、珠光颗粒（云母片）等，用于外观装饰。它不可溶，在流体涂料中呈悬浮颗粒状。闪光漆装饰性能好、硬度高、现代感强，为涂料装饰提供了多样性，也增加了油漆的硬度和耐磨性。效果材料也有变色龙等光变材料。油漆成分和占比参见图 2-5。

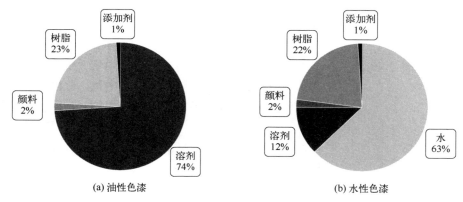

图 2-5　油漆成分和占比

2.2.3　胶

胶体在汽车喷涂材料中应用多、用量大，它在涂装、焊装、总装线都有应用。胶体固体分、黏度都很高，与油漆有很大不同。从功能讲，它分为密封胶、粘接剂、功能胶等类。

聚氯乙烯（PVC）胶是汽车使用最多的胶体，它在焊缝密封、减震、抗石击阻尼、裙边保护等工艺都有应用。它的基料是聚氯乙烯树脂，添加增塑剂、填料等，固体分很高，常为 90% 以上。调配得当的 PVC 胶体具有适宜的黏度和触变特性，适合增压输送、喷涂或挤涂。经过烘烤的 PVC 胶变成胶化弹性物质，具有良好的耐腐蚀性、耐磨损性以及密封、黏结、隔音等性能。根据工艺的不同，它们的作业黏度或成分有所不同，通常挤涂胶黏度较高，约为 1000～2000POIS，喷涂胶黏度较低，约为 300～900POIS。注意许多胶都对湿气敏感，保存、盛放、输送等都要保证隔绝湿气。

液体隔音阻尼胶分为水性丙烯酸基、液体聚合物型橡胶基和再生油热固型等类型。它们的相对密度约 1.4，固体分约为 70%～80% 或更高，有些是免溶剂的。它们喷涂在车身内舱，经烘烤胶化后对降低道路噪声、隔闭车内各部件间噪声和共振有良好的效果。

点焊胶是以丁苯橡胶或丁基橡胶或聚酯树脂为基材的胶黏剂，在室温下具有高黏性，加热固化后变成橡胶弹性体。它具有优秀的密封和防水泄漏性能，并具有可焊性，点焊时也不会冒烟，弹性以及密封性能良好。

热熔胶的主材是树脂，是乙烯和醋酸乙烯在高温高压下的聚合物。添加剂有黏度调节剂（提高和调节胶体的流动性）、抗氧剂（抗老化）等。热熔胶在常温下呈固态，作业时要加热至100℃以上，主要用于钣金件折边组合等工艺的密封粘接。

结构胶是以改性环氧树脂、固化剂、增韧剂等为基料的高强度抗冲击结构胶黏剂。经它粘接的钣金件结构强度高、抗噪声抗震效果好、成本低，也可用于点焊。

玻璃胶采用聚氨酯类黏结材料配合清洁剂、漆面/玻璃底剂等一同使用。它的剪切强度较高，弹性和密封性突出，能将玻璃和车身紧密结合为一个整体，增强车身刚性、保证密封效果，提高汽车整体安全性。

内饰件胶黏剂主料通常由天然高分子材料、合成树脂、橡胶等组配而成，添加各种助剂。

2.2.4　蜡和聚氨酯发泡材料

内腔防锈蜡是石油加工产品的一种，属于矿物蜡。它在低温下通常呈半凝固态，使用时需要加热以维持理想的流动状态。石蜡用于车门、梁柱结构等内部空腔喷覆。

聚氨酯发泡材料用于内腔灌注填充。它是双组分材料，主要成分为异氰酸酯（isocyanate）和多元醇（polyol）。空腔灌注用硬发泡材料，它有极好的隔热性，又可以加强梁柱结构的刚性，但它对配比精度和作业温度要求很高，要使用专用的精密发泡配比设备作业。

防锈蜡分为底盘黑蜡和车身防锈蜡，用于底盘（储运保护）或整车（海运保护）喷涂。它以耐蚀性好的高分子材料为基础，添加防锈、防腐、抗老化、抗石击材料制成。它的稳定性好，无结晶析出。

2.2.5　溶剂

汽车涂装所用溶剂（solvent）是涂料的分散介质，有有机溶剂和水性溶剂两种。

有机溶剂一般为混合溶剂，由真溶剂、助溶剂和稀释剂等部分组成。酯类、酮类等溶剂既能溶解硝酸纤维素，也能溶解合成树脂，如丙烯酸树脂等，属于真溶剂。芳香烃及氯烃是合成树脂的真溶剂，也是硝酸纤维素的稀释剂。醇类是硝酸纤维素的助溶剂，合成树脂的稀释剂，但对于含高羟基、羧基等极性基团的合成树脂，醇类又是真溶剂。

有机溶剂有二甲苯、松香、醇类、醚类等多种，或它们的调配组合。有机溶剂可以溶解或分散涂料中的成膜物质，使涂料稀释，产生流动性，以适应涂布作业，所以它对于喷涂作业和成膜是必不可少的。有机溶剂主体是有机挥发物（VOC），它仅在喷涂工艺流程中发生作用，在漆膜固化过程中会挥发掉。

水性溶剂以纯水为主要分散介质。纯水可以溶解、稀释某些涂料成分，但不是全部，所以在调配时还要加入适量有机溶剂和一些添加剂。水性溶剂减少了有机溶剂用量和 VOC 排放，且易于回收处理。纯水的表面张力大、导电性强、有一定腐蚀性，对工艺和喷涂系统、喷具要求较高。

2.2.6　固化剂

固化剂（hardener）对于不同涂料，成分是不同的。树脂类清漆常用过氧化物、聚酰胺为固化剂，聚氨酯发泡材料的固化剂是异氰酸酯。固化剂对空气中的水分敏感、会产生结晶，所以在系统中要采用密封容器、充氮气保护，软管要采用特氟龙材质。

2.3　涂料的理化特性

从物理角度看，涂料是溶液、胶体、乳浊液和悬浊液的混合体。物理学将分散质粒子直径小于 1nm 的液体称为溶液，分散质粒子直径处于 1～100nm 的液体称为胶体，分散质粒子直径大于 100nm（0.1μm）的液体称为浊液。油漆属于浊液。浊液的分散质为液体的是乳浊液，如基料等，是油漆涂料的主体；分散质为固体的是悬浊液，如颜料、闪光颗粒等。两者都有分层、沉淀的趋势，所以搅拌和适当的输送流速，对于保持油漆涂料成分的均匀非常重要。

涂料属于非牛顿流体。它的黏度会随剪切速率和持续时间而改变，属于触变流体。涂料的理化参数很多，主要有黏度、剪切、固体分、密度、比热容等，也具有温变特性、压变特性、剪切特性；从涂料处理、输送角度看，最重要的特性参数是剪切黏度。

2.3.1　涂料的黏度和剪切特性

黏度是涂料黏稠程度的表征，黏度越高，其流动性越差，输送压力损失越大。涂料黏度对温度和剪切敏感，会随温度和剪切速率的提高而减小。涂料在搅拌、处理、输送、喷具作业的不同工艺区段，黏度会随剪切速率而改变。黏度与喷涂效果密切相关，是涂料最重要的物理参数。

涂料黏度对喷涂效果和喷涂系统的影响是多方面的。其一，适宜的黏度有利于喷具作业，取得满意的雾化和成膜效果。其二，涂料喷到工件上之后有一个自然流平过程，理想的黏度会使喷幅接缝处衔接过渡自然、表面光滑平整；黏度过高会妨碍流平、使表面粗糙，过低则会在工件侧壁上产生流挂。油漆的这一属性称为流平特性。其三，低黏度涂料在输送中要考虑适宜的流速，流速过低会发生沉淀，流速过高会产生过剪切使其特性改变。其四，涂料黏度决定管路输送压力损失，涂料的黏度越高压损越大。对于高压系统来说，会使管路设计得较粗，系统、设备、管道、元件和主泵的耐压也要选得很高，建造要求、安全风险、成本都会大幅上升。所以选择合适的涂料黏度对成膜或成型效果、处理和输送工艺流程、管路设计等极其重要。

剪切特性是涂料的另一个重要特性，它和黏度本质相关。涂料经过不同的剪切，会得到不同的表征黏度。从化学机理看，涂料基材都是有机大分子团，它们之间存在着复杂的连接，通常分子团越大、连接越多，黏度越高。剪切会破坏这些连接，使一些大分子团变小，从而降低黏度。涂料在经过搅拌、增压泵、流体处理元件以及管道输送时都会产生剪切，在通过孔缝时更为剧烈。涂料的剪切特性为拟塑型，即剪切使黏度降低，对于涂料这样的触变流体，黏度也与剪切持续时间相关。通常在一定的速率下连续剪切，一段时间后黏度会下降到稳定值，以后会保持稳定。如果搅拌停止，静止一段时间后黏度会自行恢复到较高值。恢复速度由涂料添加剂决定，但不会恢复到剪切开始时的黏度值。在喷涂作业过程中，涂料搅拌器和输送管路中要维持连续剪切，否则静止下来一段时间后的涂料会重新恢复大分子链接，使黏度上升，这也是油漆涂料要连续搅拌和循环流动的原因。但是过度的剪切也是有害的，它会使涂料的黏度过分降低，在工件上产生流挂。

搅拌是涂料处理的重要手段。它的作用一是使涂料成分处于均匀分布状态、防止沉淀；二是通过连续的剪切维持稳定的涂料黏度；三是使涂料温度均匀。通过设计不同的搅拌桨叶形状、安装位置以及转数调整等可以获得理想的剪切效果。此外涂料在经过处理调整元件和管路输送时都会产生剪切，所以涂料黏度（表观黏度）在各工艺环节是各不相同的。这些在系统设计时要予以充分注意。

2.3.2 涂料的管路流态

通常涂料在管道输送中流速较低，计算雷诺数也较低。例如某油漆密度 ρ = 1200kg/m³，黏度为 0.1Pa·s，流速 u = 0.6m/s，我们以直径 1in（25mm）管路输送，代入公式可得 Re = 180，远小于临界雷诺数 2100。可见正常管路流动的油漆都是以层流为主的，一般不会产生湍流。但涂料在管路拐弯、变径处，特别是经过狭缝型调整元件,如调压器、背压器、一些流量计或开度小的球阀,以及在过细的软管中流动时,局部流速会很高,可能会产生湍流,使流阻增大。

2.3.3 涂料的流变特性曲线

在涂料供给和作业系统中,各工艺环节对黏度的要求是不同的。通常为了便于输送,希望黏度低些;喷涂作业时要满足喷具雾化条件;而喷到工件时则须满足流平工艺要求,以取得理想的成膜效果。所以在生产工艺中要对各工艺环节、特征点提出不同的黏度要求。

描述涂料黏度随剪切变化的曲线称为涂料流变特性曲线;而不同工艺过程环节对涂料剪切黏度的要求称为工艺流变曲线。它们都以剪切速率为自变量(横坐标)、黏度为函数(纵坐标),温度作为参变量。

为取得理想的工艺效果,首先要选用有适宜触变特性的涂料;其次通过搅拌、处理、温控、输送等工艺手段控制剪切,使其满足工艺流变曲线要求。

图 2-6 为某种油漆的流变特性曲线。图中可以看出涂料在处理和输送过程中,随着剪切的加大,黏度逐渐降低,直至达到喷具的作业黏度。在不同的温度下曲线会呈现族群,选出理想曲线对应的温度作为系统设定温度。涂料处理的重要目标就是控制剪切速率和温度,使之符合工艺流变曲线要求。

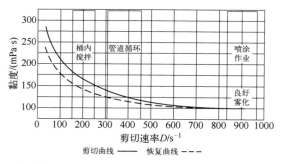

图 2-6　一种水性色漆流变特性曲线

涂料在不同剪切速率下会取得不同的黏度值。图中可见涂料在漆桶中经过连续搅拌,黏度值约为 140mPa·s(1.4POIS);在管路输送中会降低至 100mPa·s(1POIS)左右。测量涂料表观黏度时,应根据需要从曲线不同的特征点取样,如搅拌充分的漆桶内、枪站出口等处。

涂料喷出之后还会经历流平、闪干、烘干等过程,即固化流程。在这些过程中随着溶剂成分的挥发,黏度会大幅上升,直至彻底固化。这一过程由涂料固化曲线描述。

2.4 喷涂材料黏度的测量

喷涂材料黏度的测量要在一定的剪切速率和温度下进行，这样测量出的涂料黏度是表观黏度 η_a。涂料是一种触变流体，它的黏度会随不同的剪切速率改变。所以在工程设计和计算中采用的表征黏度，要从对应的特征点处采集样品、用相同的剪切速率测量。比较准确的测量方法是使用转子黏度计。

转子黏度计主要有斯托默（Stormer）、克雷布斯（Krebs）等类型。它们的测试原理大致相同，都配有驱动电动机和几组不同形状和规格的转子，测量转子在不同黏度的涂料中旋转时承受的力矩来计算黏度。转子黏度计有很宽的测量范围，配用不同的转子并设定转数，可以测量 0.01～100000Pa·s 范围的黏度，可以覆盖全部涂料。常用的 NDJ-79 转子黏度计有一个以 750r/min 恒速旋转的微型同步驱动电动机，电动机的壳体采用悬挂式安装，通过转轴带动转筒旋转。转筒在被测液体中旋转时受到黏滞阻力作用，会产生反作用力使电动机壳体偏转，偏转角度与涂料黏度成正比。电动机壳体与两根一正一反安装的金属游丝相连，壳体的转动使游丝产生扭矩。当扭矩与涂料黏滞阻力矩达到平衡时，与电动机壳体相连接的指针便在刻度盘上指出某一数值，此数值与转筒所受黏滞阻力成正比，于是刻度读数乘上转筒因子就表示动力黏度的量值。黏度计外形见图 10-40。

测量时应选用与涂料工艺状态匹配的转子、转速，被测样品应取自连续搅拌的涂料桶或枪站出口，不要在静置的原料桶取样。取样后应立即测试。

对于油漆等低黏度涂料，在作业现场为了方便，通常会使用黏度杯测量黏度。黏度杯是一个具有一定形状和容积、底部开有标准孔径小孔的金属杯，计量满杯涂料全部流出所用的时间来间接换算黏度。常用的黏度杯有涂-4 杯、福特 4 号杯等，见图 10-41。它们的容积和孔径有各自的规范。由于黏度杯的测量是以涂料的重力流动为基础的，所以和运动黏度存在对应关系。计量涂料全部流出流杯的时间（s），查表换算即可得到运动黏度，再乘以涂料密度，则可得到表观动力黏度。注意不要使用量杯时间（s）对应没有涂料相对密度项的黏度换算表换算动力黏度。流杯测出的黏度值精度不高，可作为参考值使用。常用油漆的黏度对照表如表 2-2。

表 2-2 汽车常用油漆的黏度对照表

动力黏度 \ 相对密度 \ 涂-4 杯黏度	1	1.05	1.1	1.15	1.2	1.25	1.3	1.35	1.4
10	10	11	11	12	12	13	13	14	14
14	25	26	28	29	30	31	33	34	35

续表

涂-4杯黏度 \ 相对密度 \ 动力黏度	1	1.05	1.1	1.15	1.2	1.25	1.3	1.35	1.4
18	50	53	55	58	60	63	65	68	70
22	65	68	72	75	78	81	85	88	91
28	85	89	94	98	102	106	111	115	119
30	100	105	110	115	120	125	130	135	140
32	125	131	138	144	150	156	163	169	175
38	140	147	154	161	168	175	182	189	196
42	165	173	182	190	198	206	215	223	231
46	180	189	198	207	216	225	234	243	252
50	200	210	220	230	240	250	260	270	280
57	225	236	248	259	270	281	293	304	315
65	250	263	275	288	300	313	325	338	350
73	275	289	303	316	330	344	358	371	385
80	300	315	330	345	360	375	390	405	420
88	320	336	352	368	384	400	416	432	448
123	340	357	374	391	408	425	442	459	476
128	370	389	407	426	444	463	481	500	518
133	400	420	440	460	480	500	520	540	560
138	435	457	479	500	522	544	566	587	609
144	470	494	517	541	564	588	611	635	658
147	480	504	528	552	576	600	624	648	672
154	500	525	550	575	600	625	650	675	700
166	550	578	605	633	660	688	715	743	770

注：表左栏为涂-4杯黏度（单位为s）。测出涂-4杯黏度后按油漆相对密度查出对应的动力黏度（单位为mPa·s）。

2.5 喷涂材料的输送

喷涂材料由金属管路或涂料软管输送。低黏度的油漆，管路输送流速非常重要。油漆涂料中一些颜料、闪光颗粒等不被溶剂溶解的成分始终保持固体微颗粒状态，在静止或低速流动时会产生沉淀，导致喷到工件上的涂料成分缺失、不匀，严重时会影响成膜效果。分子量越小、固体分越低、黏度越低的涂料越容易发生沉淀。而过高的流速会产生过剪切，不但使涂料黏度过低，在喷涂到工件时产生流挂，也会增大管路压损和温升，所以涂料输送要维持适当的流速，以保证涂料不发生沉淀并维持一定的剪切黏度。涂料输送流速通常有一个允许区间，由涂料厂商给出。设计油漆输送管路时，应按照流速允许区间选取管径。

对于目前大量使用的水性漆而言，其黏度、固体分较有机溶剂型漆高；同时水的表面张力大，比较不容易沉淀；流速要求较低。一些厂牌的水性油漆，甚至可以做到无须连续搅拌、流动，只要定时间歇性搅拌、循环即可。

喷涂材料的黏度对温度敏感，涂料输送时要进行温控。

第 3 章
喷涂的基础知识

3.1 汽车涂装的工艺流程

汽车涂装线入口接受焊装线完成的白车身,出口是完成涂装的待装配车。涂装线包括前处理、电泳、涂胶、喷漆、烘干、空腔保护等工艺流程,见图3-1,线体外观见图3-2。

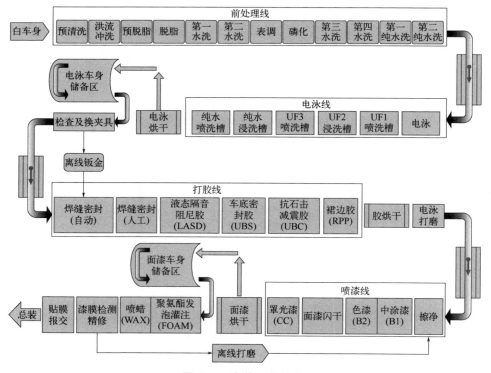

图 3-1 涂装工艺流程

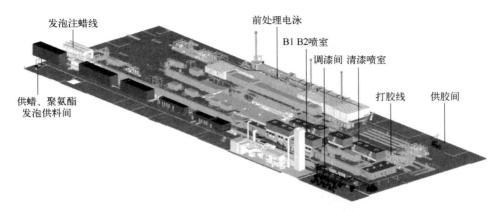

图 3-2 涂装流水线俯瞰（彩图见文后插页）

3.1.1 前处理、电泳

前处理包括脱脂、清洗、表面调整、磷化、钝化等工序。脱脂、清洗的目的是对来自焊装线的车体（白车身）进行洁净处理，除掉白皮车上的污渍，使其露出洁净的金属表面，以保证与涂料层的牢固结合。为了增加电泳漆膜与金属表面的亲和力、涂层的牢固性和防蚀性，在脱脂之后还要对车身进行磷化、钝化处理。这些前处理是涂装工艺重要的组成部分，也是涂膜质量保证的前提。

电泳（ED）是对车身着底漆。早年的汽车底漆采用喷涂工艺，20 世纪 50 年代产生了电泳技术，采用全车浸入式的电化学处理工艺，将底漆覆着于车身内外表面，如图 3-3。以工件为阴极的阴极电泳具有效率高、覆盖率高（内外表面几乎无死角）、涂料利用率高、膜厚均匀易控、附着力好、盐雾实验性能好等优点，被广泛采用。电泳后要经烘干处理。

图 3-3 车身电泳

3.1.2 车身涂胶

汽车涂装胶种很多,主要有密封胶、抗石击减震胶、液体阻尼胶、裙边胶等。涂胶在电泳后、喷漆前进行。除了部分车身密封胶、玻璃胶等使用挤涂外,其余胶种全部使用喷涂,由机器人或自动机携带自动枪作业。各胶种在独立的喷室作业,涂完后一次烘干。打胶线见图3-4。

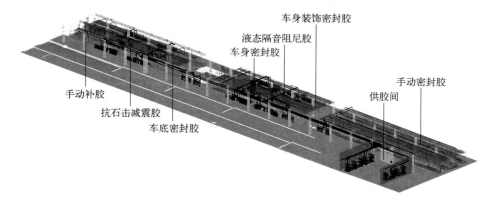

图 3-4 涂装打胶线(彩图见文后插页)

密封胶是按部位配置的,系统数目最多。早年密封胶用挤胶枪搭配各种专用胶嘴手工挤涂,要几十个人同时作业,还要进行刮胶整形处理,效率低下。目前除个别部位采用外几乎全部采用机器人喷涂作业。机器人主要用窄幅厚膜喷涂覆盖接缝,这不仅使作业自动化,也使胶膜覆盖准确、外观平整,基本免去了后续整形处理,并大量节省了涂料。窄幅喷涂要使用专用喷具,如 3D 枪、Swirl 枪等。密封胶系统有 IBS、UBS、ISS、CSS 等。

抗石击减震胶喷涂在车底,由机器人携带自动喷枪喷涂。通常使用 2~4 台机器人作业。

裙边胶由机器人或专用自动机携带自动喷枪作业。它要求边缘整齐、厚度均匀,要在喷枪前外加切边器。切边器还要带有边胶回收装置,见图 7-13。

液态阻尼胶要喷在驾驶舱底和底侧部,它的涂膜较厚、宽度不一,要求涂层外形整齐厚度均匀,要由机器人携带 3D 或 Swirl 枪作业。车底打胶系统见图 3-5。

3.1.3 车身油漆

车身油漆喷涂在涂胶、烘干完成后进行。为消除工件沾染的灰尘以及静电,喷涂前要进行表面清洁和去静电处理,通常使用鸵鸟毛加离子风吹扫除尘。鸵鸟

图 3-5　打胶室

毛坚固耐磨，用它制作的多个滚筒刷组成空间仿形机构，在车身通过时可以覆盖全部外表面，将其吸附的灰尘除下、吸入滚筒收集，并由离子风中和、去除静电。经过鸵鸟毛、离子风处理的车身表面非常干净，符合油漆喷涂作业的工件洁净度要求。

从功能上说，车身油漆依次分为中涂漆、色漆、罩光漆三道。早年三道漆都使用有机溶剂漆，黏度、固体分含量低，每道（或两道）漆喷完之后都需要烘干。20 世纪末随着水性涂料的广泛应用，油漆固体分含量、黏度都有较大提高，为湿碰湿连续喷涂创造了条件，于是喷涂工艺改进为三道漆喷完后一次烘干，大幅减少了能源消耗、设备和线体占地面积，称为 3C1B 紧凑工艺。它的两道漆之间需要流平、闪干、强冷。流平的作用在于使喷幅之间平滑、均匀、自然地过渡衔接，它只要一小段室段自然完成。闪干的作用是预干油漆表面以便进行下一道喷漆，通常用 80～90℃热风吹 5min 左右，之后要用冷风快速吹扫降温使车身及漆膜恢复常温，以适于下一道喷漆作业。20 世纪由于机器人自动喷涂覆盖率不够高，三个喷室都需要手补（主要是内喷）工位。

在中涂、色漆广泛使用水性漆后，由于它们使用同类涂料，黏度、固体分含量大幅提高，机器人作业也完成 100%覆盖，于是出现了多种简化的 3C1B 工艺。其中美国 PPG 公司将中涂、色漆合并在一个水性漆喷室作业，称为 B1B2 工艺。B1 是简化了的中涂漆，它只喷外表面一遍，也省去了闪干、强冷室段和手补工位，使室体大为缩短。B2 是色漆，内外表面都各喷两遍，完成后一次预干（流平、闪干、强冷）。CC 是罩光漆，通常采用溶剂型双组分清漆，在油性（溶剂型的俗称）喷室作业，对车身所有喷过色漆的内外表面各喷两遍。CC 也有流平、预干室段，之后进烘道三道漆一次烘干。

这种 B1B2 工艺可以减少一个喷室，也节省涂料、溶剂以及线体空间，缩短作业时间，进一步节能并减少 VOC 排放，是一种低成本的模式，已被许多生产厂家采用。由于自动作业覆盖率达 100%，所以无须配手工作业工位，每喷室只配置两个修补工位即可。涂装油漆线见图 3-6。

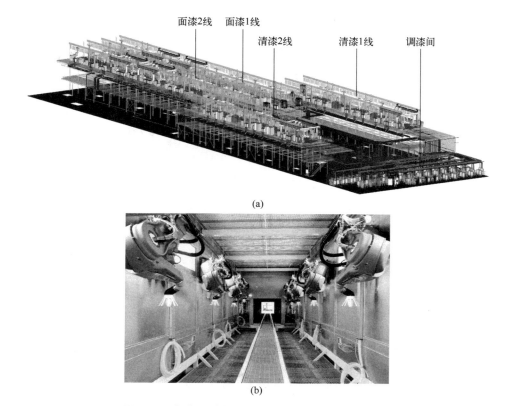

图 3-6 涂装油漆线（a）和车身油漆喷涂（b）

目前 B1B2 的 3 道漆涂层膜厚和工艺流程如下：

B1（中涂或称底色漆）膜厚约为 30～40μm，只做外喷，喷一遍。喷完后无闪干，直接与 B2 湿碰湿连喷。由于 B2 先进行内喷作业，使 B1 的外喷涂层有短暂流平时间。过去中涂漆只有灰色一种，但现代色漆颜色、漆种繁多，且出于装饰性、工艺性和成本等考虑，涂层较薄，所以一些色漆对中涂层颜色遮蔽性能不够好，有些许颜色渗透，浅色尤甚。于是现代中涂采用数种与色漆相近的配套颜色，俗称配色中涂或彩色中涂，它与色漆配套使用，提高了色漆的饱满度、光泽和鲜映性。但配色中涂漆的颜色数目是远小于色漆的，常见为灰、深灰、白等数种。

B2（色漆）膜厚约为 18～28μm，车身内（非内饰件覆盖表面）、外表面都喷，由于装饰性要求高，要各喷两遍。两遍喷涂可以取得更为细腻的表面效果。有些工艺将此两遍漆称为 BC1、BC2（各厂家叫法不一）。

由于目前色漆大多为金属漆，油漆中的金属颗粒（铝箔）会在静电场作用下垂直排列，使闪光效果变差，但不使用静电会使涂料传输效率大幅下降、造成涂料浪费。为了平衡兼顾，第一遍喷涂膜层较厚（约占总厚 2/3），采用高压静电喷涂；第二遍采样不加静电空气喷涂，这会使金属箔片处于随机位置。这样 B2 漆膜内的铝箔在流平和烘干过程中，会在涂料张力和添加剂（流变助剂、定向剂等）辅助作用下，大部分处于随机位置，如图 4-21，取得满意的表面闪光效果。B2 喷完后有流平和预干室段。由于色漆涂层较薄，硬度、耐候性不够强，它的外面需要罩光漆保护。

CC（罩光漆）的膜厚约为 30~50μm，在 B2 的表面喷两遍。CC 使用双组分清漆，喷完有流平预干室段，之后 3 道漆一次烘干。

3.1.4 空腔加注

喷蜡（WAX）用于空腔内壁防蚀保护，在油漆烘干后进行。喷蜡室常分为低工位和高工位，前者在地面以下，以便于为车底结构作业；后者在地面，为车身部位作业。喷蜡的要求是空腔内部均匀全覆盖，厚度 30~50μm，使用喷蜡枪在工艺孔喷覆。为提高质量、节省材料和时间，目前喷蜡普遍采用定量喷覆技术。由于石蜡常温下为半流体，作业前要加热增加其流动性。

聚氨酯发泡灌注（FOAM）用于空腔内部饱满灌注。它不仅具有防蚀功能，还能阻隔共振、噪声、振动，增加结构件强度，综合性能超过喷蜡。目前用于车身部分的梁柱等结构内腔饱满加注。聚氨酯发泡可由手工或机器人作业，都需要较为复杂的专用配比加注设备。空腔加注线见图 3-7。

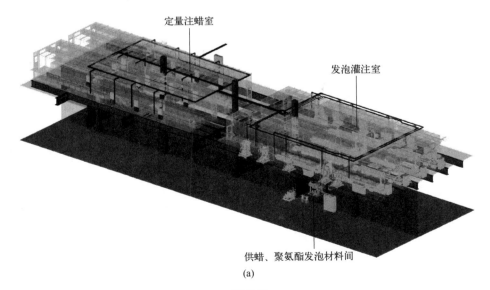

(a)

图 3-7

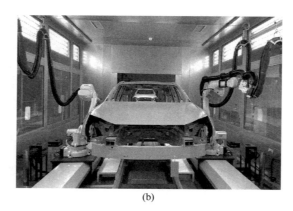

(b)

图 3-7 涂装空腔加注线（a）和聚氨酯发泡加注（b）（彩图见文后插页）

3.2 喷涂的作业方式

　　涂装、喷涂等都是外来语。涂装指广义的涂料涂覆（coating），包括使用化学、物理手段将涂料布覆于工件表面，其方式包括电泳、喷涂、刷涂、挤涂、滚涂等。喷涂（spraying）则仅指物理喷涂。汽车涂料涂覆工艺中除在粗细密封胶、玻璃胶等作业中使用挤涂外，其余作业都采用雾化喷涂，所以习惯上我们将汽车涂料物理涂覆工艺统称为喷涂工艺。

　　喷涂基本特征是使用喷具将涂料雾化喷出。涂料雾化模式很多，如空气喷涂、无气喷涂、混气喷涂、离心喷涂、静电喷涂等。

　　空气喷涂（air spraying）是最基本、最常见、应用最为广泛的喷涂方式。空气喷涂使用喷枪或旋杯，利用低压压缩空气作为载体，使涂料雾化喷出。它的雾化效果良好，可以取得非常细腻光滑的成膜表面，在各类喷涂中装饰效果最好，所以主要用于汽车表面油漆喷涂。空气喷涂的一个问题是难以兼顾雾化效果和涂料传输率（附着于工件表面的涂料与喷具喷出涂料之比）。较高的雾化空气压力会使雾化效果更好，但它会使涂料回弹（动能大的涂料颗粒到达工件后触壁弹回）加大，涂料传输率降低，而降低雾化空气压力又会使雾化效果变差。所以目前在汽车油漆喷涂工艺中，空气喷涂通常会和静电一起使用。空气喷涂的另一个问题是喷出流量较小，作业效率较低，无论是喷枪还是旋杯，出口流量在 300～800mL/min 左右，所以通常仅在装饰性喷涂等精细作业中采用。

　　无气喷涂（airless spraying）是另一种常见的喷涂方式。它不使用雾化空气，而是将涂料加至较高压力（100～200bar，1bar = 10^5Pa）送到喷枪，靠涂料自身压力在枪口释放时产生的压差以及枪嘴的结构雾化，原理上属于压差雾化。无气喷涂的传输效率高、喷出量大、作业效率高，可以用于高黏度高固体分涂料，一些涂料甚至无须稀释就可以直接喷出。它的喷出量通常可达 1000～3000mL/min，涂膜厚度可达毫米级，作业效率可达 10～20m^2/min，是一种效率较高的作业方式。但其成膜表面较为粗糙，常用来作非装饰性的功能性喷涂，汽车的一些胶体、蜡和发泡材料大都采用无气喷涂。此外，在货车、造船、重机等行业的油漆重防蚀作业也采用无气喷涂。

混气喷涂（assisted airless，AA）又称空气辅助式无气喷涂，它原理上属于无气喷涂。为了解决涂料雾化不够理想的问题，在喷嘴周围增加了一圈辅助雾化空气孔，它能明显改善雾化效果，使成膜表面质量显著提高。混气喷涂的效果、优缺点介乎于空气、无气两种喷涂方式之间；喷枪所需的涂料压力也较无气喷涂低，约为 40～100bar。混气喷涂常用在对喷涂效率、成膜厚度、喷涂效果都有一定要求的场合，例如卡车车厢、大轿车等喷涂作业。各种喷涂方式特点如表 3-1 所示；雾化效果见图 3-8。

表 3-1 喷涂方式比较

项目	空气喷涂	静电空气喷涂	离心雾化静电喷涂	空气辅助式无气喷涂	无气喷涂
表面装饰效果	好	好	最好	较差	差
喷出量/(L/min)	0.6～0.8	0.5～0.8	0.5～0.8	1	1～5
涂料传输效率/%	<40	约 60	70～90	70～80	80～90
作业效率	较低	较低	较低	中	高
涂料压力/bar	0.8～2.5	0.8～2.5	0.8～2.5	100 左右	>150
可施工涂料黏度/POIS	<3	<3	<3	500～2000	>2000

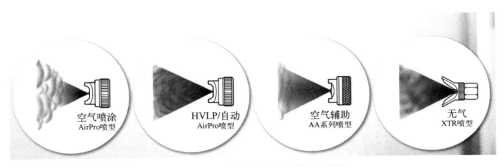

图 3-8 各种喷涂方式的雾化效果

离心雾化（centrifugal atomization）是旋杯的雾化模式。它有一个高速旋转的杯头，工作转数可达 4 万～7 万转，由它释放出的涂料被离心雾化成极细的颗粒，沿径向飞出。由于工件在轴向，需要静电场（60～100kV）和整形空气的帮助，使

图 3-9 旋杯离心雾化喷涂

其涂料流改为轴向飞向工件,见图 3-9。

静电喷涂是在涂料雾化时加入静电,使其雾化颗粒带电,并在电场引导和约束下飞向工件。这不仅会使涂料传输率大幅提高,而且会在很多方面改善喷涂效果。静电喷涂的原理是在喷枪或旋杯的头部加载 60~100kV 的高压静电,此高压静电一方面在喷具与接地工件之间建立高压静电场,另一方面使雾化喷出的涂料微粒带上静电离子,使其在电场的引导、约束下飞向工件。由于涂料微粒带有同极性电荷,它们彼此斥拒,使得涂料雾化、分散性更好。电场还会将二次反弹回来的带电涂料颗粒再次推回工件,这就很大程度地减少了涂料的反弹和飞散。静电大幅提高了喷具的涂料传输效率,使静电喷枪可达 60%~70%,旋杯可达 80%~90%。同时,电场力的加入也提升了涂料附着和成膜效果。小环境下静电喷涂可以使用静电喷枪作业;在汽车喷涂这种大规模作业时要用静电旋杯。它的喷出量可达 500~800mL/min,作业效率为 2~5m²/min。

窄幅喷涂用于喷胶作业。在密封胶等胶体涂布时,要求较窄、较厚和外观整齐的涂膜,有时要用到厘米级尺寸的窄喷幅。此时普通喷枪和挤胶枪都不适用,要用到特殊设计的可调喷幅的专用喷枪,如 3D 枪、Swirl 枪等。

喷覆较大面积的胶体或胶黏剂时,通常用无气喷枪或多孔喷枪作业。

内腔喷覆用于车体结构空腔内表面覆蜡作业。这是一种难度较高的作业,它的喷覆面积大、要求无死角全覆盖、作业时间短促,要使用专用喷枪和多孔喷嘴作业。

内腔喷注用于对车体结构空腔灌注双组分发泡材料。要采用专用双组分配比供料设备和双组分喷枪进行作业。

挤涂只将涂料挤出而无须雾化,在汽车喷涂工艺中用于焊缝胶和玻璃胶作业。作业时要将涂料加至中或高压(约 100~200bar),使用挤胶枪并配置各型专用枪嘴作业。更换枪嘴可以得到圆形、三角形等各种工艺胶形。

3.3 喷涂系统的构成和运行模式

3.3.1 喷涂系统的构成

喷涂系统的基本任务是将涂料进行必要的流体处理,增压后由管路输送至枪站，连接喷具进行喷涂作业。它包括涂料供给、温度控制、管路输送、枪站、喷涂作业、控制等单元。

① 涂料供给单元包括增压主泵、带搅拌器的桶模组、流体处理模组等；

② 温度控制单元包括管中管在线式油漆温控器和媒质发生器，以及伴热带、水套桶等胶蜡加热单元；

③ 输送单元包括管路、枪站等；

④ 作业单元包括机器人、换色器、同步定量泵、喷具等；

⑤ 控制单元包括工位控制箱、分布式现场控制单元、PLC 主控站、人机界面等部分。

喷涂作业主要由机器人完成。每种涂料不但要喷涂在车身的内外表面，为了保证效果，还经常要喷两遍。每遍漆、胶都由多台机器人同时作业，我们将完成同一工艺作业内容的机器人组称为一个喷站，例如中涂漆只喷外表面一遍，我们就称它为一站式喷涂；色漆喷内外表面各两遍，就需要 4 个机器人喷站。我们将每个喷涂机器人（或工人）称为一个工位，为所有的工位都配置一个枪站，在枪站上集合了此工位所需要的所有（不同颜色）涂料、溶剂、空气等出口组件。枪站是涂料输送单元的终端，将枪站各出口用软管连接到机器人或手动枪，就完成了涂料供给系统的基本配置。

此外，喷涂系统还包括空气供给单元、动力媒质单元、废溶剂回收单元、液压站（供液压涂料泵）等配套设施。对于不同的涂料、工艺和作业需求，涂料供给系统的配置和组合又可以采用多种模式，例如工位供给、集中供给、循环供给、级联供给模式等。常用的油漆喷涂系统结构原理见图 3-10、图 3-11。胶蜡系统结构原理基本相同只是较为简单。

3.3.2 工位供给和集中供给模式

3.3.2.1 工位供给模式

最简单的涂料供给模式是工位（或称线边）供给模式，即在每个（或少数几个）喷涂工位旁配备一个涂料供给单元，各自独立使用，见图 3-12。对于油漆喷涂这种多工位作业系统，分散式供漆会使各站涂料参数不均、产生色差，是不能使用的。但是对于单工位或少数几个工位的胶蜡系统，例如裙边胶、焊装胶、总装胶、内腔发泡等工艺，仍会采用工位供给系统。工位供给系统也需要采用双泵切换模式以保证生产的连续性。

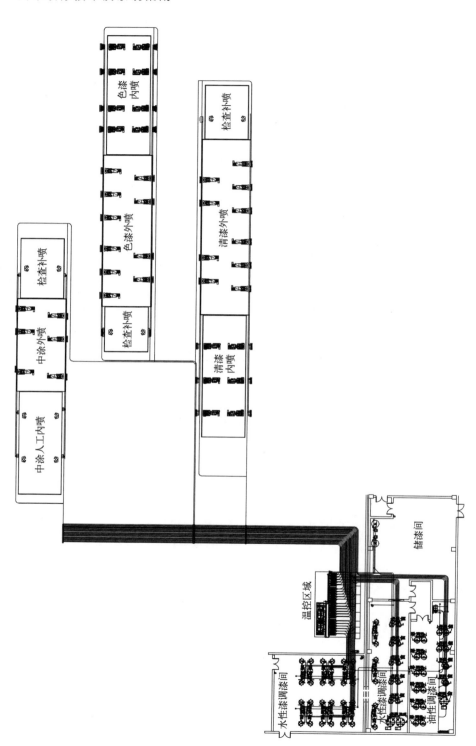

图 3-10 3C1B（3 喷室）喷涂系统平面布置

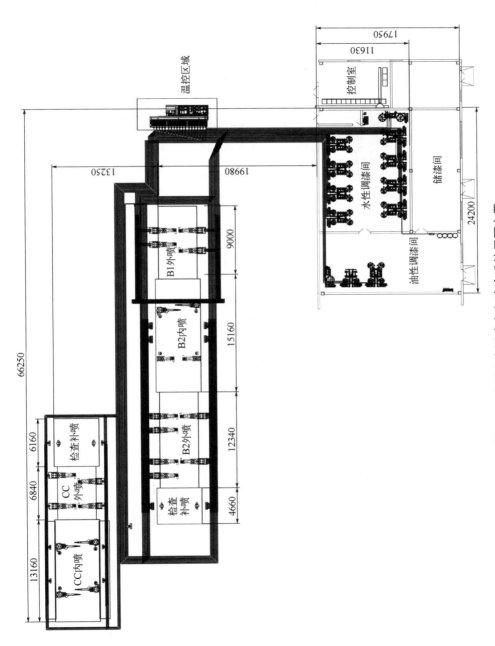

图 3-11 B1B2（两喷室）喷涂系统平面布置

图 3-12　工位（线边）供胶系统（彩图见文后插页）

3.3.2.2　集中供给模式

集中供给模式指一套涂料供给单元向多工位同时供料，各涂料供给单元也采取集中管理。集中供给的优点表现在很多方面，主要有：

① 连续运行　油漆集中供给系统采用双桶结构，胶体采用双桶双泵结构，这样能够连续供料，保证生产的连续运行；

② 涂料参数一致　各工位涂料由同一供给单元提供，无色差、参数均衡一致；

③ 涂料循环　集中供给系统中涂料大多是循环运行的，可以防止沉淀，也有利于温度、黏度等涂料参数的一致性和稳定性，特别有利于自动作业；

④ 集中管理　汽车涂装线使用的油漆、胶蜡等有数十种（含颜色）之多，供给单元分类集中安放在调漆间、供胶间、供蜡间等几个空间内，有利于集中操作、管理、维护保养。

此外，集中管理还有以下意义：

① 有利于安全环保　涂料特别是油漆含有挥发性气体 VOC，集中放置在调漆间内，实行连续的送排风及回收处理，可以保证 VOC 浓度控制在安全范围内。调漆间、供胶间通常布置在涂装线厂房角落、有直通厂区的外门，便于应急安全处理。

② 易于维持适宜的环境参数　油漆等涂料对温、湿度要求较严格，供给单元集中安装在有限且相对封闭的空间内，易于维持恒温、恒湿，有利于涂料的参数控制。此外，在冬、夏季从室外运来的涂料与工艺温度相差很大，不能直接使用。而在与调漆间连通的储漆间存放 48 小时达到室温后，即可直接对系统添加补充，非常方便。

③ 有利于物流、存储　调漆间等都开有厂区直通门，便于物流管理。

由于上述诸多优势，涂料集中供给已成为汽车喷涂系统主流结构模式。调漆间、供胶间见图 3-13 和图 3-14。

图 3-13　调漆间（彩图见文后插页）

图 3-14　供胶间

3.3.3　涂料输送

涂料通过管路输送到各工位站点。输送管路有三种结构模式：盲端输送模式、主管循环模式、循环到枪模式。

3.3.3.1　盲端输送模式

盲端输送模式只有一条供料主管输送涂料到喷室，由支管连至工位，它的结构简单，见图 3-15。在喷具关闭时管路里的涂料停止流动，可能会发生沉淀、黏度、温度也会改变，所以它只适宜输送不易沉淀，且对温度、黏度参数要求不严的涂料，如有机溶剂、固化剂和一些胶体等，以及一些要求不高或临时使用场合。由于电动泵的普及，其特性适于连续工作，目前油漆线的所有溶剂、固化剂都采用主管循环，盲端系统只在胶蜡系统中使用。

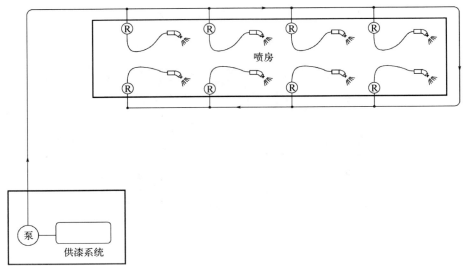

图 3-15 盲端输送模式

3.3.3.2 主管循环模式

主管循环模式的涂料主管自供给单元连至喷室，在各枪站环绕一周后返回供料桶，在各工位处引出支管连至枪站，见图 3-16。此种模式涂料在主管路中总是循环流动的，不会产生沉淀或参数变化，但在连至枪站的支管及以下不循环。在喷具关闭时，支管和连接喷具的软管中的涂料静止不流动，如果用来输送低黏度

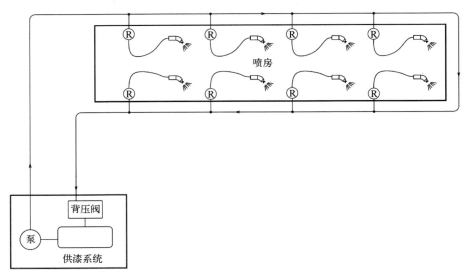

图 3-16 主管循环模式

油漆，会产生沉淀，沉淀物沉积在支管和软管低处，涂料温度、黏度等参数也会改变。所以当再次开枪作业时，要先将支管、软管段积存的涂料喷出废弃，待主管新鲜涂料到达后再喷涂工件。这就造成涂料浪费和节拍加长。所以，此种方式也只可用于输送低沉淀性和对黏度、温度要求不高的流体，如水性溶剂、高黏度涂料、一些胶蜡等，或整体要求较低的简单涂料系统。

3.3.3.3 循环到枪模式

循环到枪模式将涂料由供给主管、支管送至每个枪站，经软管送至喷具入口三通（或机器人换色阀三通），再经过对称的软管、回流管路返回供料系统，使涂料在供给单元到喷具间形成完整、连续的循环。这种结构不管喷具是否打开，涂料始终处于直到枪下（或换色阀）的全程循环流动状态，是一种完全的循环模式。这不仅避免了涂料沉淀，也使涂料温度、黏度等参数始终处于稳定的规范状态，适用于对涂料参数要求高的场合。目前三道油漆以及自动作业的胶蜡系统几乎全部采用此种输送方式。

循环到枪模式的管路结构，又可分为三线式、两线式两种。三线式结构是在主管循环之外增加回流管路（第三线），每个枪站都安装供回两根支管，经软管连至喷具。三线式在每个涂料出口设置涂料调压器以调整各站压力均衡。它的好处是可以扩展枪站，应用上也没有问题，但是结构较为复杂，管路较多，需要多个涂料调压器，造价较高，而且两条回流主管使涂料空循环流量加大、能耗加大。三线制在20世纪90年代前曾广泛采用，之后基本被淘汰。三线循环原理见图3-17。

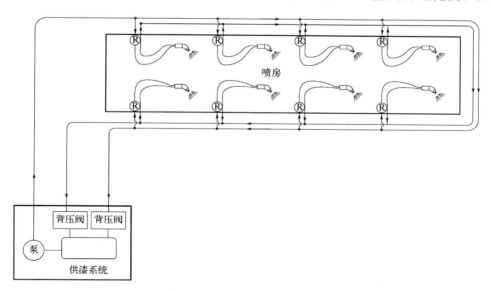

图 3-17　三线循环到枪模式

现在喷涂系统使用的循环到枪模式基本都是两线结构。此系统去掉了第三管线、各站出口的调压器。它靠管道的尺寸维持涂料流量和压力的平衡，主管路较细、空循环流量较少，是一种节省建造和运行成本的合理模式。它的供、回主管为盲端式，各自独立。各枪站经供回支管、供回软管、枪下三通连成支路，并联跨接在供回主管之间，形成涂料自主泵到喷具的完全循环。它的管路通常采取对称分支结构，保证喷室两侧各站涂料参数的对称性。两线循环到枪模式又分为先供先回和先供后回两种模式，见图3-18（a）、（b）。

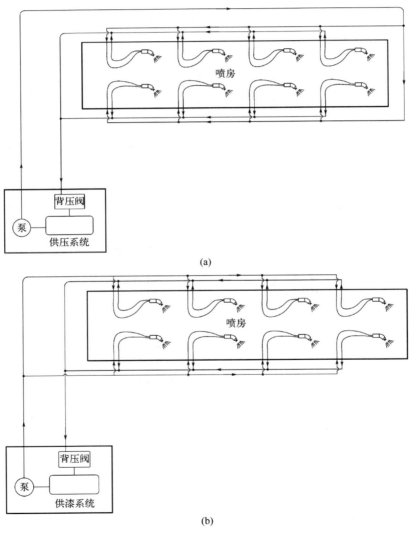

图3-18 两线模式先供先回（a）和先供后回（b）

对于多枪站的喷室，两线制供回管路应采用两侧分支对称结构；各枪站间区段主管要根据承载流量依次变径以保证涂料相同的流速。这样管路就呈现多分支、多区段、多规格的网状结构。两线系统主要靠此种结构来保证涂料流速、流量、压力等参数的一致性和均衡性，所以需要精细的专业设计。这些内容会在"6.2.3 油漆输送管路的设计"中详细讨论。

3.3.4 涂料循环系统的运行模式

所有可沉淀的、对黏度和温度参数有较高要求的涂料都需要采用循环供给模式。涂料的循环流动不仅是为了防止沉淀，同样重要的是，涂料在循环流动中会连续经过搅拌、过滤、稳压、调温等各调整环节，保证了剪切黏度、温度等工艺参数的稳定性，以及成分的均匀性。这一点对自动作业是非常必要的，所以涂料循环系统是需要连续运行的。

涂料循环系统如果停止，再启动时是不能立即投入使用的。这是由于涂料桶和管路中的涂料（特别是低黏度油漆）长时间静止，会有大量沉淀物，黏度、温度等参数也会有较大的改变。再次启动时，要花费大量时间对涂料进行循环流动、搅拌、调温等处理，才能使全系统的涂料恢复到规范状态，这个过程叫活化涂料，至少需要一两个小时才能完成。

再者，一套喷涂系统由许多设备组成，它们的停机和启动程序、系统加热等本身也是较为复杂的过程。设想两班制生产，如果每天下班后停机，第二天开工前要提前一两个小时进行开机启动、加热调温、活化涂料，天天如此是不现实的。所以循环供给系统基本都是连续运行的。事实上只要工厂开工，不管上班下班、有无喷涂作业，一年365天、每天24小时，涂料都要在系统中不停地循环流动。这一模式对于大规模的自动化生产已成为常态。

循环系统虽然不能停止，但是休息班或休息日，以及一些不常用的漆种或颜色系统，还是可以将涂料流速、流量和压力降至较低水平，维持涂料以最低不沉淀流速循环运行。此时循环主泵的 cycle 数下降，搅拌器转数也可以适当降低，背压阀完全打开，系统可在低压、低流量状态下运行。这样就有利于节能、延长设备的使用寿命和维护周期。同时，这样做也会防止涂料老化、延长涂料使用有效期，此种模式称为休眠模式。随着电动泵的普及、控制系统的完善，循环主泵都可以切换工作模式或休眠模式，并可设定两种模式各自的状态参数，上下班时进行状态切换。

如果需要长时间停产（例如一周以上），可以考虑系统停机。此时要将系统管路涂料打回料桶、清洗设备、管路和喷具，密封涂料，执行停机处理程序（见第9章）。

3.4 涂料系统的临时生产和换色

3.4.1 小系统

涂装线建线时通常会在色漆喷室配置一些（数套或稍多）简单的油漆供给系统，称为小系统或 mini 系统，作为过渡性或临时生产的替换配置。小系统的结构较为简单，直接安放在喷室内，通过硬管或软管连至各枪站，对工位就近直接供漆。小系统可以通过硬管路接成循环到枪的模式；一些枪站较少的系统，也可以通过软管直接连接各枪站，称为卫星站模式。小系统的喷涂质量是可靠的，可以作为大系统的临时性生产或补充手段。它的供给单元配选单泵、单桶、单过滤、气动搅拌等精简模式，没有往返调漆间的主管以及调温装置（喷室本身恒温）。小系统见图 3-19（实际安装在喷室内）。

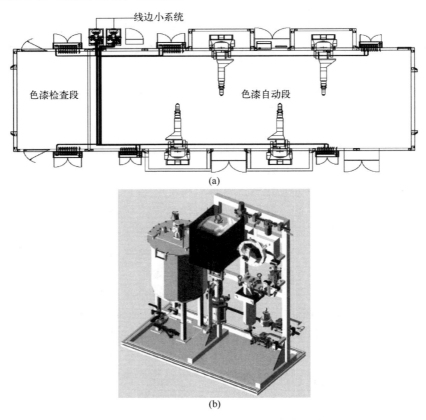

图 3-19 小系统（a）和小系统供漆单元（b）

3.4.2 油漆系统的换色

油漆换色主要发生在色漆线。通常色漆线都有一二十套常用颜色的供给系统以供选择，可以满足绝大多数生产需求。但是随着用户对汽车外观、色彩的个性化需求越来越多，个性化色彩定制是汽车涂装技术发展趋势之一。满足这些特殊需求，已是一些现代汽车生产的必备手段。这仅靠固定配置的一二十套色漆系统是远远不够的，需要快速换色系统的补充配合。

传统的固定颜色供漆系统是难以换色的。这是由于一个系统长期运行于一种颜色，整个系统中的泵、控制元件、管中管换热器、不锈钢管路以及管件、阀门等长期浸染于一种色漆，它们内表面以及缝隙处会淀积、固化一些涂料颗粒。管路是由一段段管材连接起来的，其微小的连接缝隙处要想彻底清洗干净是非常不容易的事。那不仅要耗费大量溶剂和人工，时间上也要数天甚至数周之久，其成本甚至不亚于新建一条管路系统。所以除非永久性的一次换色，这种系统是无法经常换色的。

建设更多颜色的固定供漆系统也是有限度的。那样调漆间要配置更多的供漆单元，车间和喷室周围要增加更多管线，枪站要增加许多涂料出口，机器人换色阀要增加许多阀组，这些不仅需要更多场地和投资，而且大量枪站出口组件、太多的换色单元也是喷室和机器人的有限空间难以承担的。此外，一些使用频次较低的油漆如果使用固定的供漆系统，涂料在桶内长期存放或在线循环，会加速变质失效，造成大量浪费。所以传统固定供漆系统是无法满足日益增长的个性化、多色彩小批量生产需求的。

小系统虽然结构较为简单，在必要情况下可以临时换色使用，相对于大系统，它的清洗、换色要容易一些。但要使其换色，也要进行全系统清洗，消耗大量溶剂和几天时间，也是相当费劲的。所以小系统只适于一定批量的换色生产，并不适用于小批量频繁的换色作业。

对于喷涂技术来说，如何做到简易、快速换色已是必须解决的问题。

3.4.3 走珠式快速换色系统

走珠式换色系统是一种完全创新的换色模式。它的基本手段是在采用小型料桶、易清洗的隔膜主泵、简单的供漆单元之外，输漆管路全程采用等径、无接缝、不受油漆浸染的可走珠软管。换色时将走珠（清洗球）打入管道内，利用空气驱动，将管路存有的油漆驱退回料桶，再注入溶剂清洗管路。由于系统采用整根无接缝软管连接，走珠与输漆软管内径严密配合，所以走珠一次通过就可以相当干净地赶出管内的油漆或溶剂，这使得系统整体换色可以在短时间（通常几十分钟）

内完成。这种换色模式涂料几乎没有损失，所用溶剂也很有限。这些优点使走珠式快速换色系统得到了广泛应用，不仅配置少数几套就可以实现特殊色的临时换色、作为固定颜色系统的补充手段，甚至可以作为喷涂整线的基本作业手段。走珠换色技术有多种模式，在后续章节会详细介绍。走珠式换色系统结构原理见图 3-20。

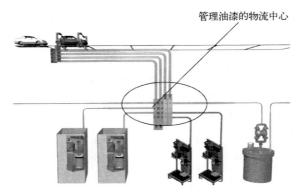

图 3-20　走珠式换色系统供漆单元

第 4 章
通用喷涂机具设备

组成喷涂系统的硬件设备很多，大体上分为通用设备和非标设备两类。通用设备指商品化的标准喷涂机具、设备、元件，如喷枪旋杯、涂料泵、涂装专用设备、喷涂机器人，以及各种流体元件、调整元件、管件阀门等，它们在建线时可以选型订货采购。非标设备指油漆桶、搅拌器、涂料温控装置、液压站等机具设备，它们的规格特定、分散，需要按项目具体要求单独设计制作。

由于设备种类规格型号繁多，本书只介绍主要设备的基本结构、工作原理和特点，选配、使用设备时还要认真阅读设备相关技术资料。

4.1 喷具

喷具指将涂料喷覆至工件上的作业机具，主要有喷枪、旋杯等。喷枪是最为基本、最为常见的喷涂作业机具。喷枪是一种广义叫法，大体上可分为雾化枪和非雾化枪两类。雾化枪有空气喷枪、无气喷枪、混气喷枪、静电枪等；非雾化枪包括挤出枪、涂覆枪、加注枪等。

喷枪的分类方法有很多种：

按用途　可分为喷漆枪、喷胶枪、挤胶枪、涂胶枪、喷蜡枪、发泡枪、加注枪、专用枪等；

按作业方式　可分为自动喷枪、手动喷枪；

按雾化原理　可分为空气喷枪、无气喷枪、混气喷枪；

按涂料供给方式　可分为重力式喷枪、虹吸式喷枪、压送式喷枪；

按使用压力　可分为高压喷枪、中压喷枪、低压喷枪；

按是否带电　可分为普通喷枪、静电喷枪；

按使用涂料　可分为普通喷枪、双组分喷枪、粉体喷枪等。

这么多的分类，每类都有各种品牌规格型号，就构成了庞大繁杂的喷枪家族。不同类型的汽车、整车厂与零部件厂使用的喷具也不尽相同。本书主要讨论乘用车使用的喷枪。

旋杯是另一种重要的雾化喷具。它的原理是离心雾化，由于雾化方向为径向，需要加载高压静电和辅助空气约束雾化涂料，使涂料沿轴向喷出。旋杯用于油漆自动喷涂作业，有内加电、外加电等结构类型。

4.1.1 空气喷枪

空气喷枪（air spray gun）是使用最为广泛的雾化喷具，是一种低压涂料喷枪。它用压缩空气作为涂料的载体和雾化手段，携带涂料一起从枪嘴雾化喷出。在空气、涂料供给压力调整得当时，可以取得满意的喷涂效果。它结构简单、雾化效果良好，使用也非常简单方便，常用来作装饰性喷涂。在汽车喷涂系统上，它曾经作为油漆喷涂特别是车身内部喷涂的主要喷具。由于机器人自动喷涂的普及，涂料传输效率更高的静电旋杯得到广泛应用，并已对车身油漆喷涂作业进行了100%的覆盖，所以现在空气喷枪基本只是作为修补使用。手动、自动空气喷枪外观和结构见图4-1。

图4-1 手动、自动空气喷枪外观和结构

空气喷枪按涂料供给方式分为重力式、虹吸式和压力式（压送式）三种。前两者使用时要配备枪用油漆罐供漆，仅用于维修站油漆修补。生产线上使用的喷枪都是压力式。它的涂料由集中供漆系统提供，通过软管送至喷枪，可以连续作业。

空气喷枪的结构有枪身、空气与涂料接口、流道、调整钮、枪针与扳机，以及雾化机构喷嘴、喷帽。喷嘴中心孔喷出涂料，外侧多个空气小孔喷出雾化空气。喷帽两侧还各有数个空气孔控制喷型、喷幅。

空气喷枪有涂料、空气两个入口，雾化、喷幅两个空气调整旋钮和一个涂料流量旋钮。雾化旋钮可调整雾化空气压力，因为它是涂料载体，工作压力通常要高于涂料压力，较高的雾化压力有利于取得更好的雾化效果。喷幅旋钮可控制枪帽上整形空气压力，从而改变喷幅。涂料流量旋钮可调整开枪后枪针退后的停止位置，改变涂料喷出流道间隙大小，从而控制涂料喷出流量。涂料压力则须另配枪下调压器调整。各个旋钮调整得当时可以取得良好的喷型、喷幅、吐出量和雾化效果。喷枪由扳机控制枪针顶拔，从而控制涂料喷停。

空气喷枪可以根据需要选配各种圆形、扇形和孔径大小的喷嘴。空气喷枪也有自动型号,常称为自动阀,它的扳机、旋钮等由气压控制。自动枪由机器人或自动机携带作业。空气喷枪雾化原理见图 4-2。

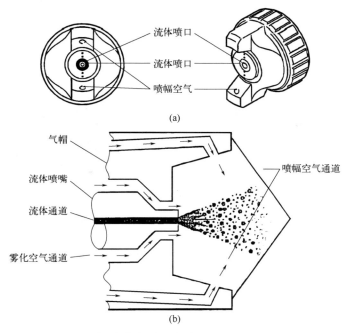

图 4-2 空气喷枪枪嘴结构(a)和雾化原理(b)

空气喷涂的主要缺点是涂料传输率低。涂料传输率指到达工件的涂料量与喷出量之比。这是由它的工作原理造成的。喷出的涂料会有部分因喷幅超出工件而飞散,由于雾化空气压力较高,涂料到达工件后会有部分反弹,被喷室送风带走,都会造成涂料损失。空气喷枪传输效率通常只有 30%~40%;所以不能作为汽车喷涂作业的主要喷具。

空气喷枪有多种规格、型号、厂牌。目前汽车喷涂使用较多的是 SATA、DEVILBISS、GRACO 等品牌产品。

4.1.2 无气喷枪

顾名思义,无气喷枪(airless spary gun)作业时不需要空气参与。它只有一个涂料入口,涂料由系统供给,压力靠枪站出口调压器调整。它靠涂料自身较高的压力、开枪喷出时释放的能量和特别设计的枪嘴进行雾化。虽然雾化效果远不及空气雾化,涂料颗粒大而粗糙,但它的作业压力高,可以喷涂高黏度、高固体分涂料。它有明显的优点：传输效率高（可达 50%～80%）、喷出量大、作业效率高等。这些优点使它在高黏度涂料、厚膜喷涂、对表面要求不高的作业场合被广泛应用。无气喷涂在汽车涂装线主要用于胶蜡喷涂。但在火车、集装箱、船舶、工程机械等领域都有广泛应用。

无气喷枪按涂料工作压力分为高压喷枪（160～300bar）和中压喷枪（60～160bar）。原则上涂料黏度和固体分越高，所需喷涂压力也越高。

无气喷枪也有手动、自动之分，见图 4-3。它们都有各种厂牌型号供选择。

图 4-3　手动、自动无气喷枪

4.1.3　混气喷枪

混气喷枪（air assist airless gun）又称空气辅助式无气喷枪或 AA 枪。为了解决无气喷枪涂料雾化不够理想的问题，它在枪口喷嘴周围增加了一圈很多、很细的空气出口小孔，这里喷出的辅助雾化空气能明显改善涂料雾化效果，使混气喷枪的喷涂效果和优缺点介于空气喷涂和无气喷涂两者之间。混气喷枪所适用的涂料黏度、压力为中等，属于中压喷枪。它常使用在对作业效率和表面效果都有一定要求的场合，如卡车车厢、大轿车、工程机械等大型车辆的表面喷涂，而在乘用车喷涂系统上基本不用。混气喷枪外形和结构见图 4-4。

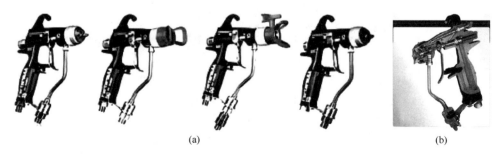

图 4-4　混气喷枪外形图（a）和结构（b）

4.1.4 静电喷枪

静电喷枪（electrostatic spray gun）是在空气或混气喷枪上加装高压静电放电针，加载 30~70kV 高压静电，使其与工件之间建立起高压电场，涂料在雾化喷出时经过放电针，会带上高压静电离子。这样带电的雾化涂料颗粒会在电场引导、约束下定向到达工件表面。这不但有效减少了涂料飞失，大幅提高了涂料传输效率，涂料还能在电场引导下覆盖到非直射的工件表面，例如球体的侧面甚至背面，扩大了涂料覆盖范围。

静电喷枪的高压静电由内置或外置静电发生器产生，电流约数十微安。高压静电以枪针为负极、接地工件为正极。早期静电喷枪使用外置式高压静电发生器，要用高压电缆连接，为了连接方便，常将静电高压电缆做在空气管内。由于电子技术的进步，现代静电喷枪都将升压模块装在枪身内，外部只需提供 24V 低压直流电源。GRACO 公司的静电喷枪将低压电源也做在枪身内，它采用空气透平发电产生低压电源，再用升压模块升至高压。这使得枪电一体化，免去了电缆，使用更为方便。静电喷枪结构见图 4-5。

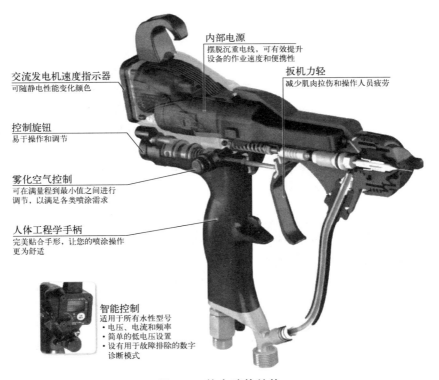

图 4-5　静电喷枪结构

4.1.5 双组分喷枪

双组分喷枪（two-component spray gun）有 A、B 两个涂料入口和流道，可以在枪内实现 A、B 组分涂料混合，由喷嘴喷出，用于双组分材料喷涂或加注，如图 4-6。也有一种可以调整配比的双组分枪，可以在枪上实现简单配比，用于一些简单双组分作业场合，如图 4-7。

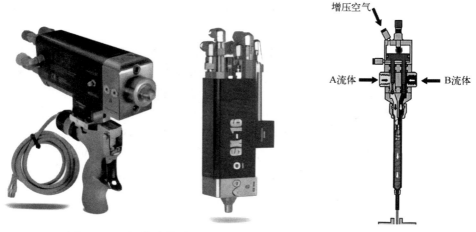

图 4-6　双组分喷枪外形　　　　图 4-7　双组分发泡枪结构

汽车涂装线上，双组分胶、空腔灌注等都要使用双组分喷枪。在空腔填充工艺中，各种不同的聚氨酯发泡材料需要不同的体积配比。由于材料发泡时间和喷枪注入时间都很短（秒级），对喷枪的配比精度、开枪时间、开关枪响应时间等都要求极严，所以喷枪要采用精确配比的节流阀、液压驱动扳机等特殊结构，供料系统也须采取种种措施与之配合。详细内容将在后续章节详细介绍。

4.1.6 挤胶枪

挤胶枪（adhesive squeeze gun）将胶体直接挤出，属于非雾化枪。它用来给车身焊缝或窗玻璃等处涂胶。它的结构较为简单，实际上只有枪嘴和扳机机构，使用时要选配适合胶型的专用胶嘴，外形见图 4-8。挤胶枪有手动、自动等不同型号。

4.1.7 热熔胶枪

在焊装、总装线多处使用热熔胶。这种胶在数十摄氏度至百余摄氏度温度下才能熔化为流体，所以流道需要分区段全程加热。热熔胶枪（hot melt glue gun）作为终端也需要加热，见图 4-9。

图 4-8　手动（a）、自动（b）挤胶枪

图 4-9　热熔胶枪

4.1.8　专用喷枪

随着汽车喷涂技术的进步，胶、蜡、聚氨酯发泡的自动喷涂技术日益普及，有许多类型的新式专用喷枪推出。

4.1.8.1　旋转喷胶枪

在胶体喷涂作业中常会需要不同宽度的胶型。改变喷枪与工件距离可以在一定范围内调整喷幅宽度，但如果喷幅规格多、差别大，使用普通喷枪时需要更换枪嘴，会很不方便。旋转喷胶枪（rotary glue gun）很好地解决了这一问题。它的枪头可将涂料聚焦成细柱状喷出，并可倾斜旋转，转速可达每分钟数万转。喷嘴的倾斜角度可以调整，这样在喷头偏心旋转时，倾斜角度会使喷出的涂料细柱画出圆环形轨迹，在枪身平移时，就形成了与圆环直径等宽的条形喷幅。改变喷嘴的倾角会改变圆环喷轨的直径，也就改变了条形喷幅的宽度。如果在移动中改变喷嘴倾角，它也能喷出各种连续变宽喷型。GRACO Swirl 旋转喷胶枪外形、喷型见图 4-10（a）、(b)，效果见图 4-10（c）。它带有控制器和人机界面，与机器人配套使用，主要用于 UBS、LASD 等工艺，可进行多喷型和变宽的喷涂作业。

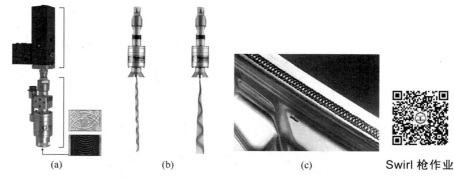

图 4-10 Swirl 旋转喷胶枪（a）、喷型（b）和旋转喷胶效果（c）

4.1.8.2　3D 喷枪

3D 喷枪（3D gun）是另一种给机器人配套使用的专用胶枪，主要用于窄幅、中幅的胶体喷涂。它在作业时枪嘴可以离工件很近，喷幅可以窄到厘米级，这就使得它可以进行焊缝密封等窄喷幅作业。它的喷幅主要靠距离调整，喷幅范围约 1.5～25cm。它有 3 个不同角度的喷嘴，可以单独或组合使用，也可以使用两种涂料同时或交替作业，便于在狭小三维空间进行精细喷涂。3D 喷胶枪也具有枪嘴单独转动功能，此时枪身不动，可避免与涂料管缠绕。枪身也可以接入循环水对涂料进行温控。3D 喷胶枪也主要用于 UBS、LASD 等工艺。3D 喷胶枪、喷型见图 4-11。

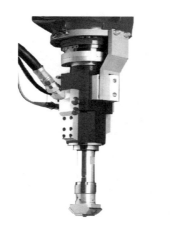 

图 4-11　3D 喷胶枪、喷型

4.1.8.3　多孔喷枪

多孔喷枪(multi-nozzle spray gun)的喷头开有多个喷孔，喷覆面积较大、涂层厚、膜厚均匀、作业效率高，常用于胶体大面积涂覆。多孔喷枪见图 4-12。

图 4-12 多孔喷枪　　多孔喷枪 LASD 作业

4.1.8.4　定量注蜡枪

进行汽车结构空腔内表面喷覆石蜡作业时，如果采用人工注蜡，可以使用无气或混气喷枪，配装不同结构的喷嘴以适应各种工件孔位结构。但是在自动或半自动喷蜡作业时，就要使用专门设计的定量注蜡枪（quantitative wax injection gun）。这种专用枪不仅能够完成定量喷蜡，还能执行空气吹扫等编程工艺。它要使用为各加注孔定制的多种喷嘴和程序作业，所以要能进行枪嘴编号识别，并与控制系统连通以调用专用程序作业。

由于定量注蜡技术出现不久，各厂家有不同的配套型号，目前尚无通用的商品型号。定量注蜡枪见图 4-13。

4.1.9　旋杯

旋杯（cup、bell）是一种离心雾化、加载高压静电的高端喷具，它的雾化质

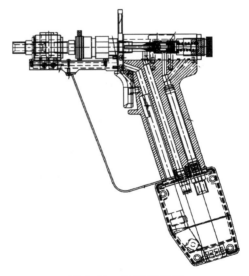

图 4-13　定量注蜡枪

量、涂料传输效率、静电效果等各项指标远胜喷枪，是汽车油漆喷涂中最重要、使用最多、效果最好的作业喷具。它与机器人配套使用，可以 100% 覆盖汽车油漆喷涂作业。当前国内汽车厂常用旋杯有 ABB、DURR、FANUC 等厂牌。我们以主流应用的 ABB 旋杯为例说明工作原理。ABB 旋杯外形如图 4-14。

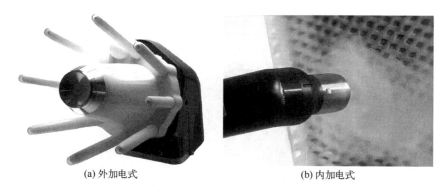

(a) 外加电式　　　　　　　　(b) 内加电式

图 4-14　外加电式和内加电式旋杯

4.1.9.1　旋杯的结构和雾化

旋杯的结构相当复杂和精密。它分为杯身、杯头、流体通道、高压发生器、放电器等部分，见图 4-15。杯身用于固定并对杯体提供油漆、溶剂、空气和静电通道；杯头工作时高速旋转，转速可达每分钟 4 万～7 万转（40～70kr/min），利用杯口离心力（有些杯头边缘为锯齿）将涂料雾化。杯头的旋转是由装在杯身内的空气涡轮驱动的，由于转速高，杯头和杯体间采用空气轴承以减少磨损。

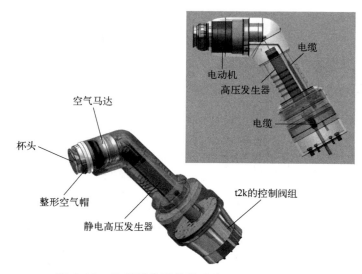

图 4-15　旋杯雾化器结构（彩图见文后插页）

由于旋杯离心雾化为径向，需要整形空气约束改为轴向。杯身端口周围开有许多空气小孔，向侧前方喷出整形空气，以调整喷型和喷幅。旋杯的整形空气常为内、外两道（圈），见图 4-16。双成形空气可改善喷型形状和传输效率，从而提高雾化和整形效果。整形后的涂料喷型见图 4-17。这样，雾化油漆由高压电场和整形空气共同引导和约束飞向工件。

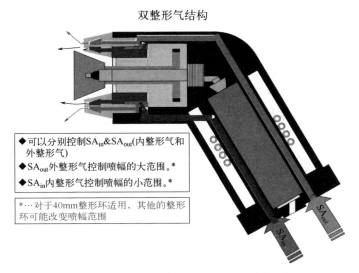

图 4-16 双整形空气（彩图见文后插页）

图 4-17 整形后的涂料喷型

4.1.9.2 旋杯的静电高压和加载模式

旋杯需要的高压静电约为 0~90kV、0~800μA，它在旋杯和接地工件之间建立高压电场并给涂料雾化颗粒带电（负离子），引导涂料飞向工件。静电由安装在旋杯内部的高压发生器（升压模块）提供；升压模块由外部引入 24V 直流电源供电。

根据给涂料加电方式不同，旋杯分为内加电和外加电两种模式。内加电式将静电加至杯头；在涂料雾化成颗粒时使其带电，见图 4-18。它适于电阻率较高的溶剂型涂料（电阻率约 30~50MΩ·cm）。但用于水性涂料时，因其电导率高（电阻率<1MΩ·cm），静电高压会通过液体涂料流形成对地通路，使其损耗严重甚至加不上。此时需要采用涂料隔离绝缘措施，当然不加静电也可作业，只是会使涂料传输率下降。

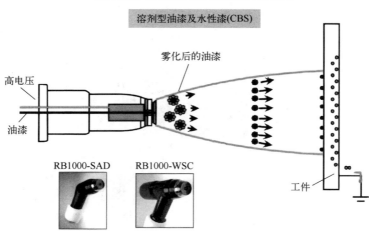

图 4-18 内加电雾化

水性涂料通常使用外加电式旋杯。它在杯头之外加装高压放电器，使涂料在雾化成微小颗粒并飞离杯头，与液体涂料流断开后再给其加电，就避免了静电高压的短路或损耗，见图 4-19。外加电放电器有 8 根，固定在杯身头部，俗称外八爪，见图 4-20。这种旋杯结构体型较大，通常只用于车身外部喷涂；在车身内部使用时不方便。

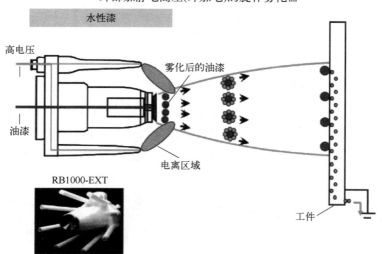

图 4-19 雾化外加电

4.1.9.3 隔离供漆

外加电式旋杯可以用于水性漆的外喷作业，但它体型太大，在车身内部喷涂时不方便。如果内喷不加静电，又会使涂料传输效率大幅下降、成本上升。解决方案之一是作业时使涂料与供漆系统（涂料流）断开、形成绝缘。目前实用的手段是用定量缸或弹夹进行二次供漆，就是在换车间

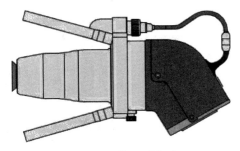

图 4-20　外八爪加电

隙，使用定量缸或弹夹从供漆系统吸入一次作业油漆，然后与供漆系统（涂料流）断开隔离，再对旋杯供漆，这样内喷时可以使用内加电旋杯正常作业。但这样也有不足之处，如增加设备、增加供漆系统负担（造成脉冲大流量填充）等，也不是很理想的解决办法。连续供漆的内隔离加电式旋杯还在研制中，希望早日面世。

4.1.9.4 金属漆喷涂

在喷涂金属闪光漆时，电场会使铝箔同向垂直排列，如图 4-21（a）所示，这会严重削弱闪光效果。此时我们可以不给旋杯加静电，而仅使用整形空气控制喷型。我们使杯头旋转方向与整形空气的旋转方向（整形空气的出口有侧向倾斜）相反，如图 4-22。这样可以打乱铝箔排列方向，使之处于随机排列，从而得到理想的闪光效果，如图 4-21（b）所示。金属闪光色漆的第二道喷涂就采取这样的作业工艺。如果调整不当，使铝箔完全平铺如图 4-21（c）所示，也会使铝箔闪光效果变差。

图 4-21　金属漆铝箔的排列

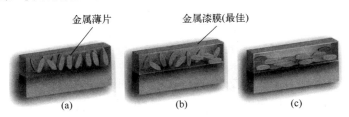

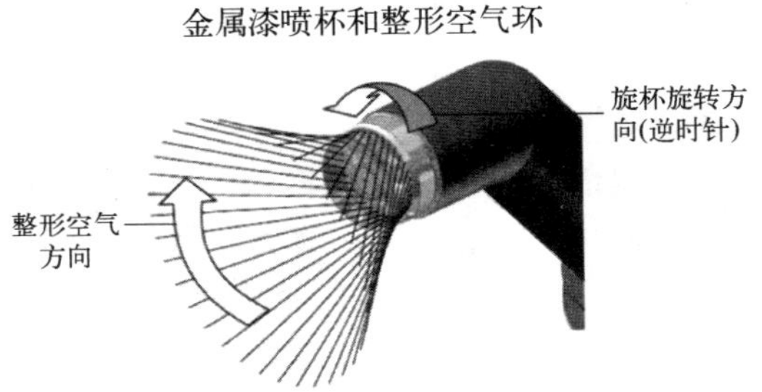

图 4-22　金属漆喷涂

4.2 涂料泵

涂料泵用来给涂料增压，以提供给各工位作业。它是最基本最常见的喷涂机具。涂料泵的类型、规格型号非常多，技术进步也非常快，明显地体现了汽车喷涂技术的发展。拿最常见的柱塞泵来说，从20世纪广泛使用的气动泵、液压泵，到21世纪广泛普及的交流电动泵、直流电动泵、智能泵，经历了多次更新换代，其使用性能、控制方式、环保、能耗等品质逐次提升，完全与涂装技术乃至工业发展中的信息化、智能化以及重视环保节能的大趋势同步。涂料泵家族见图4-23。

图4-23 涂料泵家族

常用涂料泵的类型主要有柱塞泵、隔膜泵、螺杆泵、齿轮泵等；规格参数主要有涂料输出流量、工作压力、缸体容积、材质等。

柱塞泵、隔膜泵等通常以往复行程流量L/cycle（或gal/cycle）表示输出流量，这里cycle指泵柱塞或隔膜的一个往复行程。齿轮泵常用mL/r（毫升每转）表示；定量缸等容积泵的流量由活塞推进速度决定，它通常只标识有效容积，用L或mL表示。

涂料泵的材质要区分流道和壳体。柱塞泵等金属泵的壳体为不锈钢，隔膜泵壳体通常为不锈钢或工程塑料。流道部分指泵体接触涂料的部分，如缸体、柱塞、密封件和隔膜等，常见的材质有不锈钢、聚四氟乙烯、工程塑料等。这些材料中，特别是隔膜、密封圈等，要严格禁止含聚硅氧烷、不耐溶剂的橡胶等。聚硅氧烷材料的磨损粉尘甚至挥发气体都会在漆膜上产生缩孔，是漆膜产生缩孔的主要原因之一。喷室内一切设备、元件和物料都要严格禁止含有聚硅氧烷成分。

涂料泵种类非常多,是一个很大的家族。它可按多种方式分类,见表 4-1～表 4-4。

表 4-1 涂料泵分类(按用途分类)

分类	结构类型	功能特点	应用场合
增压泵	柱塞泵、齿轮泵、离心泵、螺杆泵、活塞泵、双隔膜泵	可将涂料压力增至低、中、高压,以完成输送、喷涂作业	各类喷涂增压输送
输送泵	双隔膜泵、柱塞泵	低压大流量	涂料转移输送
定量泵	齿轮泵、定量缸、化学泵	可精确提供流量控制	给机器人自动喷涂同步定量供料
双组分配比泵	机械配比泵、电子配比泵	可同时送出定量配比材料	双组分材料配比作业
密封泵	密封柱塞泵、化学泵	密封性强	处理湿气等敏感材料、处理固化剂等

表 4-2 涂料泵分类(按压力分类)

分类	工作压力/psi	工作压力/bar	应用场合
低压泵	0～500	0～37	油漆增压输送
中压泵	500～1500	38～110	中高黏度油漆、中黏度胶体、石蜡、发泡材料增压输送
高压泵	1500～5000	111～370	高黏度高固体分胶体、重防蚀油漆增压输送

注:1bar = 0.1MPa = 14.5psi。

表 4-3 涂料泵分类(按结构原理分类)

名称	类型	结构原理	特点	应用
柱塞泵	双作用容积泵	柱塞运动吸送涂料	剪切小、稳定、长寿命、有脉动	涂料增压输送
自填料柱塞泵	双作用容积泵	有上料舌	可自吸入无流动性胶体,要配装压盘、气动支架	增压输送高黏度无流动性胶体
隔膜泵	双作用容积泵	隔膜摆动吸送涂料	简单、输送量大、易清洗、通常为低压	涂料输送、小系统增压主泵
齿轮泵	容积泵	齿轮旋转挤送涂料	定量精确、随动性好、可受控变流量输送、耐压高、可处理各种黏度涂料	可和机器人速度同步变速供料,如油漆、玻璃胶等
定量缸	活塞容积泵	活塞抽送	按一个过程用料定量抽送、可与流道电隔离、可调速、充料时瞬时流量大	水性油漆二次供给、给机器人同步变速供给涂料
螺杆泵	流量泵	利用螺杆旋转增压	剪切均匀、可计量、流量较小	可计量供料

表 4-4 涂料泵分类（按动力源分类）

动力源	结构类型	优点	缺点	应用场合
压缩空气	柱塞泵、隔膜泵、压力罐	简单、本安防爆、安全、价廉、无电控、压力自平衡	噪声大、易结冰偷停、能效低、控制有延迟	涂料增压输送
液压油	柱塞泵	低噪声、不结冰、本安防爆、安全、无电控、廉价、压力自平衡	要配套液压站、液压系统，使整个系统复杂	涂料增压输送
交流电动	柱塞泵	功率大、能效高、控制简单	防爆以及过压保护措施严格、控制及安全装置复杂、压力不能自行平衡、需要变频器调速、驱动力矩周期不均、低速不够稳定	涂料增压输送
直流电动	柱塞泵	控制性能好、无噪声、不用变频器、可以更大范围调速、可以类似气动泵维持压力自动平衡、电动机可换向、驱动力矩均衡、能效最高	造价较高	涂料增压输送

4.2.1 柱塞泵

柱塞泵（piston pump）是涂料泵家族应用最广、用量最大的族群。柱塞泵原理上属于容积泵，它靠柱塞的往复运动，使缸体切割容积周期性地增大或缩小而吸排液体，并靠柱塞的挤压使液体增压。它结构简单、运行平稳、剪切小，适用于大多数涂料，使用寿命也很长，通常可达 20 年以上。

柱塞泵由缸体和柱塞组成。柱塞在缸体内移动时，缸体被切割成两段：前向段容积减小，涂料被压缩、增压输出；后向段容积增大，产生负压虹吸涂料进入。随着柱塞的往复运动，涂料在两个行程中都有涂料吸入和输出，这种泵叫作双作用泵。喷涂系统上采用的柱塞泵都是双作用泵，保证了涂料输出的均匀性和稳定性。它采用等容设计，使往复行程输出涂料容积相等，从而使涂料流量、流速保持稳定。如果柱塞往复运动速率不变，涂料输出流量是稳定不变的；如果系统负载（喷具的启闭）不变，输出压力也不变。我们称柱塞一个往复行程为 cycle，用所输出涂料的体积来标识柱塞泵的流量，称为 L/cycle 或 gal/cycle（升每往复行程或加仑每往复行程），它是涂料缸有效容积的两倍。

柱塞泵结构上又分为 2 球泵、4 球泵，以 4 球泵为主。4 球泵的工作原理见图 4-24。图 4-24（a）为活塞上行程，球 1、4 封闭；球 2、3 打开，活塞将上方涂料通过球 2 压向出口；同时活塞下方缸体通过球 3 吸入涂料。图 4-24（b）活塞下行时球 2、3 封闭；球 1、4 打开，活塞将下方涂料通过球 1 压向出口、通过球 4 向活塞上方缸体供入涂料。如此周而复始吸入、打出涂料。4 球泵运行平稳，对涂料的剪切最小，所以应用最多。

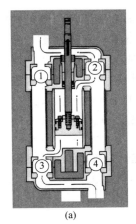 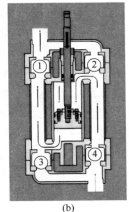 

(a)　　　　　　　(b)　　　　　　4 球泵工作原理

图 4-24　4 球柱塞泵工作原理　　　　　　图 4-25　带油杯的柱塞泵

涂料缸的柱塞运行至上下止点换向时会有短暂的停顿，造成涂料系统压力短暂下降。这会形成压力波动，对喷涂效果产生不良影响。为减小波动，单缸体的柱塞泵要配备涂料稳压器以吸收、减小脉动。有些大流量涂料泵采用并联双缸体结构，两个柱塞保持半行程的相位差，即一个缸的柱塞通过上下止点时另一个缸的柱塞处于中行程位置，这就基本消除了涂料脉动，保证了涂料输出压力的稳定，它无须另配涂料稳压器。两缸行程有 1/2 相位差，错时通过上下止点。

此外，传统柱塞泵还有几个关键缺陷，关系到功能、使用维护和寿命，就是密封、油杯和耐磨问题。其实油杯问题也是密封问题，单列出来是由于先前的柱塞泵用油杯密封，它在柱塞杆进入缸体的喉封处设置油杯（图 4-25），内加甘油等油脂，兼具润滑和密封两个作用。由于油脂有损耗要经常添加，密封件也要经常更换，给使用维护带来不便。而且一旦密封不严有湿气进入缸体，会使湿气敏感材料结晶，这限制了隔膜泵的使用范围。

对此，GRACO 新型全密封柱塞泵采用了许多革新设计，基本上解决了上述问题。首先，它在柱塞缸体和柱塞杆喉封之间增加了一段较长的进料筒，在活塞杆运行中经过喉封的部分外包不锈钢波纹管隔离涂料，这样柱塞杆运行时与喉封接触处将不接触油漆，这给喉部密封造成良好的隔离环境，见图 4-26（a）。由于采用密封和耐磨性能更好的密封件，喉封处可以完全省去油杯。由于波纹管和喉封的双重密封，柱塞泵可以满足涂料与外部湿气的隔离要求，使它的应用范围大为扩大。

柱塞杆波纹管外部接触涂料，内部只接触空气，使得它通过喉封时没有涂料和涂料压力。波纹管、喉封有专利呼吸装置，见图 4-26（b）。它不仅能确保波纹管的呼吸和密封性在正常运行时能长久有效，而且当波纹管密封失效时，也能确保外部空气不会混入涂料中、里面的涂料不会泄漏出来。泵体还装有观察口可看到波纹管的运行情况。所以进料筒喉封实际上只是备用密封，它在波纹管失效时仍能保证进料筒的密封。这样就完全去掉了湿杯，也免去了日常维护。

另外，全密封柱塞泵采用超耐磨陶瓷镀层的柱塞缸筒和活塞杆，以及耐磨、适应各种溶剂的密封件，使得它对高磨砺涂料、湿气敏感材料、光固化材料等几乎全谱系涂料表现出优越的适应性，寿命也大幅延长。它不仅可以代替一些为磨砺性材料、湿气敏感材料专门设计的专业泵，使柱塞泵取得更广泛的应用，也将柱塞泵正常连续工作时的建议运行 cycle 数从 12 提高到 20，这意味着它的工作流量有所提高。GRACO 新出品的低压柱塞泵已全部换成此种结构，但目前还仅限于低压柱塞泵，普通中高压泵仍然采用湿杯密封。但它们也已采用优化设计，密封和维护性能有所提高。高性能全密封柱塞泵的结构和运行原理见图 4-26（c）和（d）。

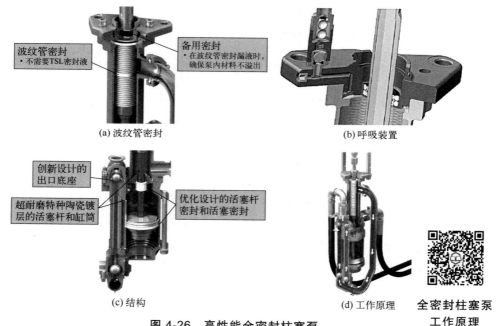

图 4-26 高性能全密封柱塞泵

大多数柱塞泵都是靠自然虹吸原理吸入涂料。但有些高黏度、高固体分涂料流动性差、难以自然虹吸，就需要将涂料加压送至泵入口，保证泵能充分吸入涂料而不产生空打现象。此情况多见于胶体二级增压系统。而从高黏度、基本没有流动性的料桶抽出涂料，虹吸柱塞泵是无法实现的，要使用特殊结构的自填料式压盘柱塞泵，下面会单独介绍。

涂料缸的柱塞是由马达头来驱动的。马达头有气动、液压、电动等，通过连杆驱动涂料缸活塞，组成完整的柱塞泵，见图 4-27。所以对于柱塞泵来说，柱塞涂料缸也称为下缸体。下缸体可以通过与马达头的不同组合搭配生成各种不同压力和流量的规格型号。柱塞泵的规格高达数十上百种,从低黏度的油漆到高黏度的胶体,柱塞泵几乎覆盖了所有涂料的增压输送。在大多数涂料供给系统中,以它作为增压主泵使用。

图 4-27　柱塞泵（自左至右：电动、气动、气动、液压）

4.2.1.1　气动柱塞泵

气动柱塞泵简称气动泵,外形见图 4-27 中间两台。它采用气动马达头为下缸体提供动力。气动马达也是活塞结构,也由缸体和活塞组成。在气动马达活塞上方或下方缸体充入动力压缩空气时,活塞会向下或向上方运动;通过连杆耦合到下缸体柱塞,驱动涂料泵柱塞同步运动。气动马达缸体的活塞上下止点处装有换向装置,使动力空气自动切换流道换向,保证马达平稳连续地往复运动。气动马达外形、结构见图 4-28。

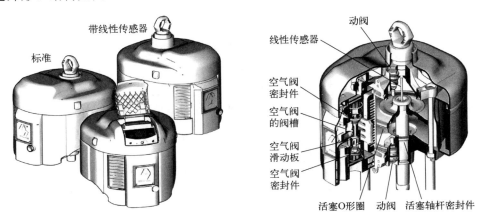

图 4-28　气动马达外形、结构

气动泵本质安全防爆、简单、可靠、造价低廉、使用寿命长，使得它成为最早使用、使用历史最为悠久、应用最为广泛的柱塞泵。直至今日，喷涂系统上仍有大量气动柱塞泵在运行。

气动泵的涂料输出压力，由动力空气压力、马达头活塞与涂料缸柱塞面积之比决定。例如动力空气压力为 5bar，马达头活塞与涂料缸柱塞面积比为 4∶1，则涂料输出压力为 5×4 = 20bar。我们习惯上也以此比值来标识气动泵的输出压力；例如 3∶1、4∶1、65∶1 等。实际上由于空气活塞、涂料柱塞、连杆油封等处运行时都存在摩擦力损失，在缸体或活塞环磨损、划伤、变形时也会造成泵体泄漏或滞塞，这些都会对驱动力造成一定损失，使得涂料输出的实际压力比标称值略低。所以在应用选型时，压力、流量参数都应留有适当裕量。

实际应用的气动柱塞涂料泵规格都是各种空气马达和下缸体的不同搭配组合，组合的前提是气动马达缸体行程必须与涂料下缸体一致。不同的组合会形成不同的涂料输出压力和流量。同一个马达头组配的柱塞泵，缸径比越大输出压力越高、流量越小。常用气动泵的压力比在 2∶1 至 80∶1 之间，可以覆盖汽车喷涂所有材料的增压输送。习惯上我们按涂料输出压力分为低压泵 500psi 以下（<35bar）、中压泵 500psi 至 1500psi（35～110bar）、高压泵 1500psi 至 5000psi（110～350bar）。

气动柱塞泵性能上的一个重要优点是可以自动维持涂料输出压力平衡。这是由于气动柱塞泵的工作模式属于压力平衡模式，当动力空气压力不变时，涂料输出压力会按照缸径比自动维持平衡。这一点对于涂料供给系统非常重要。当很多喷具打开作业时，由于涂料对常压释放，会使系统压力下降，而此时气动泵的动力空气压力并未变化，泵的结构模式要求涂料输出压力维持不变，所以它会自动增加下缸体的 cycle 数使流量增大、系统压力回升，按变比重新回到压力平衡值。反之，当喷具关闭时，系统压力上升，这会形成一个相反的降低 cycle 数、减少流量使压力下降的再平衡过程。这种在流量变化时能自动维持系统压力平衡的模式称为压力平衡模式，它是涂料循环供给系统必须满足的一个重要条件。对于气动泵来说，它是靠自身结构原理实现的，无须另加控制环节。

这种压力自平衡特性也会保证涂料系统不会过压。对于盲端系统，喷具全部关闭时系统压力上升，柱塞泵会自行憋停；循环系统在管路发生堵塞（这一点在胶体长期不用导致干结时有可能发生）时也会自行憋停。假设没有憋停，供料泵仍然不停地打料，必然导致系统压力的无限上升，直至管路或元件破裂。这一特性对高压系统的安全保证尤为重要。这一点普通交流电动泵自身是做不到的，要另加严格的压力控制和保护措施。所以气动泵的运行安全性是很高的。

另一个方面，压力平衡模式的柱塞泵在系统压力过低或原料桶抽空时，也会使 cycle 数大幅上升，造成空打。长期持续空打会损坏柱塞泵，为此气动泵都要配置空打保护器。

气动泵使用中完全不需要电气控制，这就省去了复杂的控制单元和防爆装置，使得它的配置简单可靠，操作容易，造价低廉。这些优点也是气动泵仍在大量工业环境中继续广泛使用的原因。但气动泵也有明显的缺点，主要有三个：一是排气噪声较大，这是气动马达排出残气时产生的，可以加消声器降低，但难以完全消除。二是连杆处可能结冰造成卡顿，这是因为空气马达在排气行程排出废气时，从流体力学上说属于减压降温过程，喷出的废气会很冷，使马达出气口及附近部位产生低温。在环境湿度较大时，可能造成结冰，使泵的运行阻力加大、运行不稳，甚至停泵。三是能源效率低，由于空压站电/气转换能效、气动泵能效、残气余能等，使得气动泵综合能源利用率仅为30%～40%，造成能源浪费。

此外，气动泵在小流量运行时，如果 cycle 数过低（<5），往往会由于动力空气压力过低、动力不足等原因使运行不稳，可能出现柱塞爬行现象。这会使系统涂料压力不稳、波动加大。这些问题在选型和使用时要给予充分关注。

目前 GRACO 公司推出的低压全密封系列气动柱塞泵有 High-FLo（高流量）、President（小流量）等型号。在胶蜡系统中使用的中、高压气动柱塞泵，有从10∶1到68∶1各种型号，见表4-5、表4-6。此外，还有一种棍形气动柱塞泵，俗称棍

表 4-5　常用气动低压大流量柱塞泵（High-Flo 泵）的型号和规格

型号	1.7∶1	2∶1	2.3∶1	3∶1	3.3∶1	3.5∶1	4∶1	4.4∶1	4.5∶1
泵比率	1.7∶1	2∶1	2.3∶1	3∶1	3.3∶1	3.5∶1	4∶1	4.4∶1	4.5∶1
输出流量/循环/mL	4000	2000	3000	1500	4000	2000	1000	3000	1500
马达规格	3400	2200	3400	2200	6500	3400	2200	6500	3400
最大工作压力/psi(bar)	170（11.7）	200（13.8）	230（15.8）	290（20.0）	325（22.4）	340（23.4）	400（27.6）	440（30.3）	450（31.0）
最大进气压力/psi(bar)	100（7）	100（7）	100（7）	100（7）	100（7）	100（7）	100（7）	100（7）	100（7）
60CPM 时的输出流量/gpm(lpm)	63（238.6）	31.9（119.3）	47.3（179）	23.2（87.9）	63（238.6）	31.5（119.5）	16.9（64）	47.3（179）	23.2（87.9）

建议的最大连续循环速度/CPM　全密封四球下缸体：20　开放式/封闭式油杯下缸体：12

注：gpm 表示 gal/min，lpm 表示 L/min，CPM 表示 cycle/min，下同。

表 4-6　常用气动低压小流量柱塞泵（President 泵）的型号和规格

泵比率	2∶1	3∶1
输出流量/循环/mL	890	610
最大工作压力/psi(bar)	460（32）	460（32）
最大进气压力/psi(bar)	180（12）	150（10）
60CPM 时的输出流量/gpm(lpm)	14.1（53.5）	9.6（36.4）

建议的最大连续循环速度/CPM　全密封四球下缸体：20　开放式/封闭式油杯下缸体：12

图 4-29 棍泵

泵。它的泵体细长,可以插入标准的 55GAL 原料桶中吸料。它有螺纹接口固定在桶盖的标准接口上,常用来转移涂料。它有 1∶1 或更高的变比型号,见图 4-29。

气动柱塞泵在 20 世纪曾广泛用于油漆以及胶、蜡等几乎所有涂料供给系统作为涂料供给主泵。虽然现在新建线油漆低压泵、胶蜡系统的中压泵等几乎已完全改为电动,高压电动泵也在普及推广中,但是大量已安装的气动泵仍在使用,一些简单或临时系统也仍会采用气动泵,所以气动柱塞泵仍然会在喷涂系统中长期继续存在、使用。

4.2.1.2 液压柱塞泵

液压柱塞泵也简称液压泵,主要用于低压涂料增压输送。它与气动柱塞泵工作原理相同,下缸体也相同,区别只是将气动马达换成液压马达。由于动力液压油有较高(60~80bar)的工作压力,液压马达活塞和缸体体积较小(比涂料缸小)。液压泵也有类似空气泵的压力变比,只不过由于液压油压力高于涂料,变换比值与空气泵相反。低压涂料泵通常在 1∶2 至 1∶6 之间。液压泵外形见图 4-30,液压缸原理见图 4-31。

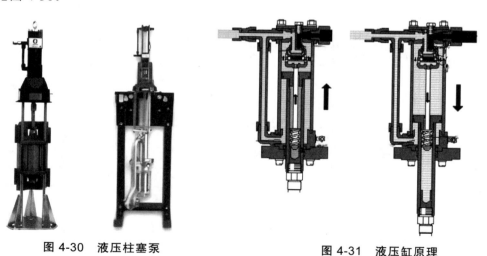

图 4-30 液压柱塞泵　　　　图 4-31 液压缸原理

相比于气动柱塞泵,液压泵的调整稍微复杂一些,每台都要配备一套液压调整单元,见图 4-32。当一个液压站供给多个不同型号、不同变比的液压泵时,每个泵需要同时调整液压油的压力与流量,所以调整单元内有压力调整和流量调整两组部件。前者为一只串入液压油供管的调整阀,用以调整液压油压力;后者为一只并接在供回管间的分流阀,用以调整液压油分流量。反复调整两个阀可使液压泵达到满意运行状态。如果一套液压动力系统中只使用一种压力比的液压柱塞泵,每台泵可以只配置一个串联的压力调整阀。

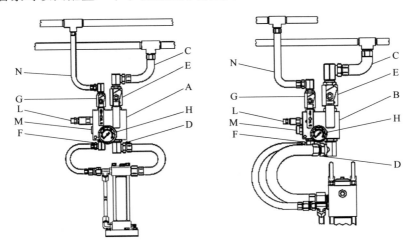

A—液压控制, 236-864
B—液压控制, 236-865
C—液压回流管
D—液压输出口, 3/4npsm/美国标准锥管螺纹(A), 1 1/4npsm (B)
E—回流管截止阀
F—液压输入口, 3/8npsm(A), 3/4npsm(B)
G—供液管线截止阀
H—压力表
L—减压阀
M—流量控制阀
N—供液管线(仅可使用固瑞克公司的液压动力供应)

图 4-32 液压调整单元

液压涂料泵的优点是本质安全防爆、结构和使用简单、寿命长、可以自动维持系统压力平衡,这些都与空气泵一样;但是无噪声、不结冰、状态调整响应快、能源效率较高,综合性能上优于气动泵。所以液压泵曾作为气动泵的换代产品,广泛用于低压涂料增压。

液压泵的主要缺点是需要配套液压站,增加了设备投资成本和维护工作量,而且一旦液压站出现故障,会造成所有液压泵停止工作、全线停产,影响太大。由于性能更好的电动泵的普及,现在新建线已不再选用液压泵,仅在一些老线继续使用。但在一些特殊应用场合,例如双组分发泡设备中,因其推力大、响应快、使用方便,也仍有应用。

4.2.1.3 交流电动柱塞泵

电动泵是涂料泵应用发展历程中继气动泵、液压泵后的换代产品。对比气动泵、液压泵,电动泵能从根本上消灭噪声、结冰、卡顿、行程不稳等弊端,也省去了配套的空压站、液压站。电动柱塞泵直接使用电动机驱动,能源效率高、控制性能好,更容易实现现场网络化、智能化控制管理,所以新建涂装项目中各种涂料泵几乎全部采用电动。当然在调漆间内使用,电动泵必须使用防爆电动机,控制、布线等也都需采取防爆措施,一次建造成本比较高,但总体看来,电动泵运行及操控性能好、无环境污染、能源效率高、使用成本低,利大于弊,代表了技术进步,所以得到大面积推广应用。

电动柱塞泵结构上也分为马达头和下缸体两部分。马达头由防爆电动机、减速器、换向器、动力耦合机构、连杆等部分组成。防爆电动机、减速器水平安装,提供驱动力;耦合换向机构通过连杆将动力传给下缸体。

电动泵首先推出的产品是比较简单的交流泵。GRACO 交流电动泵型号前都冠以 E-Flo。它由交流电动机驱动,转数由变频器控制。交流电动泵采用四极异步变频电动机,通常配置 75∶1 齿轮减速器意味着当交流电动机以 50Hz 运行时,泵的 cycle 数约为 1420÷75 = 19(cycle)。这大约是柱塞泵使用 cycle 数的上限,所以交流电动泵经常在 50Hz 以下频率工作。交流电动柱塞泵外形和原理见图 4-33。

图 4-33　交流电动柱塞泵外形和原理　　　　　交流电动柱塞泵

普通交流电动机的调速范围是 25～75Hz,喷涂系统上使用的优质变频电动机,调速范围较大,下限可以低至 5Hz 甚至更低,可以满足绝大多数使用环境。但是如果系统流量过小,电动机要长期在低频下运行,可能会导致发热、行程不稳等情况,所以不建议电动机在 5Hz(对应泵的 cycle 数为 2)以下长期运行使用。此时应换用流量较小的电动泵,或更换变比小些的减速器。这样电动机工作转数会进入正常合理的工作区。

在运行实践中,也发现交流电动柱塞泵存在一些缺点和不足。首先它不能像气动泵或液压泵那样能自身维持系统压力平衡,在盲端管路使用时如果控制失效,泵不能自行憋停,涂料压力会持续上升危及系统。这是一个非常严重的问题,高压系统更甚。所以交流泵应用中要采取多重保护措施限制压力。

再一个问题是柱塞泵工作时柱塞需要不停换向，而交流减速电动机转动惯量大、换向时间长，不适于频繁换向，它只能沿一个方向转动，而靠凸轮或仿凸轮机构进行换向和动力耦合。它们会将水平放置的减速电动机主轴的连续旋转变成连杆的垂直往复运动，原理类似于汽车发动机的曲轴、连杆。GRACO 采用的仿凸轮动力耦合机构见图 4-34。它的柱塞运行曲线是正弦波形，见图 4-35。正弦波的顶部变化率小、较为平坦，使得连杆换向时间稍长。涂料输出脉动持续时间较长，需专用调速软件予以补偿。同时轮摆杆机构的驱动力矩是周期性变化的，在低速运行时容易造成柱塞泵工作不稳定、爬行。同时，连杆的摆动也会使下缸体主轴承受横向摆力，增大了运行阻力和缸体磨损。常用的交流低压涂料泵型号见表 4-7。

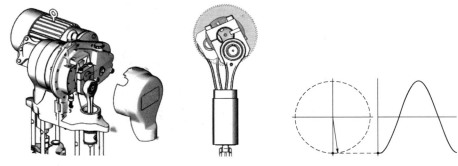

图 4-34　交流电动泵的仿凸轮动力耦合机构　　图 4-35　仿凸轮耦合机构的运行曲线（正弦）

表 4-7　常用交流低压涂料泵（E-Flo 交流电机循环泵）型号及规格

型号	1500	2000	3000	4000
输出流量/循环	1500cc	2000cc	3000cc	4000cc
交流电动马达规格	3HP	5HP	5HP	5HP
最大工作压力/psi(bar)	425（29）	460（32）	330（23）	250（17）
20CPM 时的输出流量/gpm(lpm)	8.1（31）	12（45）	16.2（61）	22.6（85.5）
建议的最大连续循环速度/CPM	全密封四球下缸体：20　　开放式/封闭式油杯下缸体：12			

BINKS 公司的交流电动泵是另一种常见柱塞泵。它采用两台卧式单作用柱塞缸组成推挽结构，由减速变频电动机、凸轮耦合机构驱动。选配合适展开线的凸轮，可以得到近似三角形的柱塞运动曲线，它顶部比正弦波窄，使换向时间、涂料脉动持续时间较短，无须调速软件校正。BINKS 交流柱塞泵外形、凸轮原理、动力耦合机构见图 4-36（a）、（b）、（c）。

BINKS 泵的凸轮机构两个主轴各配装一个单作用柱塞泵，在每个摆动行程中轮流吸料、出料，形成整台泵的连续供料，如图 4-37 所示。

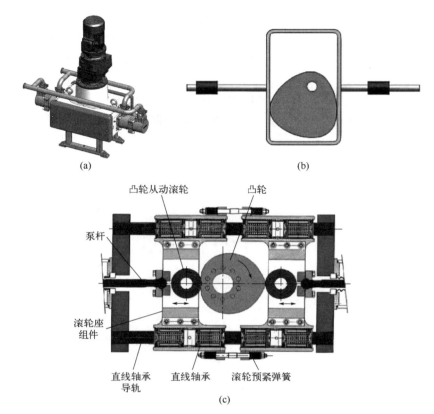

图 4-36 BINKS 交流柱塞泵

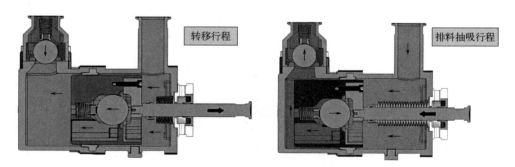

图 4-37 推挽式双体单作用柱塞泵

GRACO、BINKS 的两种交流泵各有特点。前者采用立式双作用单体泵,结构简单、占地小、有利于排出空气,但仿凸轮机构有摆杆、动力耦合特性不够理想。后者凸轮机构动力耦合特性好,但凸轮机构和卧式双泵结构较为复杂。两种泵各有千秋,都可以满足喷涂系统的作业需求。

4.2.1.4 直流电动柱塞泵

交流电动柱塞泵在使用运行中存在的不能自身维持压力平衡、动力耦合不理想、低频运行不稳、变频器连线较长等问题，直流泵都能较好解决。它不需要变频器，稳定工作转数区域范围大，驱动力矩均匀、换向快，而且可以自行维持压力平衡，所以一经推出，就有取代交流泵的趋势。GRACO 直流柱塞泵型号前都冠以 E-Flo DC，外形见图 4-38。

图 4-38　直流柱塞泵

GRACO 在世界上首先推出采用 BLDC（无刷直流电动机）驱动的柱塞泵。BLDC 是新型直流电动机，在相同输出功率下，体积小、重量轻、扭矩大、启动性能好、驱动平稳、不易发热、能源效率更高。同时，由于 BLDC 的原理和控制特性，可以取得类似于气动泵那样的自身压力平衡，不但可以更方便地设置喷涂系统所要求的恒压、恒流工作模式，也使控制系统更为简单，安全性能也有所提高。

BLDC 的应用在近年来得到快速发展。它兼具伺服电动机的精确控制，有位置保持和换向灵活等特点，又有类似于步进电动机的驱动绕组顺序分配功能，使得它更像一台数字电动机。由于没有电刷，也就没有电刷带来的火花（无火花是能在危险环境使用的前提）、干扰、能耗和频繁维护，非常适于柱塞泵的驱动、频繁换向和工作模式切换。它的调速可由电压控制，也取决于负载变化。在系统涂料压力降低时，由于系统负载（运行阻力）减小，它会自行加速，增大柱塞泵 cycle 数使压力恢复平衡，反之亦然。它在工作压力过高时也会自行憋停，这一点与气动泵的自行维持压力平衡机制非常相似。

BLDC 电动机由定子绕组、内旋转式永磁转子（径向多磁极）和位置检测器等组成，见图4-39。BLDC通常配有三组六个定子线圈，每组由两个线圈串联，按120°位置分布，见图4-40。给定子三组线圈顺序加电，会生成类似三相交流电动机的旋转磁场，驱动永磁转子旋转，这使得它的驱动方式有些像交流电动机，所以有些人称BLDC为交流伺服电动机。它无须配置变频器，只在电动机罩内配置小型电源及控制器即可。BLDC使用逆变直流电源，用脉冲调宽（PWM）技术调整直流电压，使得能源效率很高，可以达到90%以上，比交流电动机能效又提高了25%，几乎是气动泵的3倍，所以BLDC直流电动泵是最为节能的。

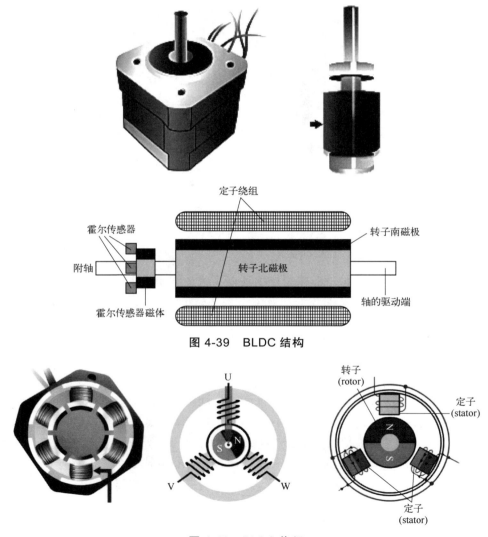

图4-39 BLDC结构

图4-40 BLDC绕组

我们看一下 BLDC 电动机是如何工作的。转子转速取决于旋转磁场频率,即三个定子线圈的供电切换频率,而它不是固定不变的,只有当永磁转子的磁极中心正对固定在定子上的、相隔 120°的 3 个位置检测器之一时,由位置传感器(通常是霍尔元件)产生脉冲信号,才会驱动控制器进行绕组线圈供电切换,见图 4-40,这一点非常类似步进电动机。也就是说,BLDC 的转速是由转子在每个 120°微行程的通过时间确定的。那么这个时间有多长?它由两个因素决定:一是驱动力矩,这正比于定子线圈通过的直流电压高低。直流电压越高,绕组电流越大、磁场越强,驱动力矩就越大,120°微行程时间越短,转子旋转速度就越快。二是负载大小,也就是涂料泵所驱动的涂料循环系统的运行阻力。显然阻力越小微行程时间越短,这就是说,驱动电压越高、负载越轻,转子转得越快。当涂料系统多个喷具打开时,系统压力下降,驱动负荷减轻,相当于转子运行负载减轻,这会使转子在 120°微行程通过的时间缩短,到达下一个位置传感器,触发线圈供电切换的时间提前。这也就意味着提升了电动机的转速,从而提高了泵的 cycle 数,使系统压力上升、恢复平衡,反之则反。这也就是直流泵可以像气动泵那样自行维持压力平衡的原因。这里所说的自行维持,指电动机转速在给定电压下,只与负载阻力相关而与电动机参数设定无关。

如果盲端管路所有喷具停喷,主泵电动机仍然继续旋转,系统压力会急剧升高,泵的电动机转子运行阻力也会快速增大,转子在现有驱动力矩下无法到达位置传感器,定子线圈无法切换,电动机也就会锁定在原有位置,自行停止转动。这就是 BLDC 直流电动机的位置保持功能,也就是说,BLDC 直流泵会像气动或液压泵那样自行憋停,这一点对高压系统尤为重要。

有了位置传感器,也会使 BLDC 可以进行精准测速和控制,这个特性和伺服电动机非常相像。位置传感器除霍尔元件外,还有光电传感器等,响应速度更快。实际上的转子结构较为复杂,它采用径向磁环,有多对 S/N 磁极,可以编码进行精确的位置控制。线圈的切换过程也较复杂,大致如图 4-41,不细述。

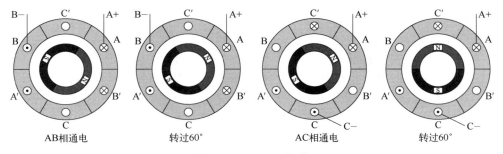

图 4-41　BLDC 相序

此外，直流电动机的动力耦合装置也和交流电动机完全不同。交流电动机由于没有位置保持和精确控制功能，且惯性较大，无法做到频繁、精准换向，只能连续转动、采用凸轮或仿凸轮机构进行动力耦合。而 BLDC 电动机转动惯性小、随动控制性能好、有位置保持功能，可以像伺服电动机那样精确快速、频繁地换向，所以能够采用齿轮齿条动力耦合机构，将减速电动机的往复转动直接变成齿条的垂直往复运动，见图 4-42（a）。此种耦合方式在一个转动周期内驱动力矩是均衡一致的，速度是线性的，而且没有凸轮摆杆的左右摆动，使泵体减少了磨损、运行更为平稳。BLDC 换向时只需改变定子绕组供电顺序，切换快。所以柱塞泵在上下止点换向时间很短，涂料脉动时间缩短，使系统压力更为平滑稳定，见图 4-42（b）。

直流电动柱塞泵的动力耦合

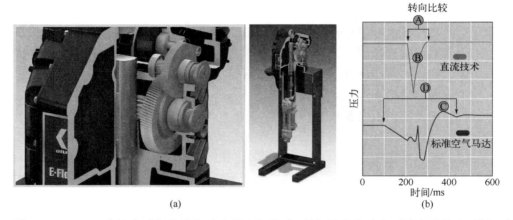

图 4-42 BLDC 直流电动机的齿条动力耦合机构（a）和压力脉动（b）（彩图见文后插页）

BLDC 直流电动机的电源驱动模块和控制模块非常小巧，可以安装在电动机外壳体内，并且在壳外装有旋钮，可以直接在泵体进行调控，而无须像交流泵那样与中控柜变频器往复连线。GRACO E-FIO DC 直流泵的泵头上装有两个旋钮，一个用来设置恒压/恒流/防空打工作模式，一个用来调整电机转数（泵 cycle 数），使用非常方便，见图 4-43。

注意电动泵在空抽或系统泄漏时，也会由于驱动负载减轻而会出现空打、超转数，它们的运行软件中已作了防空打模块集成，无须外加空打保护器。

近年 GRACO 在基本型直流泵的基础上又推出高级版直流电动泵。它的电动机和泵体结构与基本型是一样的，只是增加了 ADCM 控制器。ADCM 是一款智能控制器，它不仅可以管理 DC 泵本身的运行状态，进行运行控制、模式切换、参数设定、信息交换等，还可以通过智能传感器控制整个涂料供给系统的工作压力、料桶液位、搅拌器转数、背压阀状态，对全系统进行过程状态管理。ADCM的能力不止于此，它可以对周边多达 4~8 台直流泵和系统进行组群控制管理。

ADCM 是一个配有可视界面的可编程控制单元，见图 4-43（b）和（c）。在调漆间内可以分组配置几个 ADCM，通过 CAN 电缆或光纤相互连接组成现场局域网，对所有涂料系统进行管理。在喷涂系统整体的智能化、信息化管理上迈进了一大步。

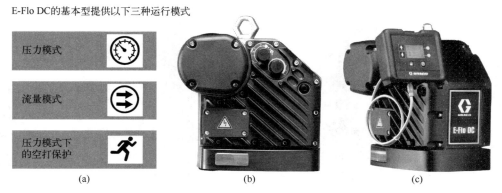

图 4-43　直流柱塞泵的控制

直流泵的规格型号很多，见表 4-8。

表 4-8　常用直流低压涂料泵（E-Flo DC 直流电机循环泵）型号及规格

型号	750	1000	1500	2000	3000	4000
输出流量/循环	750cc	1000cc	1500cc	2000cc	3000cc	4000cc
最大工作压力/psi(bar)	285（20.6）	1hp: 210（13.8） 2hp: 380（27.6）	285（20.6）	2hp: 210（14.5） 2×2hp: 380（27.6）	285（20.6）	210（14.5）
20CPM 时的输出流量/gpm(lpm)	4.00（15）	5.25（20）	8.00（30）	10.50（40）	15.90（60）	21.10（80）
建议的最大连续循环速度/CPM　全密封四球下缸体：20　开放式/封闭式油杯下缸体：12（建议的循环速度仅为 12CPM）						

4.2.1.5　压盘式自填料柱塞泵

对于高黏度胶体，从原料桶抽取原料进行增压输送，普通虹吸式柱塞泵是无法胜任的。这是由于胶体基本没有流动性，如果使用普通虹吸式柱塞泵，吸料口附近的胶体很快就会被吸空形成空洞，周围胶体无法自行填补，造成胶泵吸不上料、空打无输出。

为此 GRACO 公司专门设计了自填料式增压胶泵。它的泵体采用特殊结构，在柱塞缸的下端增设了吸料室和挖料舌，柱塞下行程时挖料舌会伸出泵体之外、插入胶体挖料；上行时带入泵内。这种泵称为自填料式柱塞泵或 Check-Mate 泵，它也是双作用泵，适用于中等黏度至高黏度材料，其结构和工作原理见图 4-44。

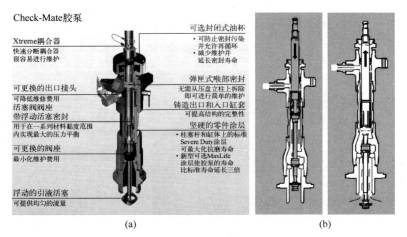

自填料柱塞泵工作原理

图 4-44　自填料柱塞泵结构和原理（a）和自填料柱塞泵行程（b）

但是仅仅采用挖料舌自填料机构，胶体仍然会产生空洞，泵还是无法工作的，消灭空洞才是正常工作的前提。为此，自填料泵必须与压盘和气动支架配合使用。

压盘压盖在原料胶桶胶面之上，直径与桶壁匹配，它的外沿配有两道胶环，与胶桶内壁形成密封接触，防止胶体被压后沿边缘外溢。胶泵直接安装在压盘中央上部，挖料舌伸出在压盘之下挖吸胶体，所以这种胶泵也称为压盘泵。

对于高黏度的胶体，仅靠压盘泵自身（泵和压盘）的重力破坏胶体空洞仍显不足，于是设计师再将压盘泵安装在气动升降架（也称 RAM 架）上，在作业时将支架气缸充入下行压缩空气，给压盘提供一个持续向下的附加压力。此力能保证压盘随桶内胶面升降时全程压紧胶面，破坏胶体空洞，使得自填料泵能够正常连续工作。

同时，气动支架在换桶时能将很重的压盘泵提升或降下，所以它是压盘胶泵必要的基本配置。实际上胶泵、压盘、气动支架总是装配成一个组合整体，称为供胶模组。在 RAM 架上装有位置传感器和控制器，当桶内胶料用完、压盘降到桶底时发出报警，操作员可操作换向阀给 RAM 架气缸充入上行空气使之提升，直至将压盘泵完全提至桶外，进行换桶。

压盘式胶泵和模组外形见图 4-45。供胶模组根据用胶量大小分为单泵单支架（配用 5GAL 胶桶）、单泵双支架（配用 55GAL 胶桶）和双泵四支架（配用 300GAL 胶桶）等多种规格。不管什么规格，在生产线上配置的供胶泵都要两套或多套（两用一备或三用一备），组成一个供胶单元，以便换桶时维持连续生产。传统的压盘泵都采用气动马达，直到目前仍有很高的在用率。

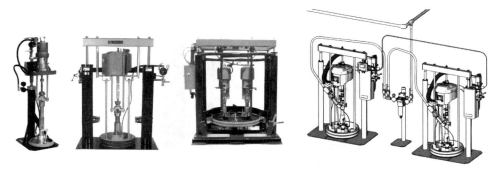

图 4-45　压盘式胶泵和模组外形

4.2.1.6　电动高压泵 E-FLO SP（ESP）

高压泵因为工作压力高而且结构复杂，所以直到近年才升级为电动，而且直接进入直流高级版配置。在原理、操作和使用上它和低中压直流泵非常相近。GRACO ESP 系列高压电动泵分为 Check-Mate 和 Dura-Flow 两类，前者采用自填料柱塞缸体、压盘气动架结构，大流量泵采用双缸体，用于从原料桶吸料增压输送，见图 4-46（a）。后者采用虹吸柱塞缸泵体，见图 4-46（b），用于胶体二级或一级（低黏度胶）增压输送。它们都带有 ADM 控制器和界面，使用非常方便。

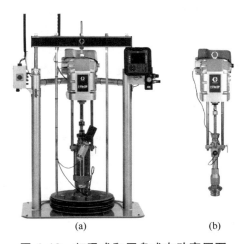

图 4-46　虹吸式和压盘式电动高压泵

智能管理器 ADM 的功能和低压电动泵的 ADCM 相似，都带有人机界面，能对周边最多 6 台泵进行智能管理。在二级增压泵工作场合，常常采用多台 Dura-Flow 并联使用，它们的工作参数和状态设置完全相同，由一套 ADM 控制器集中管理非常方便。如果配置 CGM 模块，它还可以和中控系统进行网络通信连接，见图 4-47。

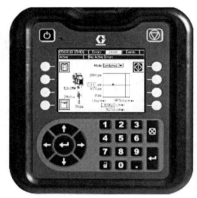

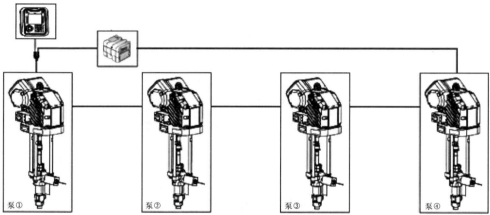

图 4-47　电动高压柱塞泵组的 ADM 控制器

电动高压泵 E-FLO SP（ESP）常用规格如表 4-9。

表 4-9　常用中高压直流涂料泵型号及规格

（a）压力汇总表

类型	下缸体容积	最大静态压力			最大动态（运行）压力		
		psi	bar	MPa	psi	bar	MPa
Check-Mate	100 CS/CM/SS/SM	6000	414	41.4	6000	414	41.4
	200 CS/CM/SS/SM	4200	290	29.0	3905	269	26.9
	250 CS/CM/SS/SM	3400	234	23.4	3122	215	21.5
	500 CS/CM/SS/SM	1600	110	11.0	1487	103	10.3

续表

类型	下缸体容积	最大静态压力			最大动态（运行）压力		
		psi	bar	MPa	psi	bar	MPa
Dura-Flow	145 SS	5600	386	38.6	5204	359	35.9
	180 SS	4500	310	31.0	4164	287	28.7
	220 SS	3700	255	25.5	3470	239	23.9
	290 SS	2800	193	19.3	2602	179	17.9
	430 CS/SS/SM	1900	131	13.1	1735	120	12.0
	115 CS	6000	414	41.4	6000	414	41.4
	145 CS	5600	386	38.6	5204	359	35.9
	180 CS	4500	310	31.0	4164	287	28.7
	220 CS	3700	255	25.5	3472	239	23.9
	290 CS	2800	193	19.3	2602	179	17.9

（b）流量汇总表

类型	下缸体容积/mL	下缸体材质	流量/(mL/min)	流量/(gal/min)	出口规格
Check-Mate	100	CS/CM/SS/SM	2500	0.66	1″NPT（F）
	100	CS/CM/SS/SM	5000	1.32	1″NPT（F）
	100	CS/CM/SS/SM	6250	1.65	1″NPT（F）
	100	CS/CM/SS/SM	12500	3.30	1-1/2″NPT（F）
Dura-Flow	145	SS	3625	0.96	1″NPT（F）
	180	SS	4500	1.19	1″NPT（F）
	220	SS	5500	1.45	1″NPT（F）
	290	SS	7250	1.92	1″NPT（F）
	430	CS/SS/SM	10750	2.84	1-1/2″NPT（F）
	115	CS	2875	0.76	1″NPT（F）
	145	CS	3625	0.96	1″NPT（F）
	180	CS	4500	1.19	1″NPT（F）
	220	CS	5500	1.45	1″NPT（F）
	290	CS	7250	1.92	1″NPT（F）

注：下缸体材质中 CS、CM 指碳钢材质严苛环境型和长寿命型，SS、SM 指不锈钢材质严苛环境型和长寿命型。出口规格中"″"表示英寸，NPT 指美标 60 度锥管螺纹，（F）表示外螺纹。

4.2.1.7 高磨砺材料密封柱塞泵

GRACO Glutton 泵是一款专为高磨砺和需要密封的材料设计的气动双柱塞泵，外形见图 4-48。它采用波纹管密封设计，缸筒、连杆采用耐磨材料制作，常用来输送固化剂等湿气敏感材料，有低压和中压规格。由于现在 GRACO 低压柱塞泵都已采用波纹管全密封结构,性能上可完全取代 Glutton 泵,而且型号更多,所以 Glutton 泵已基本被取代。

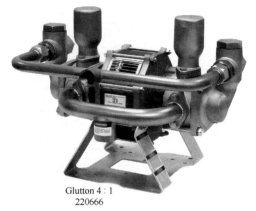

图 4-48 Glutton 高磨砺材料密封柱塞泵

4.2.1.8 热熔胶泵

在汽车焊装、总装线,许多胶黏剂,如折边胶、金属黏合胶、内饰胶黏剂等多采用热熔胶,这种胶在常温下为固态,在 100~150℃时为流体,可通过喷具涂布作业。热溶胶在使用时要用热熔胶柱塞泵增压输送。热熔胶泵的压盘、泵体、软管等部分配有多段加热器,可以满足热熔胶全程加热作业条件,见图 4-49。应用中它要和加热胶桶、加热管路和加热胶枪组成系统,配合使用。

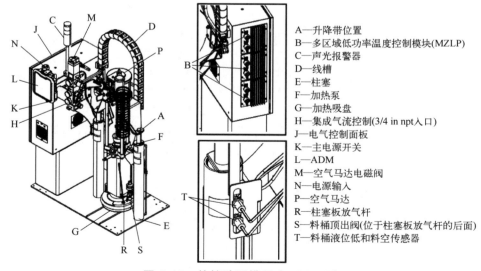

A—升降带位置
B—多区域低功率温度控制模块(MZLP)
C—声光报警器
D—线槽
E—柱塞
F—加热泵
G—加热吸盘
H—集成气流控制(3/4 in npt 入口)
J—电气控制面板
K—主电源开关
L—ADM
M—空气马达电磁阀
N—电源输入
P—空气马达
R—柱塞板放气杆
S—料桶顶出阀(位于柱塞板放气杆的后面)
T—料桶液位低和料空传感器

图 4-49 热熔胶泵模组(TOF-20)

4.2.2 容积泵

4.2.2.1 低压定量缸

低压定量缸用于水性漆系统,它可以实现旋杯高压静电与接地的水性涂料流隔离。定量缸采用缸体和活塞结构,属于活塞泵。它和柱塞泵的区别是工作在节拍状态。它是一种单作用泵,在活塞后退时向缸体吸入涂料,前进时推出。它使用电动机驱动,推出速度是可控的,可以和机器人手腕运动速度同步。它工作时一次吸入一次作业(一个工件)的涂料量,再按机器人的运动速度向旋杯同步推出。

由于活塞泵一次性吸入涂料,之后可以与供漆系统的涂料流断开、与地形成绝缘,避免了旋杯静电高压对地短路,所以适合于水性油漆静电喷涂作业。此时机器人可以采用体积较小的内加电式旋杯,更方便于车身内部的喷涂作业,也省去了定量齿轮泵。图 4-50 为 FANUC 机器人使用的油漆定量缸,它安装在机器人的尼龙绝缘手臂中,一次吸入水性油漆后与供漆系统的涂料流断开,与地形成绝缘。此种结构能使配用的内加电式旋杯加载静电,使涂料传输率提高 15%。对比齿轮泵定量装置,它的使用寿命更长、成本更低。它的缺点是填充需要占用节拍时间,所以要尽快填充,而多台定量缸同时快速填充会给供漆系统造成短时间大流量冲击,在供漆系统设计时要予以满足。

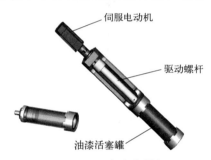

图 4-50 油漆定量缸

低压定量缸由伺服电动机、动力耦合器(螺杆式推进器)、定量缸、活塞、控制器等部分组成,见图 4-50。

4.2.2.2 高压定量缸

高压(含中压)定量缸是一种单作用活塞泵,用于密封胶、LASD 等喷涂作业。它流量控制准确,对机器人速度/流量变化响应快。但如果胶体黏度高、吸入时间长、影响作业节拍,每工位就需要配备两台高压定量缸;一台作业一台吸胶。这样不仅省去了吸料周期,也无须考虑供胶系统峰值流量要求。但考虑高昂的价格和庞大的体积,这种配置不够合理,应采用单台双作用泵(目前无此产品)。

高压定量缸结构分为材料先进先出和先进后出两种,见图 4-51 和图 4-52。前者的材料入口和出口位置分开,吸料行程时进料阀打开,材料从侧面进入缸体,首先进入底部并将活塞向上推,所以先进入的材料就位于缸体底部。排料行程时活塞向下压,涂料从缸体底部出口排出,于是先进的涂料是先出的。这就避免了可能发生的剩余材料积存所造成的硬化和沉积，适用于易固化材料。后者材料出入口位置在一起，位于缸体底部，先进入的涂料会抬升活塞，自己也会升至高位。当活塞下行作业时也会最后打出。它的行程简单，可用于普通材料，汽车胶体输送常选用此种。注意进入定量缸的材料需要一定压力［百余巴（bar）］，要由材料供给单元提供。

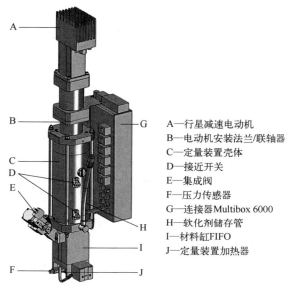

A—行星减速电动机
B—电动机安装法兰/联轴器
C—定量装置壳体
D—接近开关
E—集成阀
F—压力传感器
G—连接器 Multibox 6000
H—软化剂储存管
I—材料缸FIFO
J—定量装置加热器

图 4-51 先进先出式高压定量缸

图 4-52 先进后出式高压定量缸
（彩图见文后插页）

高压定量缸由伺服电动机、动力耦合器、定量缸、活塞、多区段加热器、控制器等部分组成。定量缸要解决高压密封、电动机动力耦合、准确快速调速、涂料进出、加热、压力控制等诸多问题，所以结构较为复杂，价格也相当昂贵。以目前常用的 SCA 定量缸为例，它由伺服电动机驱动，丝杠螺母进行动力耦合，滚柱轴承组导向定位。材料缸位于下部，在活塞运行过程中循环吸入和排出材料。

定量缸由伺服控制系统管理。它要对多种工艺胶型作业，控制系统可以按照流程调用相应作业程序。定量缸体积较大，安放在机器人工位近旁，由软管连至喷枪。

4.2.2.3 化学泵

化学泵（chemical pump）并非严格意义上的分类属性，而是泛指处理敏感型化工材料、需要精确定量的泵。它的泵体要求耐蚀性高、气密性好、流量精确，常用于需要准确计量或敏感材料处理场合。GRACO Z 型化学泵用于双组分发泡材料的精密配比供料，详见"7.4 聚氨酯发泡空腔灌注系统的设计与集成"。

4.2.3 隔膜泵

隔膜泵（diaphragm pump）是柱塞泵之外另一种最为常见的涂料泵。隔膜泵使用压缩空气驱动，它有两个隔膜室，每室中间配置隔膜，两隔膜内侧为气室，由连杆连接、联动，外侧是涂料腔。在两个气室轮流注入和释放空气，可驱动隔膜左右摆动，吸入、打出涂料。泵身常为工程塑料或不锈钢制。隔膜材质有橡胶、尼龙、聚四氟乙烯等，以适应不同的应用场合。

与柱塞泵相比，隔膜泵工作压力低、流量大，主要用于流体输送、转移、加注。此时它的接收端通常是开口容器，所以工作压力不要很高，通常采用 1∶1 变比即可，但要求流量大，可以快速实现流体输送。隔膜泵也有（2∶1）～（4∶1）的压力变比型号，可作为简单系统的增压主泵。电动隔膜泵也在研发中，它的能源利用率会更高、噪声更小。

4.2.3.1 普通气动双隔膜泵

气动隔膜泵是最为常见的涂料输送泵，外形见图 4-53（a）。它可以在较高 cycle 数（百次）下连续工作，所以它的传输量很大，例如常见的 HASKY 2150，它的最大流量可达 150gal/min（400cycle/min），在 80 cycle/min 工作时流量约 30gal/min（110 L/min）。大流量泵可以减少涂料传送时间。

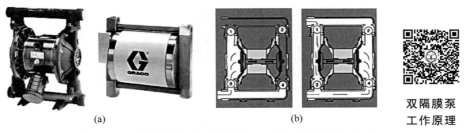

图 4-53　普通气动隔膜泵外形（a）和行程原理（b）

气动双隔膜泵的结构见图 4-53（b）。它有对称连接的左右两个隔膜室，每个室的中央配有隔膜将室体一分为二，外侧为涂料腔，内侧为空气腔。两个隔膜由连杆连接，在动力空气换向驱动下左右摆动，通过四个球的开闭抽吸打出涂料。隔膜泵下通道为涂料入口通道，上通道为出口通道。图 4-53（b）左图为向右室气腔充入空气，隔膜右移，球 4 封闭、球 2 打开，隔膜推动涂料从球 2 打向上通道输出。同时，连杆带动左室隔膜右移，左腔室球 1 封闭，球 3 打开，从下通道吸入涂料。图 4-53（b）右图为隔膜左移过程，动作与右移相反，但同样将涂料从下通道吸入、上通道打出。

普通气动双隔膜泵的输出压力为 1∶1，即涂料输出压力与动力空气压力相同，这在输送中、低黏度涂料时够用了。隔膜泵的 cycle 数由动力空气调压器控制，注意过高时会对隔膜泵产生损害。短期使用时以 100cycle/min 以下为宜；长期连续使用还应降低。使用中要配置空打保护器加以限制。为降低排气噪声，气动隔膜泵要安装消声器。

4.2.3.2 高性能气动双隔膜泵

GRACO 公司 Endura-FLo 新型高性能隔膜泵设计简单小巧、易于安装、经久耐用，而输出脉动更低、换向更为平稳、防空打能力优越，外形、结构和原理见图 4-54。它的密封更为可靠，能够满足湿气敏感材料、光固化材料和磨蚀性材料

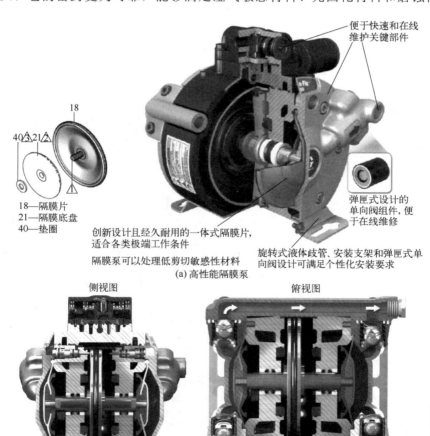

图 4-54 高性能隔膜泵和高变比隔膜泵（彩图见文后插页）

高性能隔膜泵

的工艺条件。Endura-FLo 有 3∶1、4∶1 等型号，可以作为小系统的增压主泵。由于它结构简单、体积小，也更容易快速清洗换色。清洗消耗的溶剂量较少，非常适于走珠等快速换色系统作为主泵配置。很多涂料管理系统需要材料消耗统计，这只要记录隔膜泵的 cycle 数即可算出。在 Endura-FLo 上配置 DataTrak 模块，可以执行所有数据记录工作并提供报告。

Endura-FLo 的结构与普通隔膜泵有所不同。它的两个隔膜外侧是涂料室，中部为空气缸。在气缸的左侧或右侧注入压缩空气，活塞会向另一方移动，带动隔膜摆动抽吸、输出涂料。它的气缸活塞面积与隔膜面积可以做得不同，气缸的活塞面积与隔膜面积之比决定了涂料输出压力。

4.2.4 齿轮泵

齿轮泵（gear pump）从动力模式上说可分为主动（动力）齿轮泵和被动（无动力）齿轮泵。前者用于流体增压计量输送，由电动机驱动；后者由流体本身驱动，用于计量。动力齿轮泵外形和结构原理见图 4-55（a）、（b）。

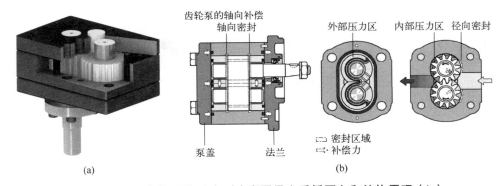

图 4-55 动力齿轮泵外形（a）（彩图见文后插页）和结构原理（b）

图 4-55 中上齿轮为主动齿轮，由主轴连接减速驱动电动机。下齿轮为从动齿轮，由上齿轮啮合转动。上齿轮逆时针旋转时带动下齿轮顺时针旋转，涂料自泵体右侧进料口进入，充填至齿轮与泵腔体内壁间隙处，在齿轮带动下移送至左侧出口。出口连接的系统由于涂料不断进入而增压。由于每个齿与腔壁间隙容积恒定，计量转动齿数（或转动圈数）就可以精确控制流量，并可计算出涂料的传输量；齿轮泵通常使用闭环控制。

齿轮泵因其流量便于精确计量和控制、随动性能好、耐压高，可以处理各种黏度和压力的材料。它常用于流量需要精确控制的场合，如机器人定量供漆、定量供胶等工艺。

齿轮泵在高压环境使用中要注意过压保护。如果出口外管路堵塞（或喷具关闭），齿轮泵继续转动会产生无限升压，造成系统或泵体损坏。涂料中的杂质颗粒也会损坏齿轮泵。为此要配装过滤器、过压保护等装置。在玻璃胶使用时，因其会因湿气固化，使用齿轮泵时要特别注意不使湿气进入。泵要有完善密封措施，也要经常清洗维护。

4.2.5 螺杆泵

螺杆泵（screw pump）的螺旋转子在双螺旋线定子内部转动，转子与定子壁紧密接触密封。随着转子旋转，螺杆将定子内的流体推向右方（垂直安装时为下方），由定子的出口处增压排出。螺杆泵对涂料剪切较小，可用于中高压涂胶工艺。螺杆泵外形和结构见图4-56。

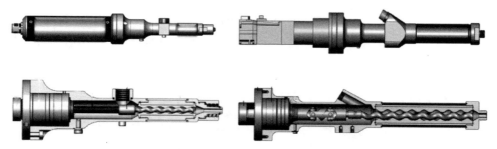

图4-56 螺杆泵外形和结构

4.3 流体处理元件

涂料在喷涂作业前，要经过搅拌、过滤、稳压、调整等流体处理，以使其参数满足工艺规范要求。各种功能处理调整使用不同的元件。

4.3.1 搅拌器

油漆搅拌器（agitator）用来搅拌涂料，防止沉淀并使其成分、温度保持均匀，维持适当的剪切速率以保证稳定的涂料黏度。通用搅拌器主要是气动，由气动马达头、搅拌器杆、扇叶等组成，见图4-57。它结构简单、安全可靠，有很多商品型号，适用于小系统和低黏度涂料。

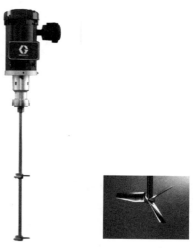

图4-57 搅拌器和扇叶

4.3.2 涂料稳压器

使用单缸体柱塞泵的供漆系统，泵柱塞到达上下端点换向时会有短暂的停顿，涂料失去推力，系统压力必然下降，产生压力脉动。这一脉动如果不加滤除而传递到喷具上，会造成喷具喷出量及喷幅的变化，从而影响喷涂质量。

在系统中串联接入稳压器（surge tank）能有效减少涂料压力脉动。常用的涂料稳压器为充气隔膜式结构，外形为碟式，见图4-58。碟式壳体为两个半弧形，中间安装隔膜，将稳压器分为上下两个腔室。下腔室连通涂料流道；上腔室为封闭式，充入定压空气构成空气弹簧。当涂料室压力脉动时，隔膜会即时压缩或释放流体空间作出补偿，使脉动减少，压力曲线趋于平滑，维持系统压力平衡稳定。

稳压器应选配与涂料通道相同的不锈钢材质，以及耐溶剂隔膜。稳压器在使用前，要对气室进行充气，可以充入空气或氮气。充气压力应为系统涂料工作压力的 2/3。也有一些涂料稳压器的气室由管路直接连至压缩空气供管，但由于气源压力只有 6~7bar，只适用于压力小于 10bar 的小系统。

涂料稳压器还有压盘式等，外形、原理见图4-59。

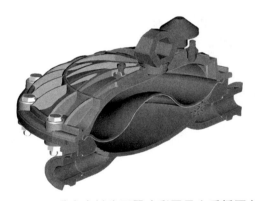 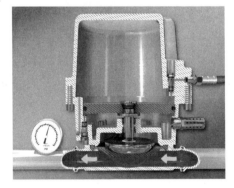

图 4-58 碟式涂料稳压器（彩图见文后插页） 　图 4-59 压盘式涂料稳压器

4.3.3 涂料过滤器

涂料过滤器（filter）用以滤除涂料中的杂质。常用的过滤器有袋式和滤芯式两种。通常处理低压、大流量、低黏度涂料（如油漆）时用袋式；处理高压、高黏度涂料以及压缩空气时用滤芯式。对于不同的涂料，选用滤袋或滤芯的孔径各有不同。

袋式过滤器由壳体、上盖、螺栓、骨架、滤袋等组成，见图4-60。它的壳体结构属于耐压容器，其耐压应大于系统工作压力。常用的低压过滤器应大于25bar，高压过滤器应大于 400bar。过滤器通常使用 304L 或 316L 不锈钢材质，由锻件加工制作。注意固定顶盖使用的螺栓也很重要，要采用抗拉强度足够的高强度螺栓。计算得知，即使耐压只有 25bar、直径 10cm 左右的低压袋式过滤器，它的盖板也要能承受 $25kgf/cm^2 \times 80cm^2 = 2000kgf$（2tf）的拉力。如果顶盖采用 3 只螺栓固定，每只承受的拉力要大于 700kgf。

图 4-60　袋式涂料过滤器

滤袋采用经过烧结（去纤维毛）的聚合物无纺布制作，其孔径尺寸严格、均匀，安放在由不锈钢开孔薄板或不锈钢丝编织制作的提篮中，提篮作为支撑骨架以便于滤袋取放。滤袋或滤芯的孔径可用微米或目数表示。通用目数采用泰勒制，定义为每英寸长度开孔数目。它的目数和孔径可以互相换算，通常使用公式目数×孔径（μm）= 15000 来换算。例如车身油漆常用的过滤袋孔径为 125μm，目数则为 15000/125 = 120 目。常用油漆涂料过滤袋孔径为 100～150μm。

滤芯式过滤器是由壳体、骨架、滤芯组成，低压过滤器壳体通常由工程塑料制作；高压过滤器壳体采用不锈钢锻件或压铸件加工制作。低压滤芯由金属丝网或合成纤维等制作，高压滤芯则常用金属或陶瓷粉末烧结制作。

滤芯式过滤器外形、结构和滤芯见图 4-61。

Y 型过滤器通常用作保安过滤器。它的结构简单，只有一个 Y 型盲端分支，内插一个金属滤网，网孔也比较大，只能滤除一些较大颗粒。所以它通常只是作为保安过滤器安装在泵等设备的入口，防止大颗粒杂质进入。注意 Y 型过滤器通常要水平安装，Y 型分支要向下，朝向液体流动方向，见图 4-62（a）。图中涂料流动方向应自左向右。如果必须装在垂直方向，一定要使液体自上而下流动，见图 4-62（b）。

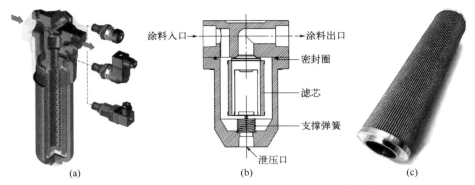

图 4-61　滤芯式过滤器外形（a）、结构（b）、滤芯（c）

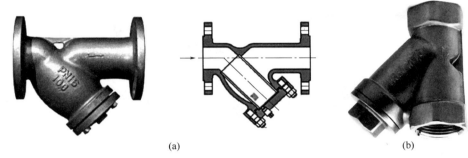

图 4-62　Y 型过滤器

4.3.4　涂料调压器

4.3.4.1　手动涂料调压器

涂料调压器（paint regulator）是常用的流体调整元件。它主要用在枪站出口或喷具入口调整涂料压力，使各站喷具压力适宜，并使各出口压力尽量保持一致。现在油漆供给系统大都采用两线制，枪站出口已不配置涂料调压器，但溶剂、固化剂、胶蜡等出口仍需配置。

调压器分为狭缝式和隔膜式两种。简单的涂料调压器通常采用狭缝式，通过调整狭缝宽度（流道截面积）调压。涂料流道入口侧为上游流道，出口侧为下游流道。如果调整侧改变下游流道截面积，就是调压器；改变上游流道截面积，则是背压器。

隔膜式调压器使用隔膜将调整机构与流道隔开，涂料流道在膜的下方。调整隔膜位置高低就可以改变流道截面积，从而改变涂料出口压力。同样，调压器要调整改变下游流道。

隔膜式调压器也分为机械弹簧式或充气式两种。隔膜上方为调整区段,可用机械弹簧或空气压力调整隔膜位置以改变流道截面积。隔膜式调压器由于使用了弹性柔性环节,所以有一定的稳压性能。调压器通常有锁紧机构,调好后锁死。涂料调压器应选用与涂料相应的不锈钢材质,有些要配置压力表头以观察调压效果。

涂料通过调压器狭缝会产生剪切。如果用于要求低剪切的水性涂料,须配置低剪切调压器。它们的流道会做得宽些,但要加长以维持相同的压降,所以体型稍大。

调压器也有高低压之分,除耐压不同之外,结构原理基本相同,外形见图4-63。

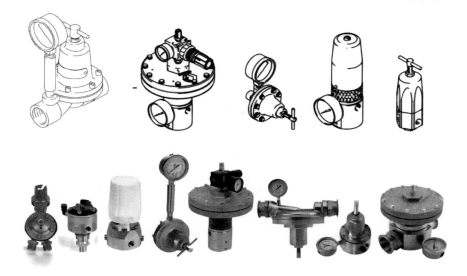

图4-63 涂料调压器

4.3.4.2 气控涂料调压器

气控涂料调压器采用气室膜改变流道,如果改变气室压力也就改变了涂料压力,见图4-64。有一些自动喷涂需要控制信号来切换涂料压力,使用气控调压器就非常方便。

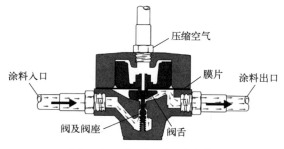

图4-64 气控涂料调压器

4.3.4.3 枪下涂料调压器

喷涂系统仍留有少数手动枪站用于修补，所配用的喷枪均为压力式，需要配备枪下调压器调整涂料供给压力以取得理想效果，见图 4-65。

图 4-65　枪下涂料调压器

枪下调压器为 Y 型结构，上端是快接口接喷枪，下端是一个连接涂料供回软管的三通。喷枪关闭时它只是一个三通、维持涂料循环；开枪时涂料经过枪下调压器至喷枪。用扳手拧动调整螺栓可以改变流道宽窄，从而调整喷枪涂料压力和流量，以取得满意的作业效果。枪下调压器调压范围约 2~3bar，只用于手动喷枪。

4.3.5　涂料背压器

背压器（back pressure regulator，BPR）又称背压阀。它的入口安装在涂料循环管路的回流终端出口；出口连接常压（或微压）料桶。它像一个维持水库水位的闸门，维持涂料循环系统的整定压力，调整它可以使全系统、各枪站得到不同的工作压力、流量。所以它是循环系统必要的调控元件。

背压器的结构与调压器基本相似，但作用原理和性能有所不同。前者用来调整上游涂料压力，后者用来调整下游涂料压力。背压器使用弹簧舌堵或气室隔膜控制上游流道宽度，如果采用气室隔膜结构，要使涂料上游流道接触隔膜，这样上游涂料压力能与隔膜压力保持一致。背压器的流道会有一定弹性缓冲空间，它在系统涂料压力变化时能相应改变流道宽窄以调整回流量，从而保持系统压力基本不变。这很像水库通过调整水闸泄放量来维持水位。所以，系统的工作压力和稳定是由主泵和背压器共同维持的。

在水性涂料系统中应使用低剪切背压器，原理和低剪切调压器相同。背压器也要选用和涂料匹配的不锈钢材质和聚四氟乙烯隔膜，附带压力表头以利调整，见图 4-66。

图 4-66　涂料背压器

涂料循环系统的工作和休眠模式切换时背压器要参与，所以要配置气控式背压器，见图 4-67。气控式背压器是隔膜式，流道由气室隔膜位置即气室压力控制，气室压力由调压器调整。使用前应将气室空气压力调整为整定背压值并锁定，维持系统工作状态。休眠模式时通过电控气动阀切断气源并释放气室残压，隔膜上移，使流道全部打开，系统和主泵压力降至低位。切换操作由控制器信号驱动电控气动阀执行。

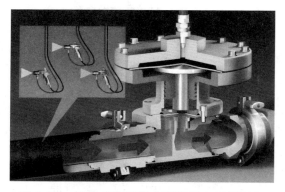

图 4-67　气控式背压器（彩图见文后插页）　　气控式背压器运行

由于压缩空气压力只有 6bar，而系统涂料压力较高，这时要用一种双膜增压结构气动背压器，结构见图 4-67。它由气室、气室膜、T 型导柱、涂料通道膜、π 型受控流道、入出流道和接口组成。涂料入、出通道在一条直线上，中部断开，通过 π 型通道连通。π 型通道顶部是涂料通道膜，膜中心位置连接 T 型导柱下部。T 型导柱的顶部做成伞形，连接背压阀上部的气室隔膜。两道隔膜有一定面积比，构成一定的压强比，如果采用 2∶1，使用 6bar 的压缩空气可以调整 10bar 以下的油漆背压，这对普通油漆系统足够了。

当系统压力达到整定值后，气室压力调好，气源关闭，气室形成空气弹簧，此时它的作用类似于（上游）稳压器。如果系统涂料压力因许多喷具关闭而压力上升时，会将流道膜顶向上方使流道加宽，增大涂料到桶的回流量、泄放压力，反之亦反，从而维持上游系统的压力平衡。

4.3.6 空气处理元件

常用的空气处理元件有空气过滤器、空气调压器、注油器、空打保护器等，见图 4-68。

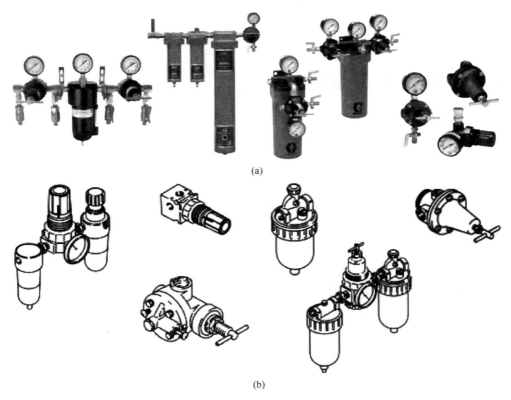

图 4-68 空气处理元件

空气过滤器用来去除空气中的油水和杂质。涂料泵和许多流体处理元件使用压缩空气作为动力，喷具在喷涂作业时也需要压缩空气雾化涂料。这两种场合对压缩空气洁净度都有较高要求。对于前者，洁净度不高、含有杂质的空气会损害设备，缩短工作寿命；后者空气承载涂料直接喷至工件表面，所含的微量油、水和杂质都会直接污染工件造成瑕疵，也会污染损害旋杯等精密喷具。对空气洁净度要求更高。所以凡使用压缩空气的地方，都要配置多级、不同精度的过滤器。常用的空气调压器采用滤芯式，孔径约为微米级。

空气调压器串联在各个空气用户端入口，如气动泵、枪站等，根据用户需要调整空气使用压力。它有一个表头和调压旋钮，拔起时调整气压，按下时锁住。

有时它也和过滤器装配在一起组成调压过滤器，使用更为方便。

注油器配置在气动泵的空气入口处。它会随着压缩空气持续给泵的空气马达注入微量润滑油，以保证其正常运行，注入量可手动调整。空气过滤器、调压器、注油器常配套使用，俗称空气三组件。

空打保护器通常也会和空气三组件串联安装在气动泵动力空气入口处。在气动泵空打时，cycle 数会大幅增加，空气消耗量也会猛增，此时空打保护器会自动切断气源，保护泵体不受损害。空打保护器的流量起控点可以根据使用要求调整。

4.4 流体测量和控制元件

常用的流体测量元件有温度、压力、流量、液位等模拟量传感器以及温度表、压力表等直读表头。流体测量元件通常采用电子式，有模拟量输出或数字量输出接口。前者输出 4~20mA 或 0~10V 模拟信号，可经 I/O 接口接入 PLC。后者输出数字信号，也称为智能接口，可经 RS-485 接口接入现场局域网络与 PLC 通信连接。

传感器包括探头和变送器两部分。前者为测量物理变量的敏感元件；后者为有源器件或电路，可以将探头敏感元件的物理量输出转变成标准的 4~20mA（或 0~10V）电信号输出。在喷涂系统应用中，要注意所有接触涂料的膜体表面、密封圈等材质必须耐溶剂；所有接触流体的材质中不得含有聚硅氧烷成分；在防爆场合必须使用防爆产品；如果采用本安型元件，在 PLC 入口端要加隔离栅作双向保护；如果选用模拟量输出，要优先使用 4~20mA 电流输出，因为相对于 0~10V 电压输出，它的抗干扰能力强，有自检功能。要优先采用电源信号一体化的两线制输出。

测控元件的安装位置和安装方式很重要。流量计前端要有足够直管段；压力检测膜片要与管壁或桶壁持平；反射式液位计要避开盲区，安装平台要保证水平，载波发散角不得接触桶壁。

传感器接口多为螺纹式和法兰式，螺纹式分为直螺纹和管螺纹两种。前者为平垫密封；后者为螺纹密封。安装时切不可配错螺纹或过度用力搬拧，以免造成膜片损坏或密封泄漏。

大部分传感器使用前要进行初始化定标。所有传感器使用前都必须认真阅读说明书，未用过的要先做实验。

4.4.1 温度传感器

PT100 是最为常见、应用最广的常温传感器，见图 4-69。它的敏感元件是一个温变电阻，阻值温变系数大、精确稳定。PT100 热敏电阻在 0℃时阻值为 100Ω，

100℃时为138.51Ω，电阻变化率为0.3851Ω/℃。PT100由探头和适配器组成。探头是一个由铜外套包裹、浸在导热硅脂中的铂（Pt）丝热敏电阻；或者是很薄的铂电阻贴片贴在不锈钢外套内壁。

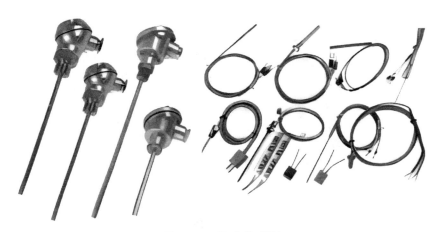

图4-69　温度传感器

PT100的适配器是一个有源惠斯登电桥，见图4-70。它由3个精密电阻R_1、R_2、R_x与PT100探头热敏电阻R_t顺序串联成一个桥路，如图4-70。在R_tR_1接点和R_2R_x接点之间连接电源，以R_1R_2连接点、R_xR_t连接点作为输出端，则在R_1/R_2与R_t/R_x相等时，桥路电阻分压平衡，输出为零。例如0℃时$R_1 = R_2 = R_x = R_t = 100\Omega$，桥路各臂阻值相同，输出为0。当温度变化时，作为桥路一臂的R_t阻值变化，桥路分压比平衡破坏，输出端有电流输出。经过补偿修正后，输出数值与温差成正比。适配器可以输出4～20mA或0～10V的标准模拟信号。很多模拟量传感器的变送器都采用惠斯登电桥进行物理量和电信号之间的转换。

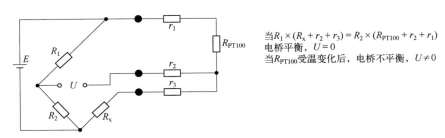

图4-70　PT100惠斯登电桥

在PLC采用温度输入模块时，PT100探头可以与模块直连，如果连线较长，连线的电阻温变会带来不容忽略的误差，此时要采用三线的PT100探头。其中两根连线连接在同一端，这样相当于R_x、R_t都增加了相同的连线电阻，其附加影响互相抵消，维持了桥路的平衡，见图 4-70。

PT100 探头如果要插入漆桶中，要定制不锈钢加长杆，使探头接近桶底。如果在管道中使用，要焊接安装管箍。

4.4.2 压力传感器

涂料压力传感器通常采用陶瓷或扩散硅探头，它们都是压阻敏感元件。粉末烧结陶瓷是一种公认的高弹性、抗腐蚀、抗磨损、抗冲击和抗振动的材料。压力传感器以它作为测试膜面，它的背面涂有厚膜压敏电阻片。涂料压力作用在陶瓷膜片的前表面，使膜片产生微小的形变，压敏电阻阻值随之产生相应变化，通过变送器转换成电信号输出。扩散硅压力变送器使用不锈钢膜面，把带隔离的硅压阻式压敏元件封装于不锈钢壳体内。它们的变送器也都采用有源惠斯登电桥，以压敏电阻作为一个桥臂，输出标准模拟信号。压力传感器外形和结构见图 4-71。

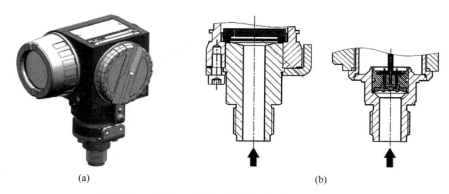

图 4-71　陶瓷（a）和扩散硅（b）压力传感器

4.4.3　流量计

涂料流量计分为直接测量和间接测量两种。间接测量为非侵入式，如声呐式等，可在管道外壁安放探头测量，精度稍差。直接测量为侵入式，精度较高，但要断开被测管道，使探头接触流体。直接测量在喷涂技术中使用更多。

4.4.3.1　齿轮流量计

齿轮流量计是一种常用的流量计，属于容积计量流量计。它的结构为一个无动力的齿轮泵，由被测流体驱动齿轮转动，通过计量旋转齿数或圈数计量流量，非常准确。它的外形和结构见图 4-72。齿轮流量计转动灵活、内阻小，在油漆喷涂、双组分配料、定量注蜡等计量场合被广泛应用。

4.4.3.2 涡轮流量计

涡轮流量计也称叶片流量计，见图4-73。它由叶片式转子和转换显示仪表组成。转子叶片由被测流体驱动，转动速度与流速成正比。计量叶轮转速，根据管径可计算出流体瞬间或平均流量。

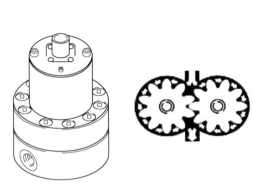

图 4-72　齿轮流量计　　　　　图 4-73　叶片流量计

4.4.3.3 涡街流量计

涡街流量计也是常用的涂料流量计。它的工作原理是在测量管路中垂直插入一个柱状物（也称阻流体或脱落杆），流体通过柱状物两侧就会交替产生一系列有规则的漩涡，即卡门涡街。卡门涡街的释放频率与流体速度成正比。在涡街发生时，测量段流体的压力也会发生周期变化，用压电晶体传感器可以检测到压力变化的周期，也就是涡街发生频率。再根据管道参数、阻流体参数等计算出流体流量。涡街流量计外形和卡门涡街原理见图4-74。

涡街流量计没有机械运动部件，测量准确、使用寿命长。安装时要保证流量计入口前端有管径10～15倍长度的直管段。

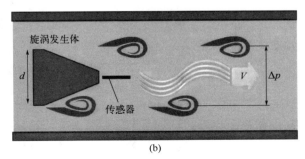

图 4-74　涡街流量计外形（a）和卡门涡街原理示意（b）

4.4.4 液位计

液位计是重要的和用量最大的流体传感器,每个涂料桶都要安装。它分为机械式和电子式。机械式采用浮球装置,可安装数个干簧管分区段输出电信号。它不是连续模拟量输出,因方法笨重落后已被淘汰。电子式液位计有连续电信号输出,便于读取、控制,被普遍采用。

涂料桶都装有搅拌器,它会使油漆液面波动、不平,也会有些许震动。几乎所有液位计都能容许这些扰动,这是由于它们的输出都是经过多次采样(通常采样间隔在毫秒水平),经过软件过滤、统计运算后得出的平均值。液位计使用前都要进行定标。

4.4.4.1 接触式液位计

接触式液位计又称浸入式液位计,包含重力式、电容式、导波雷达式、音叉开关等,见图 4-75。

图 4-75 浸入式液位计

重力式液位计是最常选用的液位计。它简单准确,不受液面波动干扰,除了特别场合,在喷涂系统中作为首选。重力式液位计的探头和压力传感器原理相同,只是通过运算软件将压力转换成液位而已。

如果在固化剂等充气密封容器中使用重力式液位计,必须使用双探头的压差式。它有两个探头,分别测量料桶液面上方的充气压力和桶底总压力,计算压差折算液位。所以上探头要安装在桶侧壁顶端或桶盖上,使其处于液位之上。

电容式液位计有一根没入涂料的电极,与桶壁形成电容。两极之间存在空气或液体介质,由于两者介电常数不同,当液位变化时,总电容会随之改变。测量其总电容值可换算出液位信号。由于它有插入杆,电容值也易受挥发气体影响,不如其他液位计方便准确,所以较少使用。

导波雷达式液位计有一根导波杆插入液位下,用以传导雷达波,遇到液面会有反射回波。它的测量不受介质、温度变化、容器气压、泡沫等的影响,精度也较高,适于应用在有搅拌器以及结构复杂、扰动因素多的料桶,特别是小型料桶。

音叉开关是点测试液位开关。它有一对内含压电晶体的音叉,它们在一定频率下往复发射接收超声波,引起音叉共振。当音叉间浸有液体时,其共振会减弱或消失,从而触发电子开关输出信号。它只检测安装点位有无液体,所以作为点液位检测使用,如检测大型料桶的满位或空位;也可安装在流道特征点位检测液体有无,或作为二次保护使用。

4.4.4.2 非接触式液位计

常用非接触式液位计有超声、雷达、激光等数种,外形见图4-76。它们不接触油漆,它们是非侵入式,在使用上更为方便;寿命也更长。它们常用在移动式料桶的升降式桶盖单元上,以及其他接触式传感器不宜使用的场合。它们都存在测量盲区和发射角;要按照说明书安装、定标。这些非接触液位计各有特色,要根据使用场景试验后选配。

图 4-76 非接触式液位计

非接触式液位计的原理都是由探头双功能膜面或换能器发射超声、电磁、激光等脉冲波,再接收其接触液面后的反射波,根据间隔时间和行波速度计算膜面至液面距离并换算成液位。所以它们使用前要对料桶进行几何定标。

超声波液位计较为简单、便宜,但由于超声波靠介质传播,在不同气体介质中传播速度不同,不宜用在有泡沫、挥发气体、压力容器等场合,也会受到温度影响。

雷达液位计可以用在有温度、压力变化或有挥发性气体存在的场合,精度也较高。

激光液位计通常采用红色激光测量。它没有发散角,光斑直径仅1~3mm,基本不受环境介质影响,计量更为精确。但激光容易穿透透明度高或红色的液体,导致测不准或无法测量,价格也较高。

4.4.5 仪器仪表

涂料处理设备常用一些可视表头,如压力表、温度表,以及温控仪等。用于涂料时常会有一些特殊要求,如耐溶剂、不含聚硅氧烷成分、采用阻尼表针等。

表盘刻度一般采用公制或公/英制双刻度。

涂料压力表安装在泵、过滤器、枪站等出口，通常采用机械应力式。它有一个U形应力管，在不同压力的流体充满时会产生不同的弯曲应力形变，以机械传动方式带动指针偏转。因为涂料压力有脉动，指针要采用阻尼式，它的指针室做成密封式、充满阻尼油，以防止压力波动时指针过度摆动。

温度表通常安装在漆桶、水箱上直观显示温度。它的探头采用PT100，要配备加长杆深入底部低液位。

电接点温度计、压力表是一种简单的控制仪表。它们的表盘上有一个或两个限定指针，可以调整限定值。当显示表针经过它时会发出电信号，进行简单的限位报警或控制。

温控仪是一种可以自动调温的控制仪表，采用PT100传感器和控制器组成闭环温控单元。它可以设定控制温度，根据传感器采样温差进行PID运算、输出控制信号，通过执行机构完成闭环自动温控。它的精度满足工业环境使用要求，可以在许多独立的控制单元中作为温控器使用。它可作为油漆管中管温度温控单元，也可作为水箱、媒质系统、伴热带的温控器。

4.4.6　电气驱动元件

电动机是流体控制中常用的电磁动力装置，它除了在泵、搅拌器等用作动力装置外，还用于位移或转角控制，例如调整流量阀的电动执行器等。电动机使用时大多要配装减速器进行转速匹配。常用电动机有交直流电动机、伺服电动机、步进电动机、控制电动机、旋转驱动器、直线驱动器、转角驱动器等。其中伺服电动机有极高的控制精度和位置保持功能；无刷直流电动机（BLDC）控制精度高、有位置保持功能、能源利用率高，在涂装线应用越来越多。能效等级也是电动机重要指标，生产线上使用的要为2级以上。

近年来一种新型的直接驱动电动机应用日益广泛。它又称DD电动机（direct driver），特点是省去变速箱和动力耦合装置（滚珠丝杠、齿条齿轮、传动皮带等）而直接驱动运动机构；这就使动力驱动机构大为精简。DD电动机分为旋转式力矩电动机（DDR）和直线式力矩电动机（DDL）两种。DDR为扁平空心结构，外形如图4-77（a），其工作原理类似于传统伺服电动机；它的转子为中空，可以直接插入运动轴耦合以驱使其转动。DDL为直线结构，外形如图4-77（b），它将电动机的封闭磁场展开为开放磁场，以直线型的定子作为电动机的初级，滑块型的转子（永磁体，称为动子）作为直线电动机的次级，当初级接通电流后，在初次级间的气隙中产生行波磁场，驱动动子沿定子作直线运动，将电能直接转化为机械能。DD电动机都配置有高解析度的编码驱动器，可以进行高精度的速度和位置控制。由于 DD 电动机机构精简、无噪声、无磨损，可取得极高的控制精度和能源利用率，所以在机床、XY 工作台、滚筒洗衣机、自动控制等领域已有广泛应用。以 DD 电动机驱动的各类涂料泵、搅拌器等也在研制中。

图 4-77　旋转式（a）和直线式（b）直接驱动电动机（图片来源：横川网页）

电动执行器（转角驱动器）也是自动控制中常用的驱动装置，它配有微电动机和高变比的减速器，可以根据模拟电信号调整主轴旋转角度，驱动模拟阀调整开度进行流量控制，外形见图 4-78。电动执行器在油漆温控装置等处要用到许多，由于变比很高，它的驱动力矩较大，但过大的变比会使调整时间加长，要综合选择合适的参数。

图 4-78　电动执行器（彩图见文后插页）

4.4.7　气控元件

气控元件是流体处理的另一类常用的控制元件。它安全防爆，广泛用于气动泵、气动阀、气动元件的气源通断、切换和状态调整。它的种类、型号繁多，外形见图 4-79。

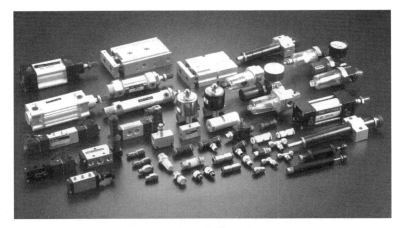

图 4-79 气控元件

流体处理常用的气控元件大体分为气控元件和电磁阀等。

气控元件指以空气为动力的机械驱动元件,例如完成开关动作的气控阀,完成切换动作的气动三通阀,可调整流体压力或流量的气控稳压器、调压器、背压器等。

电磁阀是通过电磁线圈驱动阀芯移位,去控制气路出口的分配、启闭或切换,进行气动泵、气动阀、气动元件的气源通断、切换。它有直推式、先导式等几类。其中两位五通阀最为常用。两位是指它的阀芯有两个工作位置,由电磁线圈通、断电切换;五通指它有 5 个气路口。其中一个是主气源,常开、常闭两个出口由电磁线圈阀芯位置切换,在线圈电源通、断时切换与主气源接通;另两个是出口关断时的泄压出口,见图 4-80。

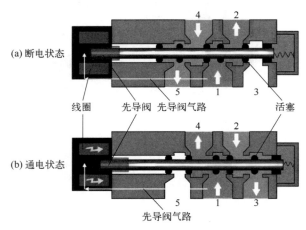

图 4-80 二位五通阀原理

图 4-80 中出口 1 为动力空气入口，在线圈断电状态 [图 4-80（a）] 与出口 2（长闭口）接通，与出口 2 连接的气动元件接通气源工作；出口 4 与气源断开、接通出口 5 泄压。线圈通电状态 [图 4-80（b）]，阀芯移位，入口 1 与 4（长开口）接通，与出口 4 连接的气动元件接通气源工作；出口 2 与气源断开，接通出口 3 泄压。

4.5 喷涂设备

喷涂设备指用于喷涂作业的设备、机具、单元。

4.5.1 换色器

换色器也称换色阀组，见图 4-81。它用于油漆喷涂机器人以及双组分配比器等。各漆种都有多种油漆或颜色送至枪站出口，连至换色阀上，由它选出一种供喷具。

图 4-81 换色阀组

机器人换色器由多个涂料模块以及溶剂、空气模块，流道和控制器组成，安装在手臂上。枪站各颜色涂料供回出口由软管连至换色器各单元模块入口三通接口，形成循环通道；溶剂、空气模块也与枪站出口连接。各单元模块出口并联接入选色流道，选中单元的涂料出口阀门打开，涂料连至流道、喷具作业。

从颜色 A 切换到颜色 B 的过程是关断涂料 A 单元模块出口阀—接入空气吹出选色流道残余涂料（由喷具排出）—接入溶剂清洗—空气吹扫—打开涂料 B 出口阀门。其中溶剂清洗—空气吹扫流程可反复多次进行，反复次数、持续时间等参数可以通过控制器编程设定。

4.5.2 双组分配比器

汽车喷涂有一些工艺采用双组分涂料,例如清漆、双组分胶、聚氨酯发泡等。它们需要将涂料、固化剂按比例配混使用。双组分配比器安放在工位枪站旁,每套配比器可以供给 1～2 个喷具使用。各组分材料由枪站出口连至配比器,进行配比、混合,再送至喷具喷出。双组分清漆的材料如果有多种可选,配比器的入端还要配置换色器选色。

双组分配比器采用可调电子式,它操作方便、配比精确。有人机界面可进行配比设定和换色编程。电子配比器的工作原理见图 4-82,外形见图 4-83,换色器见图 4-84。

由于双组分配比是体积配比,通常采用被动齿轮泵计量流量。A、B 组分材料连接枪站出口,在流道中各接入一个计量齿轮泵和开关,控制它们的转数比来实现流量配比。作业时控制软件频繁交替开通 A、B 材料齿轮泵,将断成小截的两种材料交替送至混合器混合。

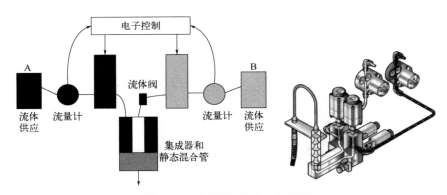

图 4-82 电子配比器工作原理

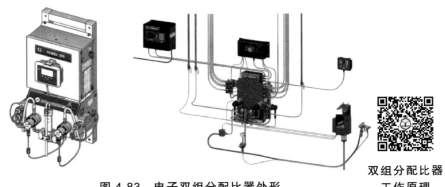

图 4-83 电子双组分配比器外形

双组分配比器
工作原理

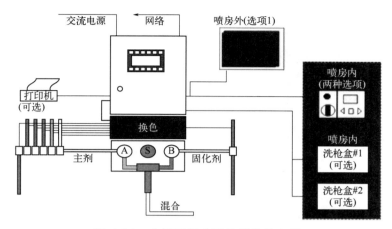

图 4-84　电子双组分配比器的换色器

4.5.3　胶体流量控制器

GRACO PCF 是一种计量供胶单元，外形和结构见图 4-85，系统连接见图 4-86。

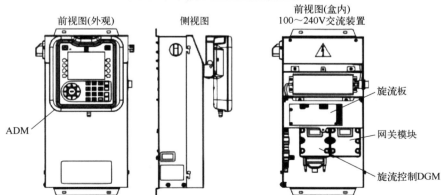

图 4-85　PCF 胶体流量控制器

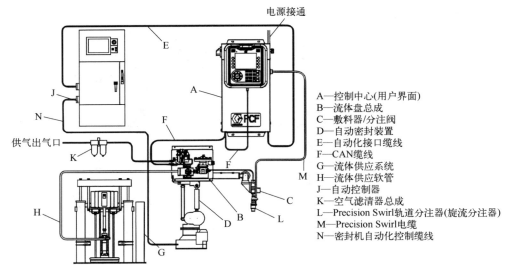

图 4-86 PCF 系统的连接

它可对单组分或双组分胶体、密封剂、胶黏剂等进行精确、稳定的连续流量分配和供给。PCF 采用闭环反馈技术,对流体参数(主要是压力)采样、反馈,根据材料温度、黏度以及机器人速度的变化调整分配流量,并通过程序优化、自诊断技术等,实现节省材料、减少返工、提高工作效率,还可采取预测防范维护措施,以提高操作可靠性。PCF 有极宽的调整范围,可控流量为 6~20000mL/min。它可选配加热器、自动网关等配件,有多种规格可供应用选择。

PCF 采用模块化设计,以增加系统结构灵活性。它由控制中心、分配器(流体盘)组成。控制中心有人机界面、控制器、网关等,进行系统管理并与外部设备通信。它有多流体盘同时控制的能力,通过用户界面和控制选项,可对最多 4 个流体盘、16 个喷枪(机器人带多支枪)进行编程控制。控制器的系统连接见图 4-86,多工位的控制器和流体盘的连接见图 4-87。

PCF 的流体盘有流体计量、采样单元和控制器,管理胶体出口流量。每台机器人要配置一个。流体盘外形和结构见图 4-88。

4.5.4 高压双组分配比设备

HFR 是 GRACO 公司生产的液压驱动双组分固定配比器,见图 4-89。它可用于双组分胶体配比工艺,也可用于聚氨酯发泡工艺。它配置了两台精密化学泵,由液压单元同轴驱动,选择不同的缸径就可以实现精确配比。在具体应用场合,它还要配置双组分材料各自的供料系统、加热系统、输送管路以及专用软管、喷枪等组成系统,详见 7.4 节。

第 4 章　通用喷涂机具设备

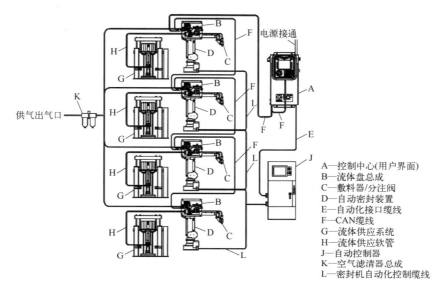

A—控制中心(用户界面)
B—流体盘总成
C—敷料器/分注阀
D—自动密封装置
E—自动化接口缆线
F—CAN缆线
G—流体供应系统
H—流体供应软管
J—自动控制器
K—空气滤清器总成
L—密封机自动化控制缆线

图 4-87　多工位控制系统的连接

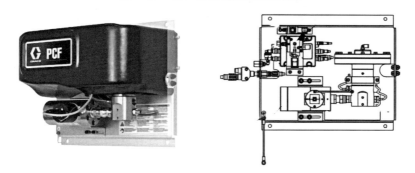

图 4-88　PCF 流体盘

图 4-89　高压双组分配比设备

119

4.6 喷涂机器人

喷涂机器人（painting robot）是现代涂料喷涂的主要作业手段，在油漆、胶蜡作业中几乎已完全替代了人工作业，见图 4-90。

图 4-90 油漆喷涂机器人

4.6.1 油漆喷涂机器人

油漆喷涂机器人是工业机器人中最为复杂、昂贵的一种。这是由于它不仅要具有六轴机器人的空间轨迹扫描运动功能，还要具有以下功能、特点：

① 防爆 由于在有易燃易爆挥发气体的喷室工作，它所配置的所有电动机、电气元件、接线等都必须防爆。

② 配置静电高压 机器人要为静电旋杯配套 70～100kV 高压静电发生器，要保证高压安全并妥善处理与供漆系统、油漆流的隔离以防止静电短路。

③ 空心手臂 机器人要携带旋杯，安放换色单元、流量控制单元以及配套的多种涂料、溶剂、空气管路和电缆，都要安装在空心手臂内外，装载密度非常高，见图 4-91、图 4-92。

④ 水平移动 喷涂机器人作业范围大或需要跟踪喷涂时，要配备水平移动装置（第 7 轴）。此时所有流体管路以及电缆都要安装在履带式坦克链中随之移动。水平移动单元可以安装在地面，也可架设在喷室室壁上，见图 4-92。

⑤ 精密控制 旋杯结构复杂，清洗换色等工艺流程也非常烦琐。机器人手腕上还常须配置位置或图形检测器，所以控制系统非常复杂。每台要配置一个控制柜管理，再由中控站统一协调。喷涂机器人要配置多种控制元件才能工作。

图 4-91　喷涂机器人手臂
（彩图见文后插页）

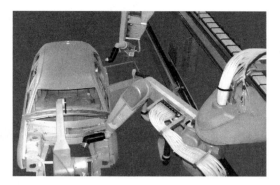
图 4-92　机器人水平移动装置
（彩图见文后插页）

4.6.1.1　换色阀

色漆喷涂所用油漆颜色较多，通常为 10~20 种，要配备相应换色单元，并有一定裕量。换色阀还要接入溶剂、空气等，如图 4-81。

机器人换色器也是涂料供给终端。此机器人需用的所有颜色涂料，以及溶剂、压缩空气等都要由枪站用软管连接至此。各换色单元入口通道都是三通结构，供涂料循环。

4.6.1.2　油漆定量装置

机器人手臂在喷涂作业中扫描速度是变化的，为使涂膜均匀，油漆的供给量要与之同步。连续供漆模式中，供漆的同步定量通常由齿轮泵完成。齿轮泵由伺服电动机驱动，其转速与机器人的 0~10V 速度信号同步。齿轮泵外形见图 4-93。

涂料定量缸是另一种定量供漆同步装置，用于水性漆静电喷涂作业。FANUC 涂料定量缸见图 4-94。它是活塞泵的一种，一次吸入油漆后，可以与接地的涂料

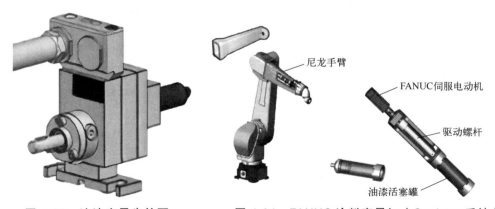

图 4-93　油漆定量齿轮泵　　　　图 4-94　FANUC 涂料定量缸（Canister 系统）

流断开（水性漆涂料高电导率），避免了旋杯高压静电对地短路。这样，旋杯在汽车内外喷时都可以加静电，提高了涂料利用率。定量缸活塞由伺服电动机驱动，其出料速度可以与机器人同步。

4.6.1.3 其他配套装置

油漆机器人在进行发动机舱、驾驶舱、行李舱等车身内部喷涂作业时要配备开门机器人，见图 4-95。每台内喷机器人要配备一台。开门机器人和喷涂机器人之间要有良好的时序配合。

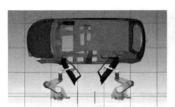

图 4-95　开门机器人（彩图见文后插页）

4.6.2　胶蜡喷涂机器人

胶蜡喷涂机器人通常无须防爆，因为没有静电旋杯和换色阀，配置和涂料流道也较为简单。它在内喷作业时也需要开门机器人配合。

4.6.3　喷涂机器人的控制

机器人运行需要功能强大的控制系统和软件支持。每台机器人要有一台控制柜和人机界面，安装在喷室外枪站边，连通中控柜统一管理。机器人在作业时，要完成空间定位和轨迹扫描作业、开关枪、流量控制、旋杯参数控制、清洗换色等许多复杂流程动作，需要配置专业系统软件和工艺编程软件，并和周边相关系统通信联系。

4.7　其他喷涂设备

作为修补、试验、临时喷涂，还有一种非常简单的小型机具——压力罐

(pressure tank)。它无需涂料泵，本身就是一个密封的容器罐，罐内配有涂料桶（内胆），以方便换色、清洗。在涂料桶内装入油漆、盖上压力罐顶桶盖，桶盖上安装的涂料虹吸和回流硬管会插入涂料桶底。给压力罐接入压缩空气，接上软管和喷枪就可以进行喷涂作业，此时罐内的油漆在压缩空气作用下送至喷具喷出。由于涂料是循环流动的，无需搅拌器。注意所用的压缩空气洁净度应该满足雾化空气需要。压力罐使用时还应该配备空气过滤器、调压器、背压器等，见图4-96。压力罐其实就是一个简易的工位供漆系统。

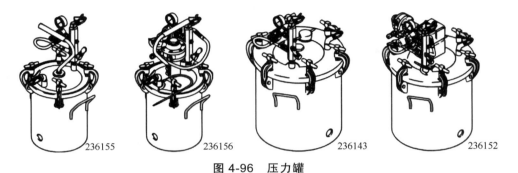

图 4-96　压力罐

第 5 章
喷涂系统非标设备的设计与制作

喷涂系统硬件的构成，除了前述通用机具设备之外，还要配套许多非标设备，它们需要根据具体项目要求单独设计制作。

5.1 涂料桶

涂料桶盛放涂料，并配置搅拌器、温度计、液位计等多种流体调控元件。涂料桶因所盛放涂料种类、特性、用途、工艺要求不同，其材质、形状、结构、容量、制造处理工艺会有很大区别。一条喷涂系统需要配置多种款式、容量的涂料桶。

5.1.1 油漆桶

一个供漆系统所用料桶通常有循环桶和调漆桶两个。它们的外形、结构基本相同，桶身为柱形、弧底、四腿立式，顶盖分为平顶和弧顶两种。平顶桶用于溶剂型涂料、溶剂、固化剂等；弧顶桶用于水性涂料。油漆桶身用精轧抛光不锈钢板卷板焊接；桶底、弧顶用不锈钢板冲压成型，与桶身焊接连接。常用油漆桶容量为 200～300L。

油漆桶要开有进出料、排料、排气等流体口。出料口早年开在桶底部侧壁，这样的好处是出料可以避开桶底沉积的一些渣子和沉淀成分，这些东西由桶底排污口定期排放清理。但是在搅拌不够充分时，油漆自身的一些大比重的固体成分总会有部分沉淀累积在桶底，不被主泵抽出，容易造成涂料成分缺失不匀。现在料桶出口都改在桶底以保证涂料的全成分流动。粗渣问题由涂料过滤器解决。

加料口通常开在桶底或侧壁底部。如果需要开在桶盖，要加引申管延至桶底，以避免补料或回流时引起油漆飞溅、混入空气。

每只油漆桶都要配置搅拌器、温度计、液位计等元件，要制作相应的接口。液位计或传感器安装口尺寸要求较严，重力式液位计要做在桶底侧壁，出口延长筒长度应与传感器规格适应，使传感器膜面与桶壁在同一平面。超声波、雷达、激光等非接触式液位计有近距盲区，在桶盖上要焊接延长接口，并保证接口安装平面的水平性，平顶桶要与桶盖严格平行；弧形盖桶则要与桶身中线严格垂直。一些要求严格的液位计安装口应装有可调的安装平台。油漆桶要在顶盖安装排气口，如果油漆挥发性强，要配置回收管或阻火器接口。

涂料桶设计时除了所有外部设备接口外，要留有适量的备用接口。油漆桶制作完成后要进行机械抛光和电抛光、钝化等处理。

5.1.1.1 平顶漆桶

平顶漆桶通常设计为平顶翻盖，使用 304、304L 等不锈钢制作，用于溶剂型漆、溶剂固化剂等。平顶漆桶结构见图 5-1。桶身桶盖为法兰连接、螺钉固定、O 形圈密封。O 形圈截面为圆形或矩形，聚四氟乙烯材质，桶身顶部、桶盖的下方内侧焊接环形挡板，防止油漆进入法兰。为了加强搅拌效果，桶身内侧壁焊有三条纵向导流板，在搅拌时可以引导油漆自下而上地翻动、阻止径向平层流动。

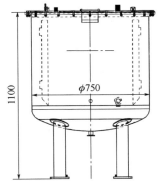

图 5-1 平顶漆桶

5.1.1.2 弧顶漆桶

弧顶漆桶用于水性漆涂料，见图 5-2。水性漆黏度高、表面张力大、易留挂，如果在搅拌或漆桶液位下降时有一些油漆迸溅留挂在桶顶、桶壁，会形成干结，在油漆补料、液位再次升高时没入油漆，就容易形成半溶性漆渣。所以水性漆桶重要问题是不使桶壁桶盖处有油漆流挂，要让它们及时流回液面。这要求它在结构与制作工艺上采用以下特殊的设计和制造工艺：

漆桶应设计为弧顶，与桶身直接焊接。桶的内侧壁应该处理得平顺连续光滑，表面粗糙度要达到 1μm 以下。这样可形成光滑连续的内壁，使涂料在重力作用下沿桶壁自然流回液面。制造时要使用精轧光亮不锈钢板、精密自动焊接，并进行仔细的机械抛光。

水性涂料中纯水的腐蚀性较强,焊接处容易产生晶间腐蚀。料桶焊缝较多,在制作和精抛光完成后,必须经过酸洗钝化处理,否则其耐蚀性会有所下降。酸洗钝化处理后,要再做电抛光处理。电抛光非常重要,这一工艺通过电化学和尖端放电效应,不但可以去除金属表面微小凸起、提高光洁度,还可以增加金属材料表面化学稳定性。

由于桶顶与桶身整体焊接,必须另外配置加料探视口。加料探视口为一个 ϕ300mm 左右的引出筒,开在桶顶偏心位置,桶盖四周要采用耐溶剂材料密封。桶身不能安装折流板,因为它也会引起涂料留挂。此时为保证油漆产生自下而上的翻流循环效果,搅拌器应该倾斜安装,它在桶顶的法兰安装口应做成偏心倾斜。桶顶需要开有各传感器、表头接口和备用口,要注意接口端面的水平。

水性漆桶要使用 304L、316L 等低碳、高镍不锈钢制作,这会使漆桶更耐纯水腐蚀。

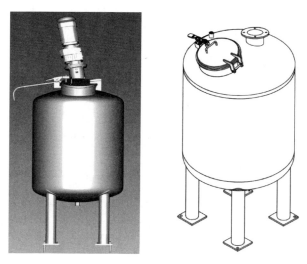

图 5-2 弧顶漆桶

5.1.2 溶剂、固化剂桶

有机溶剂无须搅拌。桶体可采用平顶,结构与溶剂漆桶相似但容量大些。水性溶剂桶要有搅拌器,可以完全采用油漆桶结构,做成 300~500L 大桶。

固化剂对湿气敏感,遇到空气中的水汽时会固化结晶。所以固化剂桶要做成密封式,以便充入保护气体。固化剂桶可以采用平顶或弧顶、整体焊接结构;加料口要配特氟龙密封圈密封。桶盖要开保护气体的充气口、排气口,以及压力表、液位计、温度计等接口，通常无需搅拌器。固化剂桶可使用 304 材料制作，见图 5-3。

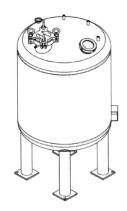

图 5-3　固化剂桶

5.1.3　废溶剂桶

废溶剂桶分为中转桶和收集桶。中转桶也要安装搅拌器、液位计，其结构可以与涂料桶相同，也可以将桶底做成漏斗形以便清理残渣。桶容积可在 200L 左右，见图 5-4（a）。

收集桶装在废溶剂系统终端，出于安全以及管理方便考虑，安放在调漆间内，通常采用 500~2000L 大容量储存罐，见图 5-4（b），它可用 304 不锈钢制作。为了防止废溶剂沉凝结块，还要设有搅拌器，并配置液位计、转移泵等。也有一些用户直接使用 55gal 标准桶直接回收。

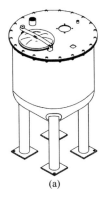

(a)

图 5-4

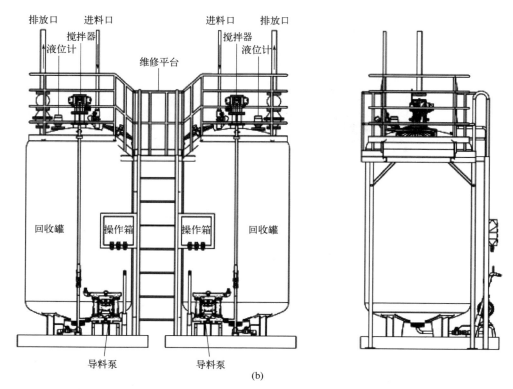

图 5-4 废溶剂中转桶（a）和收集桶（b）

5.1.4 中转胶桶

在胶体黏度不太高时，双级供胶系统也可以使用开放式的大容积胶桶中转。这样做的好处是当胶桶盛满时，一级供胶系统可以停止工作，有利于节能和延长胶泵使用寿命。

由于胶体涂料黏度较高、流动性差，而二级胶泵又采用虹吸式柱塞泵并且多台并联，如果中转桶的形状、流道设计不好，二级泵吸料时会遇到困难甚至抽不上胶。开放式胶桶中胶体主要是靠自身重力流向二级胶泵入口的，所以设计的关键是要使桶底胶压尽量高。这就要求将桶做得较大、体型瘦高、桶底呈漏斗形，见图 5-5。底部出口以及连接多台二级胶泵的梳型管也必须粗大、流畅，以保证胶体靠自重填充流道，向胶泵吸料口连续、流畅供胶。中转胶桶常会设计为800～1500L，高径比为2∶1以上，漏斗形桶底，如果连接多台二级胶泵，出料口最好分布在底部四周。二级中转胶桶也需安装搅拌器、液位计等，某些胶体还要循环回流，要留有相应接口。

图 5-5 中转胶桶

图 5-6 水套桶

5.1.5 水套桶

有些涂料如空腔蜡等，在低温时黏度极高，甚至呈半凝固态，作业前就要加热使其黏度降下来，以保证材料的流动性。此时需要对供料桶加热，所以料桶通常做成水套结构，见图 5-6。

水套桶是在涂料桶的外壁加装水套夹层，在其中通过热媒质加热。除供蜡桶之外，水套桶也常用在聚氨酯发泡或简单的涂料温控系统中。

5.2 搅拌器

5.2.1 油漆搅拌器

早期使用的溶剂漆黏度、固体分都很低，非常容易沉淀，故常选用高剪切搅拌器。其特征是桨叶较窄、转速较高，有些是两层结构，每分钟百转以上。现在中涂、色漆都已使用水性涂料，黏度、固体分都较高，较为不易沉淀；罩光漆虽仍然使用溶剂漆，但其黏度、固体分也都较高，与水性涂料相似。它们都不希望剪切过大，故都使用低剪切搅拌器。

低剪切搅拌器桨叶通常设计成 120°等分 3 叶单层式，扇叶有纵向折弯，在转动时会将油漆压向下方。常用的 200~300L 桶，叶径（叶片外沿直径）约为 300~

400mm，叶宽约 60～70mm。连杆可用 ϕ16～20mm 不锈钢管制作，在长度上留有适当调整空间。将扇叶、搅拌器杆与驱动电动机连接起来就组成了搅拌器总成。

出于驱动力和可控性考虑，除了小型、简易系统采用气动外，几乎所有涂料供给系统都使用电动机驱动。电动搅拌器无噪声、功率大、节能、转速调整方便，但要考虑防爆、配套减速器、变频器和控制器，还要加装接油盒等，结构较为复杂。

搅拌器电动机的功率可根据漆桶和桨叶大小、涂料黏度、减速箱变比而定。通常 200～300L 水性油漆桶所配置的低剪切搅拌器，采用 0.25～0.37kW 电动机、10∶1 左右的减速器。由于电动机、减速器工作时都需要机油润滑，而油漆绝对不可接受哪怕是微小的油脂污染（油脂会在漆膜表面造成凹痕，使工件报废）。为防止电动机、减速箱机油渗漏，需要在搅拌器主轴通过桶盖处上方加装接油盒隔离。

接油盒由盒体、过渡轴、油封三部分组成。盒体盛放电动机可能泄漏的机油；过渡轴上端连接电动机减速箱主轴、下端连接搅拌器主轴，中部连接接油盒并采用转动密封。这样就能使电动机、减速箱可能沿主轴渗漏的机油被阻隔在接油盒内，由排放口用硬管引至桶外。由于电动机渗油极少，无须再配接收装置。

这样，一个完整的电动搅拌器由电动机、减速器、接油盒、连接器、搅拌器杆、扇叶等组成，外形、安装见图 5-7。由于无刷直流电动机的普及，电动搅拌器应选用 BLDC 驱动，可省去变频器等部件。

5.2.2　高黏度材料搅拌器

高黏度材料搅拌器用于胶蜡等搅拌。这些材料黏度、固体分很高，基本不会沉淀。设置搅拌器的作用主要是活化材料、均匀温度、增加流动性、防止静态干结，外形见图 5-8。

中转胶桶容积较大，胶体黏度又较高，所以搅拌器结构、扇叶需要特殊设计，重点考虑如下因素：

① 桨叶要对全桶材料进行搅拌，所以要采用较大覆盖面积的宽长桨叶、多层结构，其直径可略小于桶身，双层搅拌器要错位 90°安装。

② 转速切不可过高。过高的转速会使胶体过剪切，并因内摩擦而持续升温，甚至造成胶体的高温固化，所以转速通常设计为 5～7r/min。对于易于剪切发热的胶体，搅拌器的工作应该是间歇的。

③ 胶体搅拌器转动力矩大，要使用电动式。但由于其转速低，要配置大变比（240∶1）减速器。电动机功率并不一定要很大，通常 1kW 以下即可。

石蜡不会沉淀，搅拌器的作用主要是加速温度均匀，也应采用低速大桨叶。

第 5 章 喷涂系统非标设备的设计与制作

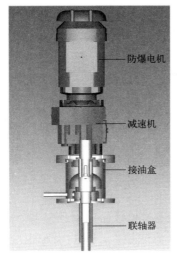

图 5-7 电动搅拌器

图 5-8 高黏度材料搅拌器

5.3 涂料温控设备

5.3.1 管中管式换热器

温度是油漆重要工艺参数。目前汽车油漆线都采用管中管换热器进行在线式漆温控制。它的好处是高效、准确、快速、长寿命。

管中管式换热器的结构有多层式或多芯式两种，见图 5-9。多芯式管中管是在

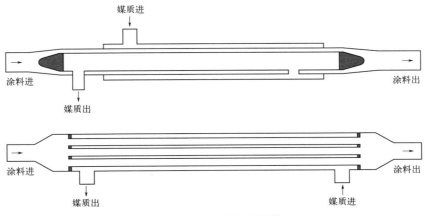

图 5-9 管中管式换热器

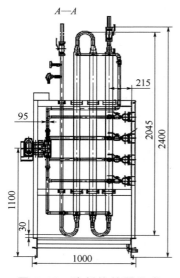

图 5-10 涂料换热器总成

媒质套管内安装 2～7 根并联的涂料管,套管内流通媒质,通过涂料管外表面与油漆换热。多根涂料管并联的目的是增大换热表面积。芯数的选择可根据计算并经实验确定,但涂料通道截面积应与主管相同。多层式管中管为三层管式结构,中层通过涂料,内层、外层通过换热媒质。它的涂料通道截面为环形,截面积与涂料主管相同。涂料流过环形流道时内外表面同时与媒质换热,由于涂料流层薄、两侧均可换热,使得换热效率更高,也缩短了换热区长度。此结构是目前主流型式。

管中管的规格、长度由涂料的流量、流速确定。涂料流量越大、流速越高,换热面积也应越大。油漆换热区长度约为 5m 或稍长。为节省占地和方便安装,做成立式、2～3 折结构,见图 5-10。

管中管涂料通道材质应与主管路相同。通常采用 304L。外水套可用 304 不锈钢焊接制作。管中管使用前要经过酸洗钝化处理。

5.3.2 管中管温度控制器总成

管中管通过温控器切换冷热媒质并通过控制流量来控制油漆温度。它是闭环温控系统的执行器。

温控器总成由电动执行器、伞齿轮、水平轴、两支 180°L 形模拟三通阀等组成。L 形球阀的阀球有一个 L 形通道,它的一个出口始终对准阀体中出口,反方向连接球体旋转轴。当阀球另一出口转到左方或右方端点(0°或 180°)出口时位置时,连接在三通阀左出口或右出口的管道与中出口完全导通,而在中间(90°)位置,中出口和左、右出口完全不通。其余位置则是中口与左出口或右出口部分导通。这样三通阀在 0°～180°范围转动时,就不仅可以切换媒质,还可以控制媒质流量。管路安装时,两个三通模拟阀中口连接管中管的入、出口;左球阀两端口分别连接冷媒或热媒的供给管路,右球阀两端口连接冷媒或热媒回流管路。由于它们同轴驱动、开度相同,可以保证管中管任何时刻只接通一种媒质,而且开度相同。冷热媒质各自的供、回流量相等,不发生串水。电动执行器总成、伞齿轮、媒质连接见图 5-11～图 5-13。

电动执行器包括电动机和大变比的减速器。它垂直安装,在控制信号的作用下产生相应的角位移,经伞齿轮耦合到水平轴,驱动、调整水平轴两端的 L 形球阀的转动方向及开度，以切换媒质并调整流量。在每路管中管的油漆管路出口处安装温度传感器，将油漆温度信号传给 PLC 处理，PLC 将驱动信号回传给电动执行器。电动执行器会根据驱动信号大小选择媒质及开度（流量），使油漆温度稳定在设定值。

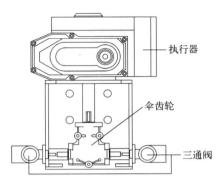

图 5-11　电动执行器总成

图 5-12　伞齿轮

管中管温控器另有一种单通道模式。它一段时间内只使用一套媒质系统，温控为单方向，所以可使用 90°转角的模拟阀和电动执行器，仅进行单媒质的角度/流量控制。它和上述温控执行器原理基本相同，只是更为简单。

控制器在使用前要进行定标。详细的内容在控制系统章节中讨论。

5.3.3　管中管模组

由于每路油漆供给系统都要配置一套管中管换热器，整个油漆喷涂系统会配置 10~20 套或更多。将它们分组装配成几个模组，每组 6~8 套，有利于装配、运输、安装、使用。装配的管中管模组包括管中管、控制器总成、冷热媒质供回管路。各模组运到现场后，将媒质管路连接起来就形成整个管中管温控单元。为了接受夏季产生冷凝水（出汗）和可能的媒质泄漏，管中管模组下部地面端要配置接水盘，并由排水管引至下水口。装配的管中管总成和模组见图 5-14。

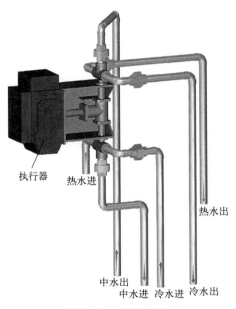

图 5-13　媒质连接

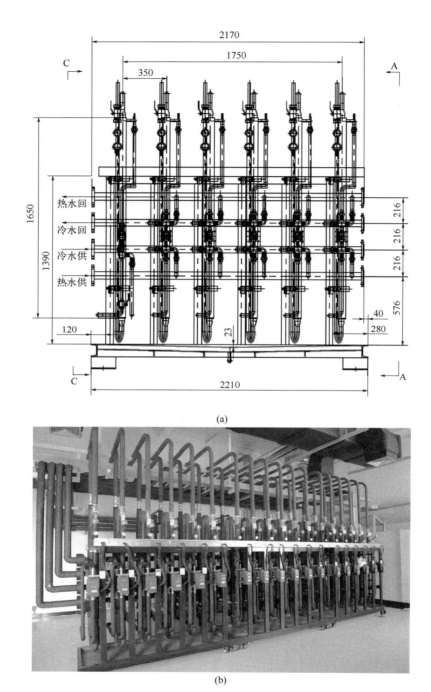

图 5-14 油漆温控管中管总成（a）和模组（b）

5.3.4 媒质供给单元

管中管模组只是换热器，它需要媒质供给单元提供有适当温度、流量、压力的媒质才能正常工作。

媒质供给单元又称媒质发生器。它分为热媒单元和冷媒单元，油漆温控系统要各设一套。水性溶剂温度要求较高，通常会另设一套高温热媒单元。常用的媒质发生器分为换热器式和水箱式两种。它们由换热器或水箱、水泵、调整元件（过滤器、储能器、背压器）、温控器、管路等部分组成。媒质通常使用纯水。纯水热容量大、易于获得、不结垢，是理想的媒质。

5.3.4.1 换热器式媒质发生器

换热器从蒸汽、高温热水、冷水等一次侧热源吸收热能，传递给二次侧媒质单元；二次侧和管中管换热器接成封闭循环系统，由水泵驱动媒质循环。水泵将水媒打入换热器入口换热后，由出口经管路流向管中管换热器进行热交换；回水经管路返回水泵完成循环。媒质控温器调整换热器一次侧入口模拟阀的开度，改变动力热源的流量，使二次侧媒质获得适宜的工作温度。

换热器的作用有两个：换热、隔离。隔离作用是万一管中管换热器发生涂料泄漏，不会污染到一次侧的公用动力媒质系统。换热器由于使用功率不大、压力不高，可选用换热效能较高的板式换热器。换热面积由换热量、换热温差、媒质流量等决定，通常约 $1\sim3m^2$。一次侧热源如果使用蒸汽，换热器和一次侧阀门、疏水阀等元件全部需要使用耐高温蒸汽型。

水泵选用普通电动扇叶式高能效水泵即可，但要二级能耗以上。通常每个媒质供给单元配备两台，一用一备。水泵的工作参数基本只有流量、压力两项，通常压力选用 2～3bar（20～30m 扬程）；流量约 3～20t/h，电动机可据此配套，约 300～500W。

媒质发生器还有其他部件：

① 过滤器滤除水中杂质，可选用普通滤芯式。

② 储能器可以对媒质系统变容稳压。由于换热器二次侧媒质系统是定容封闭的，在热媒质系统启动升温过程中，媒质体积膨胀，会使系统压力上升；模拟试验压力会升至数十巴，完全可能造成系统损坏甚至破裂。而储能器有弹性变容腔，它能吸收媒质体积膨胀，避免系统压力过分增加，从而保护系统。

③ 补水器用于给媒质系统补水。由于水泵或系统元件密封不够严等，媒质长期运行后会有亏损，需要进行补水。通常由自动补水阀补充。注意不要将它直接

接入纯水供管补水,因为纯水系统压力较高,约为 4~5bar,而媒质系统的循环系统只有 2~3bar,直接接入会干扰媒质系统工作。为此可以在补水通道串联可细调的控制阀和单向阀,或做一个带液位装置的开放式小水箱,置于媒质系统管路最高端。

④ 背压阀串联在媒质回水主管路上。它的作用是维持媒质循环流量和系统压力。维持一定的媒质空循环量是必要的,它可使系统媒质温度维持在设定值。

换热器式媒质发生器外形和结构见图 5-15。

5.3.4.2 水箱式媒质发生器

调漆间通常采用恒温环境,漆桶内油漆温度与设定值温差小,油漆温控所需的换热热能也较少,媒质系统可相应简化。目前许多热媒单元不再使用换热器式,而是采用更为简单的电加热水箱。这不仅简化了设备,而且系统是开放的,也从根本上杜绝了封闭系统温升超压的隐患。加热水箱式媒质发生器的外形和结构见图 5-16。

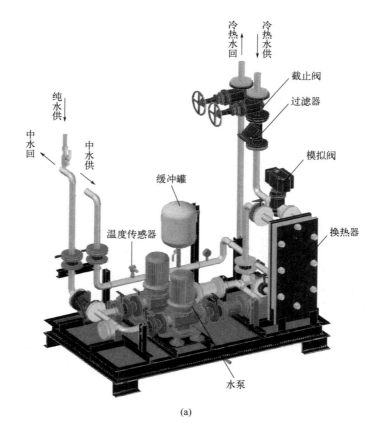

(a)

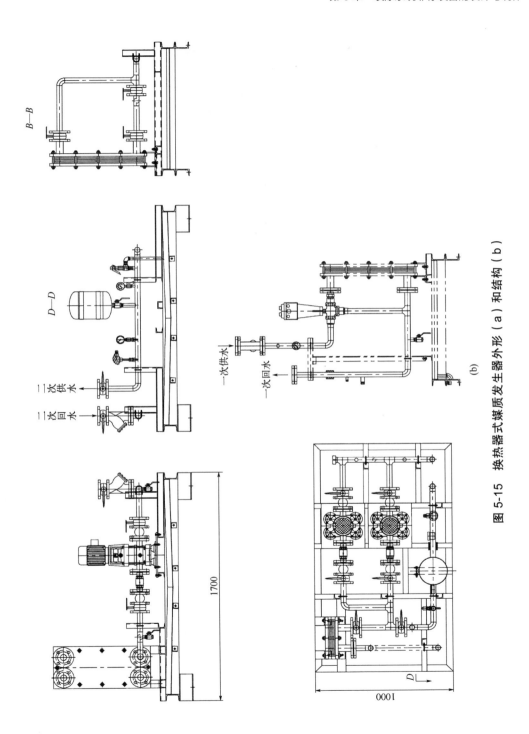

图 5-15 换热器式媒质发生器外形（a）和结构（b）

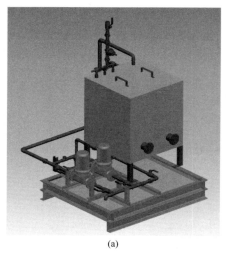

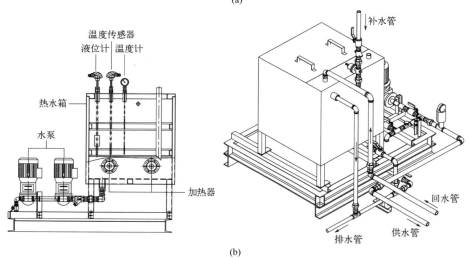

图 5-16 加热水箱式媒质发生器的外形（a）和结构（b）

水箱采用电加热管加热，装有温度和液位传感器以及控制器进行温度和补水控制。它和循环泵装配在一个模组架上，安装、使用都很方便。高温媒质供给水性溶剂调温，可在水箱中另隔出一块单独控温。

5.4 液压站

虽然液压柱塞泵早已被电动泵取代，但现用线体仍有许多液压泵在用，聚氨酯发泡系统也要使用液压站，所以仍予简单介绍。

液压站为液压输漆泵提供不间断动力源。由于它是动力设备，一旦出现故障将导致喷涂系统全线停工，所以必须保证高可靠、稳定、长时间连续运行。

液压站由液压油箱、液压泵、溢流阀、液压油冷却系统、液压控制装置等各部分组成。调控好的液压油由输送管线送至每台液压涂料泵。液压站外观、结构和系统原理见图 5-17。

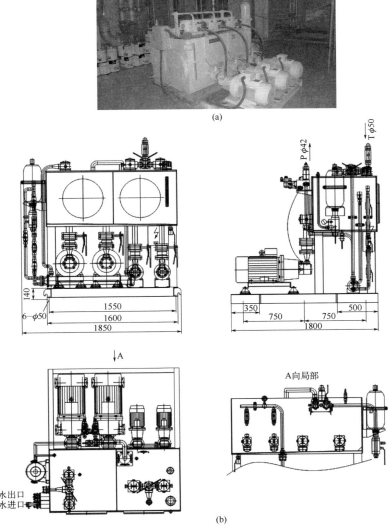

图 5-17

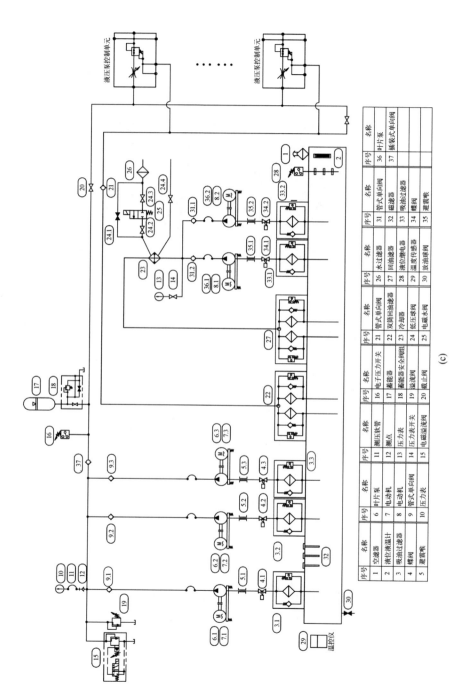

图 5-17 液压站外观（a）、结构（b）和系统原理（c）

5.4.1 液压油箱

液压油箱用来盛装液压油，通常用碳钢板焊接而成，使用前要经过严格的清洁处理。

油箱额定（满位 90%）容量通常是液压油使用侧总容量的 5~7 倍。较大的容积有利于液压油的散热、油气分离、消除泡沫。系统正常工作时油位应不低于满位 2/3；同时当系统关闭时，油箱应能容纳全部管路流回的液压油。

油箱内部装有分割挡板、油过滤器、液面指示器、清洗孔和各进出口。分割挡板将油箱分割为工作区和回流区，它们上部是相通的。回流区接受系统回流的液压油，待其沉淀杂质、排除空气后流向工作区。

5.4.2 液压主泵

液压主泵是液压站的心脏，它提供系统的供油流量和油压。选泵的原则除了流量压力参数外，主要是长期连续运行条件下的可靠性。液压站也要考虑备用泵，大部分采用一用一备或两用一备交替工作。

常用的液压泵为齿轮泵、叶片泵或多柱塞变量泵。齿轮泵体积较小，结构较简单，对油的洁净度要求不严，价格较便宜，但泄漏较大。叶片泵流量均匀、运转平稳、噪声小；工作压力和容积效率比齿轮泵高，但结构比齿轮泵复杂。变量泵通常由多台柱塞泵并联组成，容积效率高、泄漏小、可以根据负载变动自动调整柱塞行程以调整系统压力和流量，较为节能，但结构复杂精密、价格贵，对油的清洁度要求也高。涂装线配套的液压站通常选用叶片泵。

5.4.3 控制元件

溢流阀是液压站最重要的控制元件。液压主泵的输出压力和流量并不是固定的，流量小时压力高，两者乘积基本恒定。液压系统的工作压力是由溢流阀来调整决定的，它串联安装在液压泵出口。调紧它时系统输出流量减少，输出压力会升高；反之则反。注意不要使溢流阀长期工作在小开度状态，这会使液压油高速流动、与溢流阀产生剧烈摩擦，不但使溢流阀加大磨损缩短寿命，也会使液压油温升加大。溢流阀是液压油温升的主要来源，所以溢流阀要选配与系统压力流量适应的配套型号。

过滤器用于清洁油料。液压油对洁净度要求很严，粒度在 10μm 以下的杂质对泵的影响不太明显，而在 40μm 以上时对泵的使用寿命就有明显影响，所以液压油系统必须加装过滤器。通常叶片泵使用 25μm 至 40μm 的过滤器。滤芯要根据使用情况采取定期更换或视两端压差更换。

5.4.4 冷却系统

液压泵、溢流阀、负载（液压涂料泵）等工作时，液压油都会由于压缩、摩擦等产生热量，在连续运行时会产生持续温升。过高的油温会对油料和设备造成损坏，所以液压站必须加装油温冷却系统。冷却系统可根据液压站容量、使用状况以及现场条件，采用风冷或水冷形式。通常除小系统采用风冷外，大都采用水冷方式。

水冷式换热单元由驱动泵、换热器、冷媒等组成。换热单元的接入方式也有两种：小型液压站可以串接在液压油回流油路中；中大型液压站，换热单元要自成系统。从油箱抽出液压油，经换热器换热降温后再送回油箱，连续循环降温。换热媒质可使用公共动力冷水。

5.4.5 液压油

液压油是液压系统动力传输介质，需要常年的连续使用，故对其化学稳定性、洁净度要求很高。涂装液压站要使用符合 NAS 标准 9 级以下（号数越低洁净度越高）洁净度的液压油。市场购入的液压油洁净度通常为 NAS 12 级，使用前要进行过滤、升级，油料升级通常经过长时间过滤完成。由于油料品质的提高以及高精度滤油器的使用，液压油的使用寿命已大大延长，更换周期已延至 3～5 年或更长。

5.5 其他配套机具

喷涂系统中要配备一些小型辅助机具，如洗枪机、废溶剂收集盒、枪站盒、抱桶器、胶桶定位器和滚台等。

手动喷枪每天用完后都需要放在洗枪机中彻底清洗。洗枪机可以对喷枪进行溶剂或纯水浸泡、喷淋，以去除漆污，外形见图 5-18。

喷涂作业以及油漆换色时喷具都要经常清洗。各工位洗枪时的废溶剂收集盒要根据现场情况设计。双组分的旋杯清洗盒要带有反冲洗结构。常用的手动、自动洗枪盒见图 5-19。

枪站输送管路终端，要安放许多管路出口组件。为了保护和整齐美观，每站要定制枪站柜，见图 5-20。

  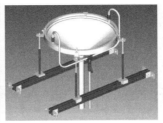 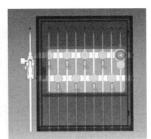

图 5-18　洗枪机　　　　图 5-19　洗枪盒　　　　　　图 5-20　枪站柜

在给固化剂桶加料时，为了减少固化剂与环境含水分的空气接触，有时采用抱桶器将原料桶抱起，直接倾斜倒入固化剂桶。抱桶器由夹持器、升降器、翻转器等三部分组成；升降器使用气动支架。外形见图 5-21。

在给压盘式供胶泵更换胶桶时，要对原料胶桶准确定位，使压盘能压正胶面。胶桶定位器能帮助胶桶准确定位并予以固定。为了方便移动沉重的胶桶，要给它配备滚柱式滚台，它们都是压盘胶泵不可缺少的配套装置，见图 5-22。由于汽车用胶量很大，在供胶间要存放较多胶桶，它们移动时也常靠滚台辅助。

图 5-21　抱桶器　　　　　　图 5-22　滚台

第 6 章
油漆喷涂系统的设计和集成

油漆系统设计的依据是建线规划，除了进度、成本之外，建线规划主要包括生产纲领和技术要求两部分。生产纲领描述了产能目标；技术要求则明确了工艺流程、系统配置、质量要求、动力环保等指标，以及对设备的质量、性能、参数选型等要求。

所谓系统集成，是指在建线规划的基础上，完成分系统设计、设备配套制作、现场安装施工、调试和试生产、人员培训直至验收的全过程，是一个交钥匙工程。

6.1 喷涂系统的设计要求

6.1.1 生产纲领和技术要求

生产纲领和技术要求应包括以下内容。
产能目标：车型信息、产能等；
生产节拍：作业天数班次时间、工艺链速或节拍、工件输送方式等；
系统布置：厂房规划平面图、设备布放位置、动力点位等三维模型图；
工艺目标：喷涂作业车型、涂料种类、喷涂部位、喷涂面积、涂膜厚度、工艺流程等；
作业方式：喷涂方式、喷具采用、手/自动范围、工位分布等；
作业系统：系统数（涂料类别、颜色、套数）、系统结构、涂料循环方式、枪站位置数量等；
工艺参数：喷涂遍数、每遍厚度、系统及各出口流量压力要求、涂料参数（涂料类别、比重、固体分、工艺黏度、流变曲线、温度等）、涂料处理要求（搅拌方式、输送流速范围、设定工作温度等）；

配套系统：温控系统、废溶剂系统等；

控制系统：控制部位、控制功能、控制方式、各控制单元硬件结构、界面、系统外部接口、通信方式、信息要求、流程软件程序等。

6.1.2 设计大纲和设计任务书

承建方要根据上述要求作出设计大纲，按漆胶种分类，对各系统的工艺流程、平面布置、系统结构、主要设备选型、管路结构及空间排布、动力基建要求等进行综合描述，作出分系统和主要环节的结构原理图、平面布置图、管线布置 3D 模型图、重要设备的厂牌规格选型表、关键施工工艺规范、动力及基建要求、与相关方的技术接口以及其他要求，与建线方和相关方讨论，取得一致后进行图纸会签。

建线方要根据设计大纲、会签图纸做出设计任务书，规定项目的分系统设计内容和进度要求，评审后再进行全面、具体的设计。

6.1.3 项目设计流程

设计师在接到设计任务书后，要先进行下列工作：

熟悉文件：精读所有项目合同、技术协议、设计大纲、会签文件等项目文件。

勘查现场：在现场核对规划图；与甲方项目负责人沟通，提出澄清点和须甲方配合的项目；核对涂料参数、机器人接口要求。

参考资料：找出类似的已完成项目的设计、建造和调试运行资料作为参考，提出需要改进优化提高的问题。

沟通：与甲方、总包方和各相关方保持经常性沟通、参加视频会议。

会审：在设计开始后，各阶段任务完成后要组织会审；全部完成后要组织审批。

6.1.4 项目设计内容

系统结构设计：按涂料分类做出系统图，含原理图、各功能单元结构、主要工艺设备节点、平面布置、枪站分布、管线走向及分支、配套设备接入点。

流体设计：按各工位喷具流量、压力需求计算系统作业/循环/休眠流量，按喷具压力需求和系统平面位置确定涂料供给方式、管路分支结构；估算系统压力以及区段压力分布；设计流体参数处理控制手段。

涂料供给单元设计：做出泵模组、桶模组、流体处理模组等选型和非标设计。

输送管路及枪站设计：根据管路分支结构、流量、涂料黏度选取各区段管路规格，经压力平衡仿真后确认；做出管线排布、枪站及接口设计。

配套单元设计：做出温控、废溶剂收集、液压站等配套单元设计。

控制系统设计：做出控制系统结构原理图、网络拓扑图、各单元控制功能表、控制模式、界面、控制柜结构及布线图、编制用户流程软件。

物料清单：做出所有采购或制作的设备元件材料清单、图纸。

施工图纸：做出调漆间和设备间设备布置、管线架设、枪站布置3D模型图；电气设备安装图、布线图；动力点位图、地线布置图、基建开孔图。

施工工艺：编制设备安装要求、管路连接方式及工艺、电气设备安装要求、布线工艺、接地工艺、竣工检查标准、系统检漏打压、后期酸洗钝化、清洗的工艺和标准文件。

系统调试流程、初始化参数表：编制各系统调试流程；设备仪表及传感器初始化、定标；试生产的系统节点运行参数规范表等。

6.2 油漆供给系统的设计

油漆供给系统设计可分为系统结构设计、流体和管路设计、单元模组设计、配套单元设计等几个部分。系统结构设计要做出结构原理框图；流体和管路设计要计算系统流量、选择管径、计算压损和系统压力；单元模组设计要做出各单元、模组的设备配置、非标设计；配套单元设计包括温控、废溶剂回收等部分。此外，设计还应包括施工工艺、安装调试要点等内容。设计中所有设计图纸要使用CAD制图；设备安装、管路、枪站等宏观结构要采用3D模型软件制图以便并图核查。

6.2.1 油漆供给系统的结构设计

6.2.1.1 系统结构及平面布置

油漆喷涂系统采用集中供漆方式；供漆单元集中安放在调漆间；温控单元安放在设备间；喷室所有工位外侧配置枪站；各站由输漆管路连接至调漆间；喷室侧端安放空气净化站和废溶剂中转站。油漆供给系统的平面布置见图6-1；B1B2喷室工艺流程见图6-2。

第6章 油漆喷涂系统的设计和集成

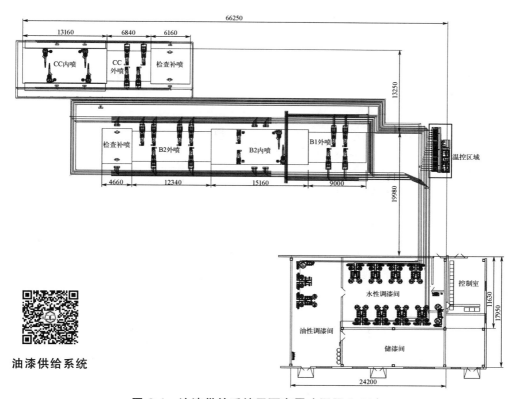

油漆供给系统

图 6-1　油漆供给系统平面布置（同图 3-11）

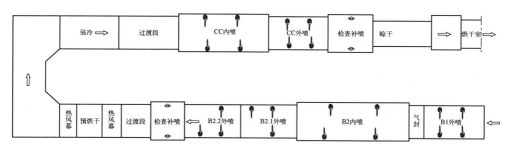

图 6-2　B1B2 喷室工艺流程

6.2.1.2　喷涂系统原理图

油漆、溶剂、固化剂的系统原理见图 6-3～图 6-6。油漆系统各漆种基本相同，以 B2 为例。

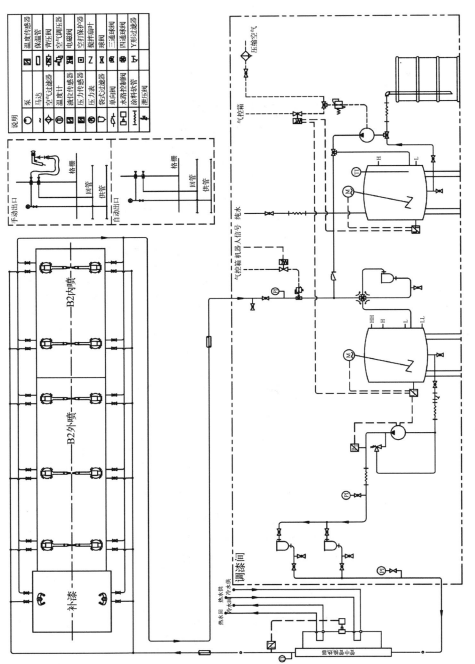

图6-3 油漆供给系统结构原理（双桶供漆、在线温控、两线循环到枪站）

第 6 章 油漆喷涂系统的设计和集成

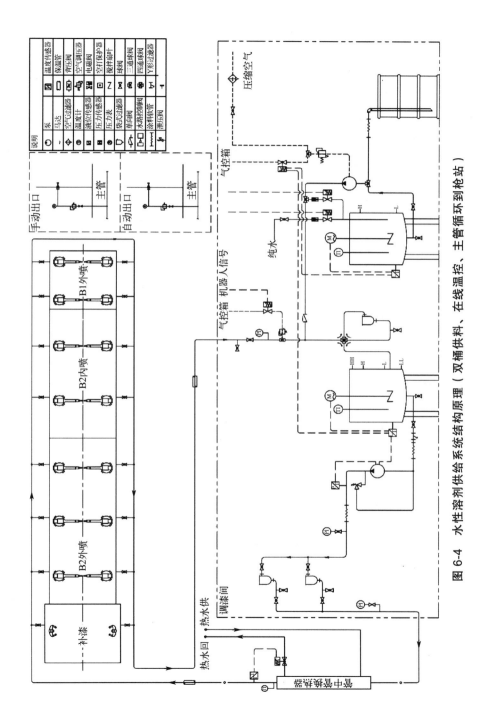

图 6-4 水性溶剂供给系统结构原理（双桶供料、在线温控、主管循环到枪站）

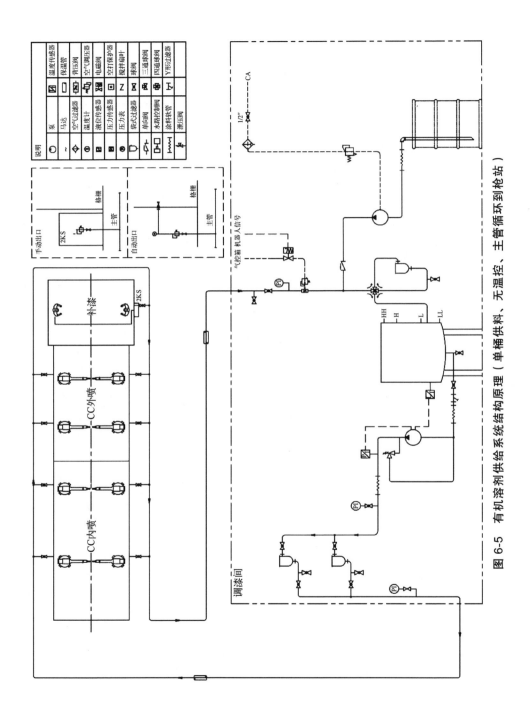

图 6-5 有机溶剂供给系统结构原理（单桶供料、无温控、主管循环到枪站）

第6章 油漆喷涂系统的设计和集成

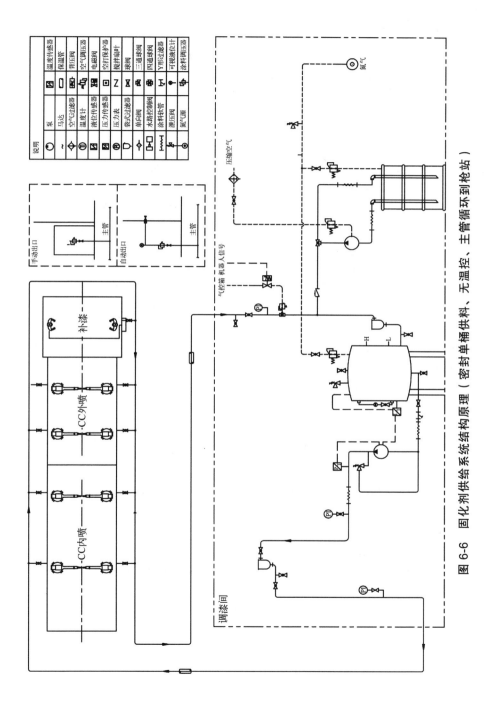

图6-6 固化剂供给系统结构原理（密封单桶供料、无温控、主管循环到枪站）

6.2.2 油漆供给系统的流量设计

6.2.2.1 油漆供给系统的流量概念

油漆供给系统第一位也是最基本的任务,是供给各工位喷具满足生产节拍和工艺参数要求的涂料流量,所以系统流量计算和选取是最重要的设计内容。

一套供漆系统的流量,在不同概念、模式和状态下有不同数值。首先,供给模式分为连续式和节拍填充式两种。前者作业时持续均匀向机器人(喷具)供料;后者间歇式给机器人配置的定量缸(或弹夹)填料,即在换车节拍一次填充一个工件车的用料,然后定量缸(或弹夹)与供给系统断开,在喷涂周期内陆续排出已填充的涂料供喷具作业。这种间歇供料方式由于填料周期非常短,通常只占作业节拍10%以下,而且各站同时填料,峰值流量需求可能达到连续作业流量的10倍。这不仅要求涂料供给主泵容量足够大,输送管路也要与之适应。由于此种填充方式应用较少,我们主要讨论连续供料方式。

涂料供给系统的流量,有工艺流量、标准出口流量、作业流量、静态循环流量、休眠流量等各种概念。对于连续供料模式,一套油漆系统总会处于作业、静态循环、休眠三种状态之一。前两种状态属于工作模式,其中作业状态指被选色系统的喷涂作业状态;静态循环指被选色系统的作业间歇和常用备选色系统的循环状态; 休眠模式指不常用备选色系统以及空班时所有系统的空循环状态。此时它们处于最低(不沉淀)循环流量的节能维持状态。

工艺流量是根据汽车喷涂的工艺目标要求(涂膜厚度、作业面积)、涂料参数(固体分含量、密度)以及喷具效率、工艺消耗、线体节拍(链速)等计算出的涂料工艺需求流量,它是全部喷具实际喷出的涂料流量。这是一种基于作业目标的算法,可以作为设计参考,但并不能用于涂料供给系统的实际设计。

标准出口流量是按照系统内最大出口作业(喷出)流量标准化后的流量。由于每个漆种的供漆系统要为所有工位供漆,而各工位的作业需求流量因工艺区段不同而各不相同,甚至差异很大,例如色漆在车身内、外表面各喷两道漆,外喷第一遍漆喷覆面积大、漆膜厚;而内喷第二遍漆喷覆面积小、漆膜薄,它们所需涂料流量会相差2~3倍。而它们都由同一条供漆系统供漆,所有站位物理结构相同,会分得基本相同的涂料流量。我们难以对不同站位进行不同流量供漆,因为那要为每个枪站支路选择不同的管路规格,各站也会毫无通用性,显然是难以做到也是不必要的。所以系统就要对每个枪站都按照最大工位需求流量供漆。另一方面,由于油漆喷涂早已百分百采用机器人喷涂作业,各机器人厂商通常都会根据常用的工艺需求、油漆参数、旋杯参数制定统一的标准出口流量,并据此进行了相关流体元件的标准化配置。这样，我们也只能采用机器人厂商给出（或商定）的统一标准出口流量。此时涂料供给系统的供给流量只要按照标准出口流量乘以出口数计算即可。这样算出的流量是指所有出口全时打开时的流量，所以也是系统最大流量。它是选择供漆主泵的依据。对于连续作业的旋杯，标准出口流量通常为 600～800mL/min。实际工作时旋杯要经常清洗或换色，之后对清空的旋杯还会有个油漆填充过程，此时瞬时填充流量会很大。但旋杯容积不大、填充持续的时间很短（仅 1～2s），各出口也不会同时填充，所以对涂料供给系统总流量影响不大，可以不作单独考虑。

作业流量指连续作业模式下，标准流量扣除喷具间歇关闭的涂料供给流量。喷车作业时所有喷具不会全程、同时打开，它们在换车节拍和机器人移换轨迹时会短暂关闭。我们将喷具平均打开时间在生产节拍周期内的占比叫作同步率；将系统标准出口流量乘以同步率称为作业流量。同步率在不同工况环境下会有不同，约为 0.8～0.9。

静态循环流量指作业系统（被选色系统）所有喷具关闭时系统的空循环流量，也是所有备选色系统的常态循环流量。它的设置是为了节能、降低设备磨损和减少涂料疲劳，所以它要小于作业流量。由于供漆主泵作业时都工作在闭环反馈的压力平衡模式下，在喷具打开时主泵会通过闭环反馈即时响应，提速增加流量，所以稍小的循环流量不会影响到喷涂作业。静态循环流量的选取非常重要，不仅要根据它来选取输送管路的管径，也关乎涂料流速、压损、枪站压力平衡等诸多问题，我们会在管线设计中详细讨论。

静态循环流量可以人为选定。如果设置过大，或直接采用作业流量，就失去了它的本来意义，但也不可过小，那可能会造成喷具启闭时系统响应波动大。静态循环流量选取的基本原则是：

它在作业流量和休眠流量之间的窗口区间内，在系统数目不多、无须过多考虑能源消耗问题时，可选取靠近作业流量。但对于颜色很多的色漆漆种，由于同一时间只能有一种颜色系统被选中作业，其他系统都处于静态循环待选状态。过高的循环流量会带来无效的能源损耗和设备磨损，要合适、偏低选择。

油漆涂料有不沉淀流速区间，静态循环流量可在区间中部选取，以便对上（作业流速）对下（休眠流速）都留有余地。

综上，一般情况下系统静态流量可按作业流量 80%～90%选取；如果涂料黏度较高，也可按作业流量选取。为了计算方便，我们也可以直接按标准流量 80%选取。

休眠流量指空班（例如两班作业的第三班）时或不常用的备选颜色系统可以采用的最低循环流量。它小于系统静态循环流量，通常可按涂料最低不沉淀流速计算选取。

如果一些涂料的特性允许较长时间不用时可以间歇搅拌、循环，还可以采用假日模式。此时系统仍采用休眠模式流量，但改为间歇搅拌和循环状态。间歇、循环周期可按涂料商提供的数据。

6.2.2.2 系统流量的计算

下面以一个常见的油漆喷涂系统为例，说明系统设计过程。

【例 6-1】某乘用车油漆喷涂系统采用 B1B2 工艺，有 B1、B2、CC 三个漆种，水性漆、溶剂漆两个喷室，采用机器人喷涂、手工修补；涂料供给采用两线制循环到枪。色漆喷室配备小系统 2 套；硬管连至各枪站。

喷涂车型、产能、工位配置、涂料参数如下。

外形尺寸：$L \times W \times H$ = 4800×2000×1700（mm）。

喷涂面积：外表面 $13m^2$；内表面 $7m^2$。

膜厚：B1 = $35\mu m$，B2 = $22\mu m$，CC = $40\mu m$。

生产节拍：双班 15 万辆，每班 10h，年工作日 250 天，即 600 辆/日或 30JPH（辆每小时）；节拍式作业，喷涂作业节拍为 1.5min。

供漆模式：集中供漆、两线循环到枪模式、连续供漆。

作业方式：机器人自动喷涂（作业覆盖率 100%），手工修补。

涂料供给系统数：B1×3，B2×12，CC×2，水性溶剂×1，有机溶剂×1，固化剂×1，小系统×2。

工位配置：B1 机器人 1 工作站 4 台，外喷 1 遍，无手补。

　　　　　B2 机器人 4 工作站 10 台，内外喷各 2 遍，手补工位 2 个。

　　　　　CC 机器人 4 工作站 8 台，内外喷各两遍，手补工位 2 个。

涂料参数：B1 为水性涂料，工艺黏度为 1.6POIS，固体分为 50%。

　　　　　B2 为水性涂料，工艺黏度为 1.6POIS，固体分为 30%。

　　　　　CC 为溶剂型双组分涂料，清漆/固化剂体积配比为 10：3，其中清漆工艺黏度为 0.8，固体分为 50%；固化剂工艺黏度为 1.8，固体分为 80%。

流速要求：水性涂料 0.15～0.3m/s，溶剂型涂料 0.3～0.4m/s。

作业参数：机器人旋杯标准入口压力为 6～9bar，标准流量 0.65L/min，涂料传输效率为 70%，其他损耗为 15%，同步率为 90%。手补位流量参照机器人。

【例 6-2】计算【例 6-1】系统工艺流量。

我们设一个工件周期内喷具平均打开时间为 t（min），干膜厚度为 τ（μm），喷涂面积为 A（m^2），涂料固体分为 ρ（%），喷具总效率（含清洗损耗）为 δ（%），此例设为 70%；其他损耗（换色、修补等）系数为 k（%），设为 15%；工艺流量为 Q（mL/min），计算各漆种工艺流量（修补工位不计）。

系统工艺流量 Q 按下式计算：

第6章 油漆喷涂系统的设计和集成

$$Q = A\tau/[\rho\delta(1-k)t] \quad (6\text{-}1)$$

如果按上述单位选取，则流量单位为 L/min。

将【例 6-1】中 B1 数据（$\tau = 35\mu m$，$\rho = 50\%$）代入上式，得工艺流量为

$$Q = 13\times35/0.5/0.7/(1-0.15)/1.5 = 1020(\text{mL/min}) = 1(\text{L/min})$$

同理，将各系统参数代入式（6-1），双组分材料流量要乘以配比，得到的工艺流量见表 6-1。

表 6-1 涂料工艺流量

漆种	喷涂部位	喷涂遍数	喷涂面积 A/m^2	干膜厚度 $\tau/\mu m$	固体分 $\rho/\%$	喷具涂料传输效率 $\delta/\%$	其他损耗 $k/\%$	作业时间 $t/\min$	涂料工艺流量 $Q/(L/\min)$
中涂 B1	外喷	一遍	13	35	0.50	0.70	0.15	1.5	1
色漆 B2	内外喷	两遍	20	22	0.30	0.70	0.15	1.5	1.64
清漆 CC（配比 10/13）	内外喷	两遍	20	40	0.50	0.70	0.15	1.5	1.38
固化剂（配比 3/13）	内外喷	两遍	(20)	(40)	0.80	0.70	0.15	1.5	0.26
总计									4.28

【例 6-3】计算各种系统流量。

计算： 系统标准流量即各出口标准流量之和，所以它也是系统最大流量。系统作业流量应为标准流量乘以喷具同步率。静态循环流量可按标准流量 80% 选取，休眠流量按静态循环流量 85% 选取，但都要不低于涂料最低不沉淀流速。

设机器人出口标准流量为 0.65L/min，同步率为 90%。手动出口标准流量也照此计算，则各漆种系统流量如表 6-2 所示。

表 6-2 系统涂料流量

系统	出口总数	标准出口流量/(L/min)	同步率	系统标准出口流量/(L/min)	系统作业流量/(L/min)	系统静态循环流量	系统休眠流量
B1 自动	4	0.65	0.90	2.6	2.4	2.1	1.8
B2 自动+手补	10+2	0.65	0.90	7.8	7	6.2	5.3
CC 自动+手补	8+2	0.65×10/13	0.90	5	4.5	4.1	3.5
固化剂	(10)	0.65×3/13	0.90	1.5	1.4	1.2	1.1

从表 6-2 中我们可以看出，由于出口的硬件和流量都已按照最大需求流量标准化，使得系统的作业流量远高于工艺流量，特别是色漆系统，它的漆膜最薄、工艺流量需求最少，而配置的机器人多，供需流量差别最大，有 4 倍之多。此问

题在走珠定量供漆模式中可以彻底解决。此外固化剂系统流量最小，可单独设计小流量系统。

【例 6-4】如果上例采用定量缸节拍式填漆，计算系统填充流量。

若 B2 系统配置 10 台机器人，每台配备一支定量缸，填充量为 0.65L，在换车占空节拍一次、同时填充，填充时间为 10s，求涂料填充流量。非常容易直接得出结果，见表 6-3。

表 6-3 系统涂料填充流量

系统	自动出口数	出口填充流量/(L/min)	填充时间/s	系统填充流量/(L/min)
中涂 B1	4	0.65	10	15.6
色漆 B2	10	0.65	10	39
罩光漆 CC	8	0.65×10/13	10	24
固化剂	（8）	0.65×3/13	10	7.2

我们可以看出填充时系统峰值流量很大，为均匀供漆的 5～6 倍。如果可以分两批错峰填料，则可以减半。

6.2.3 油漆输送管路的设计

涂料输送管线设计是油漆供给系统设计的重要内容。它的任务和要求如下：

① 要保证各枪站出口获得足够的涂料流量；机器人旋杯通常要求 600～800mL/min。

② 要保证枪站出口有符合规范的工作压力；机器人旋杯通常要求 6～9bar。

③ 由于各漆种都由多台机器人同时作业，各站压力流量要尽量均衡一致，压差通常不大于 2～3bar。

④ 要保证涂料流速在涂料特性要求区间，以防止沉淀或过剪切。

⑤ 管路各段压力损失在合理范围之内，不使主泵压力过高。

⑥ 管线的布局、排布要合理，与周边系统无干涉，安装可靠。

⑦ 所选管路的材质、壁厚、连接方式和连接工艺、酸洗钝化处理工艺、耐压等要符合相关国家标准和行业要求。

6.2.3.1 油漆输送管线的结构

如前所述，油漆供给系统都采用两线循环到枪模式。两线循环管线的供管始于调漆间涂料供给单元出口，终于喷室末端枪站，在每个站位处分出支管连接至枪站出口，再由软管连接至喷具。回流管路与供给管路结构对称、方向相反，由喷具、软管、枪站、回流支管、回流主管流回调漆间涂料循环桶。供回两条管线是盲端、独立的,它们并不直接联通,而是由各个枪站的供回支管、软管、喷具三通构成通路。所以,两线系统是由供、回管路以及并联接挂的多条喷具支路组成的涂料流通网络。这很像电路在相、地两线之间并联了许多电器,即有源二端网络。

两线制管路由供回两路主管、枝管、区段管、支管组成。主管连接调漆间至喷室;枝管是主管分出的支路,通常在喷室两侧各一分支;每两个枪站之间的枝管称为区段管,它是枝管的延续。各区段管之间安装三通,中出口接支管连至枪站。所有各段管路的管径均不可随意选取,它们相互关联,都要考虑流量、流速、压损以及各区段的匹配平衡。

两线制供漆的结构要点有三个:一是要对称分支,即在喷室两侧分成对称分支结构,以便镜像分布的机器人对取得参数对称的涂料供给,便于它们使用相同的镜像软件作业,也使各枪站涂料参数差异减小;二是每两个枪站之间的区段管要根据流量变径,以保证各区段涂料有相同的流速;三是枝管路的涂料流向是先供先回。

6.2.3.2 两线系统的分支

一条涂料供给系统总是对多个枪站同时供料。由于涂料在管路流动时会产生压损,供管的压力会有梯度降落,即首站压力最高,尾站最低。管路如果接成单循环方式绕喷室一周,则首尾两站压差最大,而它们恰是镜像对称的一对机器人,不符合涂料参数位置对称要求。所以除非黏度很低、压损很小、站数较少(例如4个以下)的系统,各站压差不大时可以采用单循环结构外,其余系统都要用分支结构。这里我们将主管的分支称为枝管;将连接每个枪站的管路叫作支管。

对于单喷室系统,主管路只要在喷室两侧各分一枝即可,这样可以保持两侧很好的压力、流量对称性,也方便每对机器人的镜像编程。如果两侧枪站数目相同,两根枝管要采用相同的直径,截面积为主管的 1/2,否则要按各支路枪站数目比(流量比)确定枝管管径。但两枝管截面积之和应与主管截面积相同。

如果喷室较长、每侧枪站数目较多,在涂料黏度较高时首尾压差过大,可以考虑供回主管送至喷室中部,再向两侧、每侧向两端再分支形成 4 个支路。这样一个喷室各站压差可以减半。

对两个或多个喷室同时供给涂料的大系统,需要采用多分支结构。注意在分支时要计算每条支路承载枪站数和流量,在设计管径时使各枝管截面积与流量成正比,总截面积等于主管。

6.2.3.3 区段管的变径

枝管每两个枪站之间的部分称为区段管,它们要逐段变径。这是由于它们承载的涂料流量各不相同，供管每经一个枪站后流量逐次减少，回管流量则逐次增多。为了维持相同的涂料流速，只能改变管径。这对低黏度易沉淀油漆尤为重要。

对于区段供管来说，末段只承载一个枪站流量。如果以此流量对应的截面积（由流速算出）作为一个当量，沿涂料流向反推，第二、第三个区段管径截面积就应是两个、三个当量，以此类推。回管与供管是对称的，只是起点会有首站或尾站的不同。

管路的变径是通过变径三通实现的。变径三通的首尾两端口连接不同管径的区段管；中口连接支管，它的变径要平滑过渡。

6.2.3.4 先供先回和后供先回

前述两线制循环供漆管路的供、回管路是各自独立的盲端式，它们之间的连接通道是各枪站供回支路。

供管在喷室的始端是首端枪站；尾端是末端枪站。那么回管呢？显然有两种选择，一种是始于首端枪站，一种是始于末端枪站。前者称为先供先回模式，后者称为先供后回模式，见图6-7。从流体力学角度看，前者各支路压差相同、流量相等，是流量均衡模式。但各支路中点（喷具）压力呈现梯度降落，后者各支路压差不等、流量不等、呈梯度降落，但位于管路中点的喷具压力相同，是压力均衡模式。

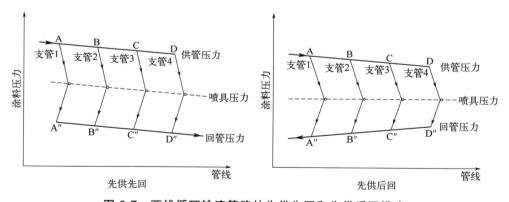

图6-7 两线循环输漆管路的先供先回和先供后回模式

供漆系统的首要目标是满足各枪站对涂料流量的需求。先供先回模式是流量平衡模式，各站流量基本相同，所以两线制系统都要尽量采用先供先回模式。此模式的问题是各站存在压差，这要依靠多分支办法解决，使每分支枪站数目不过多。通过个别支路的管路和元件调整，也可在一定范围内减小压差，使其在允许范围内。先供后回模式特点是各站压力平衡，但首站供管压力最高、回管压力最低、压差最大，从而支路流量最大，尾站压差、流量最小。它只适于涂料黏度低、站位少、流量小或对出口流量一致性要求不严的系统。在施工上，它可减少一折回流主管。

6.2.3.5 油漆系统管径的选取和管路压损计算

涂料输送管路模式、结构确定后，要满足系统的涂料压力、流量、流速、压损等参数要求，就仅能靠选取管径解决。但是这些参数是互相关联的，往往还是互相矛盾制约的。例如管径选粗些，压损小、有利于枪站得到足够的流量，但会使涂料流速降低发生沉淀；管径过细则流速过高、压损增大，使系统（主泵）压力过高。所以设计时要综合考虑，在数者之间寻求平衡。一般来说，低黏度涂料易沉淀，要重点考虑流速；黏度较高不易沉淀涂料，应主要考虑压损。对于油漆系统，为保证涂料全成分输送，我们首先的关注点是流速，要按照涂料厂家给定的流速范围和输送黏度选择管径，这一点必须在设计前仔细确认，因为管径与流速、黏度具有对应确定性，已安装的管路不可能适应很大范围的黏度和流速变动。

管路设计流程是逐段初选管径，经过压损流速计算、复核调整后规格化，再经过压力平衡和系统仿真后确定。涂料生产厂家都会给出涂料黏度和流速适应范围，注意应采用给定流速（剪切率）下的表观黏度。常见的有机溶剂漆黏度约为 0.9～1.2POIS，流速范围约为 0.3～0.5m/s；水性漆黏度约为 1.2～2POIS，流速范围约为 0.15～0.3m/s。在管径选取中我们依据静态流量计算，以动态流量复核。流速通常以涂料商给出的区段中心值计算。我们知道流量除以流速就是管路截面积（$A = Q/u$ 或 $\frac{1}{4}\pi d^2 = Q/u$），从而可以方便算出管径（以下所说管径均指内径）：

$$d = \left(\frac{4Q}{\pi u}\right)^{\frac{1}{2}}$$

式中，Q 为流量；u 为涂料流速；d 为管路内径。

如果 Q 的单位采用 L/min，u 采用 m/s，d 采用 mm，则可采用如下简化公式估算管径（推导从略）：

$$d = \left(\frac{21Q}{u}\right)^{\frac{1}{2}} \tag{6-2}$$

计算管路压力损失要知道涂料输送黏度、流量、流速要求和管路长度，其中流速和准确的输送黏度最为重要。我们知道油漆的表观黏度值会随剪切速率和温度的不同而不同，而剪切速率和油漆在管路中的流速相关。所以涂料黏度要认真确认，最好经过实测。由于油漆管路的设计采用等流速原则，可以认为各区段流动的油漆表观黏度是等值的。如果取得给定流速下的表观黏度，可以用压损公式直接计算，我们在实践中也基本认可低黏度涂料的公式计算准确度。

注意以上设计中我们并未涉及软管，我们只是将它的压损包含在枪站所需工作压力之中。如果需要计算,不能使用硬管计算时采用的黏度值,因为手工位和机器人工位通常会配用较细的软管,这样在枪站出口支管连接软管处就需要变径。软管和支管的涂料流量相同、压力没有突变,所以软管的流速、剪切速率必然大幅增加,表观黏度会大幅下降,所以不能采用硬管的黏度计算。如果需要计算,计算前必须用转子黏度计按照软管的剪切速率实测表观黏度值。软管的压损计算是较为复杂而不必要的,因为它易于更换。在设计中可以采用实际测量或经验数据估算。有些移动机器人采用较长软管,注意选管不要过细。

【例 6-5】管径计算。

按【例 6-1】中 B2 表观黏度为 1.6POIS,静态流速选取 0.2m/s(涂料流速范围 0.15~0.3m/s),系统采用两线制先供先回循环到枪模式,共 10 台机器人、2 个修补站,沿喷室两侧分支对称排列,每侧连接 6 个。主管长度为 60m,枝管长度为 10m,区段管长度(枪站距离)和支管长度均为 6m,见图 6-3。各站的静态流量均按 0.6L/min 计算,求各段管径(内径)并计算压损。

第一步,初选支管、区段管、枝管、主管管径。

注意各区段流速相同。从系统右侧末端算起,各区段管编号为 D_1、D_2、D_n,流量以静态流量 0.6L/min 为阶梯递增。将流量、流速代入式(6-2),可得各区段管管径:

$$D_1 = (21 \times 0.6 \div 0.2)^{\frac{1}{2}} = 8 \text{(mm)}$$

$$D_2 = (21 \times 1.2 \div 0.2)^{\frac{1}{2}} = 11.2 \text{(mm)}$$

同样计算,可得:

$D_3 \sim D_6$ 管径分别为 13.7mm、15.9mm、17.8mm、19.4mm,主管径为 27.5mm。

D_6 是首站前段管径,即枝管管径,它承载 6 个枪站流量;D_1 是末站前段管径,只承载一个枪站流量,其管径即为各支路支管管径。

由此,可得支管、枝管和主管管径 D_b、D_t、D_m:

$$D_b = D_1 = 8 \text{mm}$$
$$D_t = D_6 = 19.4 \text{mm}$$
$$D_m = 27.5 \text{mm}$$

第二步,计算各区段部分压力损失。

管路长度可以根据设计三维图计算。但要注意计算中不能仅用物理长度,还要考虑各段管路中含有的折弯、变径、分支、管件等节点,它们的压损会大于同长度直通管路。但这些特征点形状规格不同,压损难以精确计算,通常我们可以按照等效长度估算。这样,一段管路的等效长度应为其物理长度加上各特征点等效长度。常用的节点、元件等效长度如表 6-4。

表 6-4 管路弯曲、管路元件等效长度（ft）

标称管径/in	内径/in	闸阀	截止阀	角座阀	45°弯头	90°弯头	180°弯头	三通	变径三通
1/2	0.622	0.41	18.5	9.4	0.78	1.67	3.71	0.93	3.33
3/4	0.824	0.54	24.5	12.3	1.03	2.21	4.9	1.23	4.41
1.0	1.049	0.69	31.2	15.6	1.31	2.81	6.25	1.56	5.62
$1\frac{1}{4}$	1.380	0.90	41	20.5	1.73	3.7	8.22	2.06	7.4
$1\frac{1}{2}$	1.610	1.05	48	24	2.15	4.31	9.59	2.4	8.63
2.0	2.067	1.35	61.5	30.8	2.59	5.55	12.3	3.08	11.6
$2\frac{1}{2}$	2.469	1.62	73.5	36.8	3.09	6.61	14.7	3.68	13.2
3.0	3.068	2.01	91.5	45.8	3.84	8.23	18.2	4.57	16.4
4.0	4.026	2.64	120	60	5.03	10.8	23.9	6	21.6

注：1in = 2.54cm；1ft = 3.048×10⁻¹m。

本例中假设主管、枝管、区段管、支管的等效长度分别为 65m、12m、7m、7m。各项参数明确后，我们使用式（2-3a）$\Delta p = 680 \times \dfrac{\eta l Q}{d^4}$ 计算压损。

计算各区段管压损为：

$$\Delta p_1 = \Delta p_b = 680 \times 1.6 \times 7 \times 0.6/8^4 = 1.12\text{(bar)}$$
$$\Delta p_2 = 680 \times 1.6 \times 1.2 \times 7/11.2^4 = 0.58\text{(bar)}$$

同样计算可得：

$\Delta p_3 = 0.39\text{bar}$，$\Delta p_4 = 0.29\text{bar}$，$\Delta p_5 = 0.23\text{bar}$，$\Delta p_6 = 0.19\text{bar}$，$\Delta p_t = 0.33\text{bar}$，$\Delta p_m = 0.89\text{bar}$。

第三步，分析调整。

从以上数据可以看出，随着管径加粗，区段管压损急剧减少，但支管和末站压损太大。末站仅区段管和支管压损之和即为 2.24bar，而且枪站到机器人还有更长的软管，这么大的压损是不可接受的。

根据涂料厂家给出的数据，通常支管流速可以减半，这是由于支管较细较短、在末端，沉淀现象影响不大。这样支管和末端区段管可以选取大一档管径，即尾端第二区段管径为 11.2mm。

第四步，根据调整的管径规格复核压损、流速，制成表 6-5。表中累计压损指末端枪站至主管入口方向的累计值。

第五步，分析评估。

每侧 6 个枪站，首站和尾站压差为 2.26-0.29 = 1.97(bar)，在允许范围之内（通常要求首位站压差在 2～3bar 内）。

主管始端至枪站全部管路压损为 3.48bar，在合理范围内（通常为 3～5bar），流量、流速满足要求，可以使用。

表 6-5 B2 系统管路分段压损

管路	区段号	内径/mm	物理长度/m	等效长度/m	流量/(L/min)	流速/(m/s)	压损/bar	累计压损/bar
支管	D_b	11.2	6	7	0.2	0.1	0.29	0.29
区段管	D_1	11.2	6	7	0.2	0.1	0.29	0.58
区段管	D_2	11.2	6	7	1.2	0.2	0.58	1.16
区段管	D_3	13.7	6	7	1.8	0.2	0.39	1.55
区段管	D_4	15.9	6	7	2.4	0.2	0.29	1.84
区段管	D_5	17.8	6	7	3	0.2	0.23	2.07
区段管	D_6	19.4	6	7	3.6	0.2	0.19	2.26
枝管	$D_t = D_6$	19.4	10	12	4.2	0.2	0.33	2.59
主管	D_m	27.5	60	65	8.4	0.2	0.89	3.48

第六步，规格化管材。

将以上管路内径选择壁厚、规格化为系列值（略）。

6.2.3.6 系统压力平衡表和系统仿真

上述涂料压损表仅能反映出管路各段压力损失，而更全面反映流体系统各节点压力、流量、流速等状态参数的是压力平衡表。

多分支、多枪站的油漆供给管路系统呈现网络结构，各支路、各枪站的流量分配和节点压力互相牵扯，调整改动任何一点都会引起所有支路流量和节点压力的重新分配。这就要求设计一张以管路、节点为物理结构，以涂料流量为自变量、流速为参考量、系统压力为函数的二维表，来计算、分析和校正设计。这张二维表称为压力平衡表。

系统仿真表是一个建立在压力平衡表基础上的应用软件，如表 6-6。它给出了某一状态下涂料供给系统所有关键节点，如主泵、管中管、管路、枪站、喷具、背压阀等处的压力、所有区段管路的流量、流速和压力损失。所以在给定系统物理结构和流体参数后，它可以对系统流体状态进行静态或动态仿真。如果某局部流体参数不理想，仿真表会给出差值和调整数据建议，进行调整后仿真软件会即时给出全系统流体参数的重新分配值以及系统误差。所以它可以对设计出的管路系统进行综合评估，从而对设计进行优化。设计师经过数次修正调整后将误差值降到允许范围，达到整体平衡。经过以上仿真后的管路物理结构可以最终确定，付诸实施。

系统管路物理结构确认后，压力平衡表也会给出油漆供给系统的最高压力，即主泵工作压力。它是供给主管入口压力加管中管压损加流体处理模组压损之和。其中管中管压损较大，约为 1~2bar。这是由于管中管涂料流道为环形截面，有三折（180°折弯）和变径结构，它们的流阻、压损都很大。流体处理模组的过滤器也常有漆渣积存，使压损增加，约为 0.5~1bar。所以，主泵工作压力通常比供管入口高出 3~4bar。

若以上例色漆系统计算，从压力计算表可知从末端枪站到主管入口压损为 3.4bar；若设枪站出口压力为 8bar，管路累计压损为 3.5bar，管中管、流体处理模组压损为 3.5bar，则主泵工作压力应不低于 8+3.5+3.5 = 15(bar)。

实用的压力平衡表为各公司开发的专利软件。一种压力平衡表外观局部如表 6-6（软件截屏）。

表 6-6　压力平衡表（局部）

系统参数						手动竖管		自动竖管		自动软管		自动供给软管		自动回流软管		枪站平均流		枪站平均流		站间最大压差	线间压差	中间站压力	泵模组压力	主泵压力	主泵流量
黏度	预设流量手动	预设流量自动	总站数	枪站数	泵组压降	背压	内径	长度	内径	长度	内径	长度	内径	长度	内径	长度	手动	自动	手动	自动						
POIS	GPM	GPM	set	set	bar	bar	IN	M	IN	M	IN	M	IN	M	IN	M	bar	bar	GPM	GPM	bar	bar	bar	bar	bar	GPM
0.4	0.22	0.25	24	8	0.6	3	0.32	5	0.32	5	0.25	7.5	0.25	8	0.25	8	######	######	######	######	1.7626	3.1388	7.1254	8.7016	9.3016	5.75

主管	管径	厚度	内径	面积	De4	Q	预设流量	修正流量	流速	供管长度	回管长度	管甲附加等效	管乙附加等效	三通附加等效	供管压损	回管压损	枪站数	手动站平均流量	自动站平均流量	自动站平均流速	区管平均流速	端段压差	线间压差
	mm	mm	mm	cmE2	inE4	GPM	GPM	GPM	M/m	M	M				bar	bar	Set	bar	bar	M/m	M/m	bar	bar
系列	38	1.8	34.4	9.2894	3.3643	23.223	5.76	5.75	22.903	120	60	10	10	30	1	0.694	0.3036						
取用	38	1.8	34.4	9.2894	3.3643	23.223	5.76	5.75	22.903	120	60	10	10	30	1	0.694	0.3036						
左分管	38	1.8	34.4	9.2894	3.5849	23.223	5.76	5.75	22.903						0	0	24	8	6.9947	7.1907	0.2188	0.25	21.344	1.7626	3.1388
右分管	#N/A	#N/A	#N/A	#N/A	#N/A	#N/A	#N/A	#N/A	#N/A						#N/A	#N/A		#N/A	#N/A	######	######	######	######	######	######
注释		必填项			可改项			结果项																0.0025

枪站号	手动=1自动=2	预设流量	修正流量	区段长度	区段管径	壁厚	内径	面积	De4	Q	&De4	流量	流速	本段供流压损	区段回流压损	本段供管压损	区段供管压损	供给软管压损	回流软管压损	竖管压损	枪站压力	$\Sigma\Delta P$	Δ	u	线间压差
No		GPM	GPM	M	mm	mm	mm	cmE2	inE4	GPM	inE4	GPM	M/m	bar	bar	bar	bar	bar	bar	bar	bar	bar	psi	GPM	bar
左																										
1	1	0.22	0.21	6	10	1	8	0.5024	0.0098	1.256	3.3643	0.21	15.466	0.3249	1.8746	0.0251	0	1.0232	1.0232	0.3049	8.0296	7.0064	9.0285	6.4417	0.2024	2.6563
2	1	0.22	0.22	6	12	1	10	0.785	0.024	1.9625	3.3643	0.43	20.268	0.2725	1.5497	0.0241	0.0251	1.0719	1.0719	0.3195	7.8166	6.7447	8.8551	2.1799	0.2162	2.7828
3	1	0.22	0.22	6	14	1	12	1.1304	0.0498	2.826	2.5192	0.65	21.276	0.1987	1.2771	0.0308	0.0492	1.0719	1.0719	0.3195	7.5441	6.4722	8.6067	-1.348	0.2224	2.7828
4	1	0.22	0.22	6	16	1	14	1.5386	0.0923	3.8465	2.5192	0.87	22.922	0.1451	1.0505	0.028	0.0295	1.0719	1.0719	0.3195	7.4388	6.4388	8.4388	-3.731	0.2269	2.7828
5	2	0.25	0.25	6	18	1.3	15.4	1.8617	0.1351	4.6543	2.5192	1.06	21.0212	0.1262	0.9349	0.028	0.1095	1.2993	1.2993	0.363	7.7002	6.4009	8.6667	3.3442	0.2453	3.3247
6	2	0.25	0.25	6	20	1.3	17.4	2.3767	0.2202	5.9417	2.5192	1.37	21.328	0.0911	0.7076	0.0285	0.0725	1.2993	1.2993	0.363	7.574	6.2747	8.9495	0.2481	0.3247	3.3247
7	2	0.25	0.25	6	22	1.3	19.4	2.9544	0.3403	7.3861	1.6992	1.62	20.288	0.0735	0.714	0.037	0.1639	1.2993	1.2993	0.363	7.4068	6.1075	6.6647	-0.523	0.2511	3.3247
8	2	0.25	0.25	6	22	1.3	19.4	2.9544	0.3403	7.3861	1.6992	1.87	23.419	0.0837	0.6415	0.0349	0.2009	1.2993	1.2993	0.363	7.3764	6.0771	8.6158	-1.218	0.2525	3.3247
9	2	0.25	0.25	6	25	1.3	22.4	3.9388	0.6049	9.847	1.2768	2.12	19.915	0.0554	0.5979	0.0433	0.2371	1.2993	1.2993	0.363	7.3232	6.0238	8.6158	-1.218	0.2525	3.3247
10	2	0.25	0.25	6	25	1.3	22.4	3.9388	0.6049	9.847	1.2768	2.37	22.128	0.0597	0.5045	0.0403	0.2759	1.2993	1.2993	0.363	7.2698	5.9705	6.6058	-1.361	0.2536	3.3247
11	2	0.25	0.25	6	28	1.5	25	4.9063	0.9385	12.266	1.2768	2.62	20.674	0.0478	0.4448	0.0373	0.3193	1.2993	1.2993	0.363	7.2101	5.9108	8.5864	-1.612	0.2534	3.3247
12	2	0.25	0.25	6	28	1.5	25	4.9063	0.9385	12.266	0.9385	2.87	21.644	0.0466	0.4023	0.0467	0.3566	1.7676	1.7676	0.363	7.1676	5.8683	8.5812	-1.709	0.2533	3.3247
13	2	0.25	0.25	6	30	1.5	27	5.7227	1.2768	14.307	0.9385	3.12	20.073	0.0358	0.3558	0.0427	0.4034	1.2993	1.2993	0.363	7.1178	5.8186	5.8217	-1.707	0.2533	3.3247
14	2	0.25	0.25	6	30	1.5	27	5.7227	1.2768	14.307	0.6049	3.37	21.216	0.0402	0.3186	0.0599	0.446	1.7676	1.7676	0.363	7.0838	5.7845	8.5869	-1.707	0.2533	3.3247
15	2	0.25	0.25	6	30	1.5	27	5.7227	1.2768	14.307	0.6049	3.62	22.773	0.0412	0.278	0.0536	0.5094	1.2993	1.2993	0.363	7.0476	5.7483	8.0435	5.7484	0.4037	3.3247
16	2	0.25	0.25	6	32	1.5	29	6.6019	1.6992	16.505	0.3403	3.87	21.689	0.0347	0.2352	0.0841	0.5596	1.2993	1.2993	0.363	7.0005	5.7012	8.617	-1.201	0.2535	3.3247
17	2	0.25	0.25	6	32	1.5	29	6.6019	1.6992	16.505	0.3403	4.12	23.09	0.0369	0.2065	0.0729	0.6437	1.2993	1.2993	0.363	6.9765	5.6772	8.6665	-0.499	0.251	3.3247
18	2	0.25	0.25	6	35	1.5	32	8.0384	2.5192	20.096	0.2202	4.37	20.115	0.0264	0.1636	0.0954	0.7166	1.7166	1.2993	0.363	6.9289	5.6296	8.7025	0.0124	0.2517	3.3247
19	2	0.25	0.25	6	35	1.5	32	8.0384	2.5192	20.096	0.1351	4.62	21.264	0.0294	0.1372	0.1273	0.9432	1.2993	1.2993	0.363	5.6031	8.7715	0.9923	0.248	3.3247
20	2	0.25	0.25	6	35	1.5	32	8.0384	2.5192	20.096	0.0923	4.87	22.416	0.0294	0.1452	0.9394	1.2993	0.363	6.8745	5.5752	8.8709	2.4038	0.2452	3.3247

枪站号	手动=1自动=2	预设流量	修正流量	区段长度	区段管径	壁厚	内径	面积	De4	Q	&De4	流量	流速	本段供流压损	区段回流压损	本段供管压损	区段供管压损	供给软管压损	回流软管压损	竖管压损	枪站压力	$\Sigma\Delta P$	Δ	u	线间压差
No		GPM	GPM	M	mm	mm	mm	cmE2	inE4	GPM	inE4	GPM	M/m	bar	bar	bar	bar	bar	bar	bar	bar	bar	psi	GPM	bar
右																										
1	1	0.22	0.1892	6	10	1	8	0.5024	0.0098	1.256	#N/A	0.1892	13.932	0.2927			0	0.9217	0.9217	0.2747	#N/A	#N/A	#N/A	#N/A	#N/A	2.3929
2	1	0.22	0.1924	6	12	1	10	0.785	0.024	1.9625		0.3816	17.984	0.2418	-0.293			0.9374	0.9374	0.2794	#N/A	#N/A	#N/A	#N/A	#N/A	2.4335
3	2	0.25	0.25	6	14	1	12	1.1304	0.0498	2.826		0.6316	20.672	0.193	-0.535			1.2993	1.2993	0.363	#N/A	#N/A	#N/A	#N/A	#N/A	3.3247
4	2	0.25	0.22	6	16	1	14	1.5386	0.0923	3.8465		0.8516	21.199	0.1457	-0.728			1.0719	1.0719	0.3195	#N/A	#N/A	#N/A	#N/A	#N/A	2.7828
5	2	0.25	0.22	6	18	1.3	15.4	1.8617	0.1351	4.6543		1.1016	21.893	0.1241	-0.873			1.0719	1.0719	0.3195	#N/A	#N/A	#N/A	#N/A	#N/A	2.7828
6	2	0.25	0.22	6	20	1.3	17.4	2.3767	0.2202	5.9417		1.3216	19.916	0.0767	-0.997			1.0719	1.0719	0.3195	#N/A	#N/A	#N/A	#N/A	#N/A	2.7828
7	2	0.25	0.27	6	22	1.3	19.4	2.9544	0.3403	7.3861		1.5916	19.932	0.0712	-1.068			1.4033	1.4033	0.3921	#N/A	#N/A	#N/A	#N/A	#N/A	3.5907
8	2	0.25	0.28	6	22	1.3	19.4	2.9544	0.3403	7.3861		1.8716	23.439	0.0937	-1.16			1.4552	1.4552	0.4066	#N/A	#N/A	#N/A	#N/A	#N/A	3.7237
9	2	0.25	0.28	6	25	1.3	22.4	3.9388	0.6049	9.847		2.1516	20.21	0.0617	-1.243			1.4552	1.4552	0.4066	#N/A	#N/A	#N/A	#N/A	#N/A	3.7237
10	2	0.25	0.28	6	25	1.3	22.4	3.9388	0.6049	9.847		2.4116	22.653	0.0607	-1.298			1.3513	1.3513	0.3775	#N/A	#N/A	#N/A	#N/A	#N/A	3.4577
11	2	0.25	0.25	6	28	1.5	25	4.9063	0.9385	12.266		2.6616	20.67	0.0448	-1.358			1.0374	1.0374	0.2904	#N/A	#N/A	#N/A	#N/A	#N/A	2.6563
12	2	0.25	0.25	6	28	1.5	25	4.9063	0.9385	12.266		2.9116	21.278	0.0458	-1.401			0.9745	0.9745	0.2904	#N/A	#N/A	#N/A	#N/A	#N/A	2.5298
13	2	0.25	0.19	6	30	1.5	27	5.7227	1.2768	14.307		3.0116	19.471	0.0358	-1.443			0.9258	0.9258	0.2759	#N/A	#N/A	#N/A	#N/A	#N/A	2.4033
14	2	0.25	0.19	6	30	1.5	27	5.7227	1.3605	14.307		3.2016	20.7	0.0358	-1.483			0.9258	0.9258	0.2759	#N/A	#N/A	#N/A	#N/A	#N/A	2.4033
15	2	0.22	0.15	6	30	1.5	27	5.7227	1.2916	21.67		0.41	-1.518			0.7309	0.7309	0.2176	#N/A	#N/A	#N/A	#N/A	#N/A	1.8974
16	2	0.22	0.22	6	32	1.5	29	6.6019	1.6992	16.505		3.5716	20.047	0.032	-1.558			1.0719	1.0719	0.3195	#N/A	#N/A	#N/A	#N/A	#N/A	2.7828
17	2	0.22	0.22	6	32	1.5	29	6.6019	1.6992	16.505		3.7916	21.25	0.0174	-1.593			1.0719	1.0719	0.3195	#N/A	#N/A	#N/A	#N/A	#N/A	2.7828
18	2	0.22	0.22	6	35	1.5	32	8.0384	2.5192	20.096		4.0116	18.465	0.0242	-1.624			1.0719	1.0719	0.3195	#N/A	#N/A	#N/A	#N/A	#N/A	2.7828
19	2	0.22	0.22	6	35	1.5	32	8.0384	2.5192	20.096		4.2316	19.477	0.0256	-1.649			1.0719	1.0719	0.3195	#N/A	#N/A	#N/A	#N/A	#N/A	2.7828
20	2	0.22	0.22	6	35	1.5	32	8.0384	2.5192	20.096		4.4516	20.49	0.0269	-1.674			1.0719	1.0719	0.3195	#N/A	#N/A	#N/A	#N/A	#N/A	2.7828

注意此平衡表的计算基础是压损计算公式。实践证明它在低黏度涂料的计算中是较为准确的，可以满足工程设计要求。但用在计算高黏度涂料时误差较大，需要修正。

6.3 油漆供给单元的集成

油漆供给单元由主泵、桶模组、流体模组（过滤器模组）三部分组成，见图6-8。这里所说的模组（module），指装配好的一个可独立安装的设备或单元组合。这会使线体结构更为整齐简洁明了，安装、使用和维护管理更为方便。

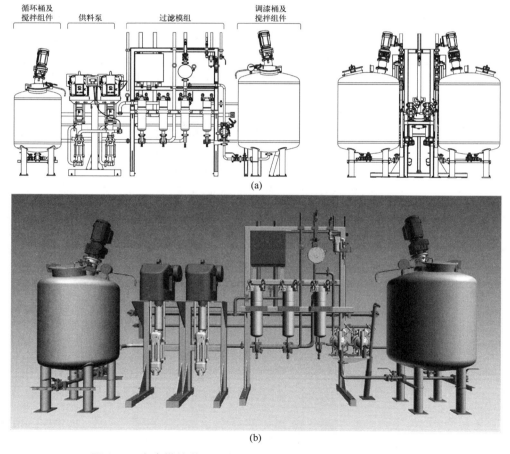

图6-8 油漆供给单元结构（a）和油漆供给单元外观（b）

6.3.1 主泵模组

供漆主泵是涂料供给系统的心脏。它要长时间连续不停运行，在选型时要留有充分裕量。主泵是通用机具，要根据流体类别、参数选型。选型考虑，一是类型、材质；二是工作参数。

6.3.1.1 主泵的选型

目前汽车喷涂主流系统都选择柱塞泵作为主泵，因其对涂料剪切小、运行平稳、简单耐用。小系统、简单系统也可选用隔膜泵。

从动力类型看，目前主流应用是直流电动柱塞泵，它有换向平稳、控制性能好、能像气动泵那样自身维持压力平衡、能源利用率高等突出优点，而且自身带有控制器，使用也方便。

泵体材质，通常都选用 304L 或 316L。垫圈等密封件都要选用特氟龙。在价差不大的情况下可选用高等级材质，以扩大通用性。

流量参数是主泵选型的主要着眼点。如上节所述，主泵流量应满足系统最大流量，并留有适当选型裕量。选型时以下几点必须注意：

① 主泵给出的流量参数都是 L/cycle，要将系统流量折成主泵 cycle 数来选泵。这就有一个选择什么 cycle 数最适宜的问题。对于普通柱塞泵来说，长期连续运行时选 8~15cycle 是适宜的。cycle 数选用过高会加大泵的磨损降低寿命；过低可能造成选型浪费，也可能会使运行不稳，都应避免。主泵 cycle 数不宜选得过低，通常不小于 5。

② 对于同一个汽车厂，由于中涂、色漆（或 B1B2）、罩光三道漆种所配置的枪站出口数目、出口流量以及工艺要求不同，主泵流量也会各不相同。合理的选择是按漆种选配不同型号的主泵，这样可以使它们都工作在较为理想的状态。有些厂家为了便于维护管理而都选择统一的型号，并且按最大流量系统的参数选泵，此时流量小的漆种主泵 cycle 数往往过低，可能造成运行不稳。虽然直流泵具有优秀的低转速平稳工作能力，但是大马拉小车，至少也存在资源浪费。所以，按漆种、流量分别选择不同型号的主泵是最为合理的。

③ 在多站位、大流量的供漆系统设计中，应优先选用双缸体泵。此种泵的两个下缸体在活塞运行相位上相差半个行程，输出压力平稳、脉动小，在系统配置上也可以省去稳压器。

④ 在流量选型时可留有适当裕量，以便在柱塞泵缸体或活塞环稍有磨损、泄漏导致输出流量下降时仍能满足生产。

⑤ 主泵压力选型主要指气动泵。供漆系统通常选用 4∶1，小系统选 3∶1。

电动泵工作压力不确定,只选择泵体耐压即可。油漆喷涂采用低压泵;各种动力、厂牌柱塞泵的承压应都不低于25bar;我们常用系统的工作压力几乎都在18bar以下,任何型号的耐压都是足够的。注意电动泵要有限压和保护措施。

【例6-2】色漆(B2)系统最大流量为7.8L/min,如果按照12cycle泵频选取,泵流量应为7.8/12 = 0.65L/(min·cycle);可以选取0.75L/cycle等相近规格。其他漆种类推。

6.3.1.2 主泵模组

主泵的入口连接油漆循环桶,出口连接过滤器模组,要用软管连接,软管可以吸收主泵机械振动和压力脉动。要采用铠装的特氟龙软管,它有弹簧骨架支撑以免吸瘪,金属外皮可接地消除静电积累。软管的口径可按主泵出口规格配置,通常在0.75~1.5in之间。

主泵通常单独安装在落地模组架上。由于柱塞泵工作时可能会有些许震动,支架要有可靠的支撑强度,安装要稳定牢固。泵体要竖直安装,有利于缸体内涂料气泡的排出。主泵在抽空涂料或吸料软管开裂、脱开时会产生空打,所以要采用空打保护器保护。气动泵、液压柱塞泵和隔膜泵要在动力入口处加配空打保护器;电动泵通常由控制软件保护。气动泵要靠动力空气入口压力来调整工作状态,所以要配置空气调压器、过滤器、注油器(新型除外)等,称为空气3组件。其中注油器持续给空气马达注入微量润滑油,以保证其润滑及密封,延长使用寿命;空气供给管路的管径要与空气马达入口规格匹配,不可过细。液压泵要配置液压调整单元。

主泵需配置工位控制箱(装在供漆单元过滤器模组架子上),置放主泵电源开关、指示灯、报警器、急停按钮等,便于应急操作。

6.3.2 油漆桶模组

装配了搅拌器、液位计、温度表等全部配件的油漆桶称为油漆桶总成。每套供漆单元通常配置循环桶、调漆桶两个桶总成,它们用管道连接起来,组成油漆桶模组。其中循环桶用来向主泵供漆并接受回流,以维持涂料的连续循环;调漆桶用来调漆准备。如果直接使用涂料厂调配好的原桶油漆,也可以不配调漆桶,只在其位置上方配置一个带气动升降架的桶盖总成即可。升降式桶盖要按照原漆桶规格设计,并安装搅拌器、液位计、温度计等元件。两个油漆桶的容量要根据油漆消耗流量而定,通常选用200~300L。桶的结构、材质应按油漆种类选择:溶剂漆可选用平顶结构、304不锈钢材质;水性漆选用弧顶结构、304L或316L不锈钢材质。油漆桶要安装多个涂料进出口、搅拌器口、传感器口,设计时要注意开口位置和连接方式,也要预留适当数量的备用接口。

搅拌器是桶模组的基本配件。油漆都是由多种成分构成的,它们的性质、密度、固体分含量、固体分颗粒大小等各不相同。容器中静止的涂料会产生沉淀;固体分和黏度越低,沉淀越容易发生。此时为保证容器内涂料成分的均匀、一致性,必须不停地搅拌。有效地搅拌应是将涂料压向桶底,再沿桶壁上升,形成桶内自下而上的循环流动。如果搅拌器只能使扇叶层面的油漆平层转动而不能形成上下循环,则起不到对整桶涂料均匀搅拌、防止沉淀的作用。

油漆桶上配用的搅拌器都采用电动低剪切式,由转速可调的交流或 BLDC 防爆减速电动机、接油盒、连杆、扇叶等组成搅拌器总成。涂料桶选配叶径(叶片外沿直径)通常为桶径 1/2 左右,扇叶中心设在距桶底 1/3～1/4 层面;弧顶、无折流板的水性漆桶,搅拌器要偏心倾斜安装;常用的 200～300L 桶倾斜度约 9°,见图 6-9。注意不要使扇叶正对重力传感器。低剪切搅拌器转数通常为 50～70 转;这一转数是对于 60%～80% 液位而言。为了取得好的搅拌效果,转数应与液位正比同步变化,这就要使转数控制与液位关联。对于不同规格的料桶,扇叶形状尺寸、中心高度、倾斜度以及电动机减速器等都要根据料桶大小形状和涂料参数设计、选型,并经过实验优化选取。

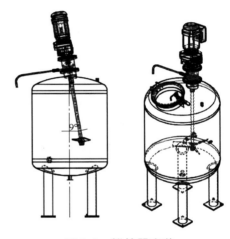

图 6-9 搅拌器安装

液位计是桶模组必配件。它检测液位、控制自动补漆、同步搅拌器转速以及各液位功能操作和超限报警。喷涂线油漆液位计全部使用电子式,常用的有重力、超声波、雷达、激光等数种。重力式液位计最为常用,但它是浸入式,膜面一定要使用耐溶剂材料,并不得含有聚硅氧烷成分。它的安装位置非常重要,要安装在桶底侧壁低位,并尽量避开搅拌器推力的干涉。如果搅拌器倾斜安装,膜面要装在与搅拌器扇叶朝向相反的方向。注意使传感器膜面与侧壁持平,如果膜面在桶壁外侧,安装管膜前的空段会存漆、干结,使测量不准。同样也不应将膜片伸出在内壁内侧,那会加大与搅拌器的干涉使测试不准。如果被测涂料黏度较高,应采用膜面口径较大的传感器。如果在固化剂等充气密封容器中使用重力式液位计,必须使用双探头的压差式;上探头要安装在桶侧壁顶端或桶顶盖处,使处于液位之上。

非接触式液位计要在桶盖上安装加长接口以避开测量盲区。超声波、雷达波等有发散角,应避免波束触及桶壁。假如波束发散角为 7°,桶身至加长接口总高度为 700mm,它的安装中心线与桶壁距离应大于 $700 \times \tan 7° = 88$(mm),并至少加

50%裕量。此外,它们对各种涂料表现出不同的适应性,例如超声波、雷达液位计对于挥发较大或有不稳定压力的密封桶不适用,因为超声波或电磁波在不同密度介质中传导速度不同,会导致测不准。激光液位计对红色、浅色、透明的油漆可能不适用,因为激光会直接穿透它们。这些在选用前必须经过实验验证。非接触式液位计安装时还要注意液位计安装口的水平。

温度计安装在桶盖上,要采用有加长杆的探头,使传感器插在桶内低液位以下。桶盖上应有排气口,在加料时排气;如果有特殊需要,可以加装 VOC 收集管道、火焰阻隔器隔离或压差式自动排气口。

6.3.3 流体处理模组

流体处理模组又称过滤器模组,见图 6-10。它将流体调整元件,如稳压器、过滤器、压力表、背压阀、转移泵、空气单元、切换阀门以及工位控制箱等整合安装在一个模组架上,以便于操作管理。如果使用空气泵或液压泵,模组上还要安装空气组件或液压调整单元。有些简单系统采用小型主泵,也会直接安装在此模组架上,此时它连接料桶就是一个集成化的供漆单元。

(a)   (b)

图 6-10 过滤器模组

如果采用单台主泵,要配置涂料稳压器。涂料稳压器入口连接主泵出口软管、出口连接过滤器。它会吸收、减少涂料脉动,使输出压力更为稳定。常用的稳压器是充气隔膜式。双缸体柱塞由于脉动小可以不配置。也有些新型号的电动泵自带稳压器。稳压器在使用前要充入压缩空气或氮气,压力应为系统涂料压力的 2/3。如果压缩空气压力不够高,可以使用瓶装氮气或氩气。

油漆过滤器通常采用袋式,每套系统配置2至4个,分别串联在涂料流道的出口、回流、上料等处,也有时上料通道不用,而输出通道并联2个。在输出主过滤器两端要装有指针式压力表,既可观察系统输出压力,也可显示过滤器两端压差以确定更换滤袋。过滤袋的目数要根据涂料要求选择,通常使用100～150μm(150～100目)。更换过滤袋时为了涂料循环不停止,并联的两个主过滤器可轮流切换更换;单过滤器要加旁路通道,换袋时用阀门将涂料切入旁通支路。为了方便,主过滤器通常使用四通阀切换,见图6-11。注意换袋要在断开涂料通道、排料泄压后进行。过滤是长时间连续进行的,短暂绕开过滤器不会影响涂料品质。

背压阀用来调整系统涂料工作压力。它的入口连接系统回流管路端口,出口连接循环桶,是一道油漆压力闸门。它决定、维持着系统涂料压力,也影响系统流量以及各站压力平衡。现在电动泵普及,系统都设有运行/休眠模式。休眠模式运行时背压阀应完全打开,所以要配置可调压的气动背压阀,由控制系统自动切换。

图 6-11 四通阀

空打保护器是使用气动泵或液压泵时的必要配置。当料桶抽空或吸料软管脱开、断裂时主泵会形成空打,使泵的 cycle 变得很大、造成加速磨损或损坏。此时动力媒质消耗量会猛增,从而触发空打保护器限流装置而自动切断动力媒质,使泵停止运行。空打保护器的起控保护点可以调整,应在系统初始化时完成,使用中不可随意调动。电动泵自带控制系统,异常运行由程序限制,无须另配空打保护器。

转移泵要完成调漆桶上料和向循环桶转移两种功能。上料是向调漆桶加入油漆、溶剂等原料,转移是将调漆桶内调好的油漆随时向循环桶补充。由于上料和转移无须同时进行,多数供漆系统只配备一个共用泵。两种工作状态下转移泵有不同的出入口连接方式,可以用手动或气动三通阀切换。也有些大流量系统分别配置上料、转移泵。转移泵通常使用气动隔膜泵,它安全、体积小、流量大、输送时间短、使用方便。但要为它配置动力气源和消声器。转移泵通常安装在过滤器模组上,也有些简单系统直接安装在调漆桶上。

空气组件用来向气动主泵、转移泵、气动元件供给洁净空气。泵用空气组件由过滤器、调压器和注油器组成。而对气动元件供气只要过滤器调压器即可,也可配置一体化的过滤调压器。

工位控制箱安装主泵、搅拌器等电气设备的应急开关和指示灯以及声光报警器。它也作为系统各传感器连线的集合点。工位盒必须是防爆的,表盘上的元件,如开关表头等也应符合防爆标准。

过滤器模组设计时，要精心安排各元件排布、连接方式、模组结构和布放安装位置、对称性等，留有必要的操作、维护空间。管路、阀门、连接管件都应采用卫生级，架构要经喷粉处理，力求整体结构合理、使用方便、美观大方。

过滤器模组可设计为单套结构，也可设计为背靠背双套结构。双套结构空间利用较为合理。

6.3.4 溶剂、固化剂供给单元

油漆系统的涂料供给单元包括油漆，也包括溶剂、固化剂等。

溶剂供给单元只是为枪站提供清洗溶剂，每种溶剂只需配置一套。因为要供给所有枪站，桶容积要大些，通常为300~500L，要采用配套油漆桶相同的材质，也都要配置液位计、温度计等。其中有机溶剂无沉淀，也无需调配、搅拌、循环，所以采用单桶结构，无搅拌器、稳压器、背压器。水性溶剂以纯水为主，但需添加有机溶剂以及添加剂，故大多需要配置双桶、带搅拌器，与油漆供给单元基本相同，但无需涂料稳压器。

固化剂供给单元只为双组分罩光漆配置，通常为1~2套。固化剂采用单桶结构，配置液位计、温度计等，无需搅拌器。但料桶要采用密封结构，软管必须采用特氟龙材质。桶顶要配置有密封盖的加料口、带单向阀的加料排气口和可充微正压（0.1bar）保护气体的注气口，以及低量程（满量程0.5~1bar）压力表。保护气体通常使用氮气，也可使用干燥空气。由于桶内液位变化，保护气体需要连续供给。如果直接使用高压氮气瓶，要配置两级减压阀门。

6.4 涂料输送管路和枪站

油漆涂料输送管路将增压并调整处理好的油漆、溶剂、固化剂等送至各个枪站。管路要根据涂料黏度、流速设计、选材进行专业安装。对于无沉淀的有机溶剂、固化剂以及多数水性溶剂，可以采用主管循环输送；而全部油漆则采用两线循环到枪制，并采用喷室两侧对称分支、先进先出模式安装。枪站是所送管路的终端站。

6.4.1 油漆输送管路

从调漆间出来的油漆输送管路有很多套，每套都含有供回主管及分支结构，它们的走向、管径各不相同，在不同的空间节点有不同的分组排布。不合理的管路排布会产生错位、扭曲、占地过大或施工困难，甚至由于其他系统管线干涉造成返工。所以管路系统设计时要进行仔细的排布，绘制3D模型图，与总包方进行多方（动力、消防、照明等）并图检查确认。

管路架设的一般原则是喷室四周垂直排布，厂房空间水平排布；管路要分组安装在支架上。空气、废溶剂管路要有倾斜度，常须单独配置支架。支架要牢固可靠，并经喷粉等防蚀处理。支架的安装点要选择承重梁柱结构，并经甲方确认。

为使现场施工方便，设计师在并图完成后还要制作特征点管路排布图。以每一个拐弯或分支点作为特征点，标示各管路编号和排布情况。管线排布要注意以下问题：

① 设计调漆间设备平面布置时，要合理规划各漆种的分组，同漆种供漆单元安排在一起。

② 调漆间、设备间管路汇总出口位置合理；管中管进出管路排布要合理。

③ 管路拐弯半径要大于 6 倍管径，以防止涂料过剪切、减少压损，但也不必过大，以减少占用空间。

④ 整体排布规范美观。

油漆管路的布置和排管每个项目都不相同，要单独设计。一个 3C1B 和 B1B2 项目的油漆管路系统平面布置见图 6-12（a）、（b），管路排布见图 6-13。

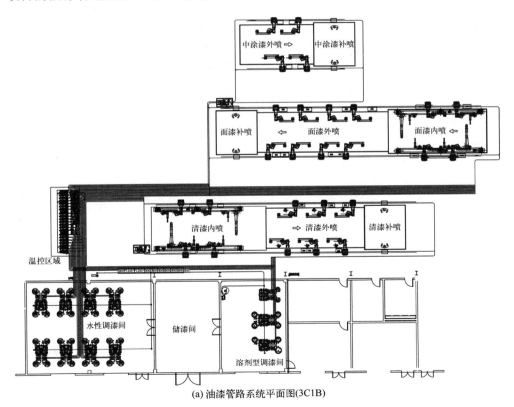

(a) 油漆管路系统平面图(3C1B)

图 6-12

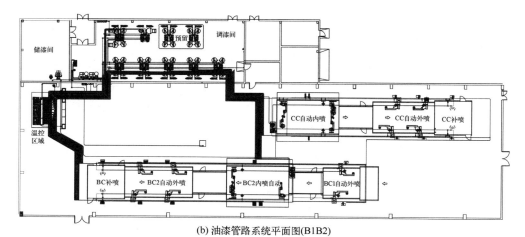

(b) 油漆管路系统平面图(B1B2)

图 6-12 油漆管路系统平面图

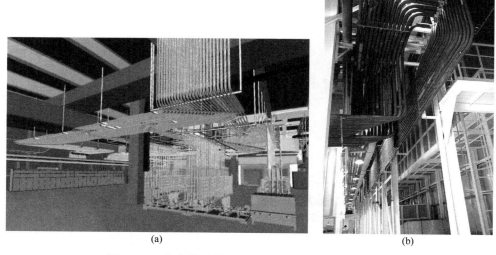

图 6-13 油漆输送管路设计图（a）和实物图（b）

6.4.2 枪站

枪站是涂料输送管路的终端接口，每台机器人或手工位都要配置一个。枪站集合安装了本站位所需的各种颜色油漆、固化剂、清洗溶剂、压缩空气等供回支管出口，并安装必要的阀门、表头和调压器、过滤器等。枪站安放在工位喷室外侧，所有管路由隔壁管件接入室内。为了安全、整齐美观，枪站所有支管、出口都要安放在枪站盒内。

6.4.2.1 单组分枪站

单组分自动枪站为喷涂机器人提供工位所需的所有涂料、溶剂和压缩空气接口，见图 6-14。各出口由软管连至机器人换色阀。机器人有高位（侧壁）安装和低位（地面）安装之分，枪站也有高低位之分。需要移动作业的机器人，各出口要配备较长软管并安装在坦克链中。注意过长的软管压损大，不能选用太细的软管。

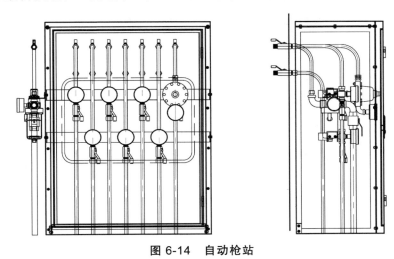

图 6-14 自动枪站

手动枪站外形和自动枪站相同。但在喷室内，各涂料的供回出口都要配置软管连接至喷枪的枪下调压器三通，以完成涂料循环。由于涂料软管较长（7.5m），为操作方便，工位要配置软管吊挂滑轨，见图 6-15。

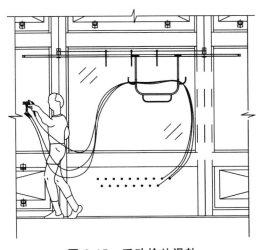

图 6-15 手动枪站滑轨

6.4.2.2 双组分枪站

罩光漆使用双组分涂料，要在枪站配置双组分配比混合器，见图 4-82～图 4-84。通常将配比器和枪站出口装在一起，见图 6-16。罩光漆、固化剂和清洗溶剂由枪站出口连至配比器，按配比混合后供给喷具，每台配比器可供两个喷具。

目前罩光漆多采用 GRACO 双组分电子配比器，配比可在控制界面设定。如果配置多种清漆，配比器要配有换色器才能进行选色，选中的清漆与固化剂按配比混合。注意固化剂湿气固化，所有软管要使用特氟龙材质。混合后的材料，每次喷涂过后要立即清除余料，清洗管路、喷具，以防结晶固化堵塞。

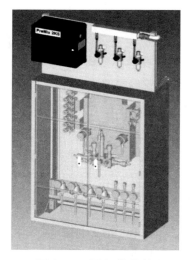

图 6-16 双组分枪站

6.4.2.3 出口组件

不同的枪站，油漆、溶剂、固化剂、空气等出口组件配置是不同的。常用配置如下：

手工位涂料出口：压力表、软管快插接口、溶剂用涂料调压器、空气调压过滤器、枪用软管、枪下调压器、各种连接管件。

自动站涂料出口无须配置枪用软管、枪下调压器，要配置接到机器人换色阀的软管（通常由机器人厂商配置）。如果机器人需要水平移动，要配置坦克链，此时软管会很长，注意不可过细。枪站许多连接件、阀门等要穿过喷室壁并与之固定。穿壁连接件称为隔壁管件，如隔壁对丝、异形三通、隔壁球阀等。也有一些软管的快装接口要专门设计定制。

6.4.3 压缩空气供给单元

喷涂系统配用的空气压缩站必须使用无油无水压缩机（一般为螺杆式），配备严格的除油除水过滤设备（一级过滤站）。压缩空气在涂装线的使用分为两种场合：一种场合用于设备动力，驱动气动泵以及气动控制元件，它对洁净度要求较高，通常要在使用位置加装二级过滤装置。另一种场合是供给喷具参与涂料雾化、喷涂。它含有的油、水、杂质等会直接污染漆膜、造成疵点，所以洁净度要求更高，要在每个喷室分别安装二级过滤站，在枪站出口再装三级过滤单元（高精度过滤器）。喷涂作业使用的压缩空气洁净度要求是：

最大灰尘粒径　　　　＜0.1μm

灰尘含量密度　　　　＜0.1mg/m³
含油量　　　　　　　＜0.01mg/m³
常压露点　　　　　　＜-40℃

二级空气过滤站通常要据此配置过滤器、制冷机、储气罐等，见图6-17。

图 6-17　二级空气过滤站

6.5　油漆温控单元

管中管式温控模组与配套媒质模组安装在调漆间旁的设备间内，连接起来组成油漆温控单元，见图6-18。经过它调温的涂料，到达枪站虽然仍有着几十米的输送距离，但油漆管路外包有保温性能良好的保温管，它的百米温差仅0.2～0.3℃，涂料又处于连续循环中，所以到达枪站出口，喷具的涂料温度与管中管出口基本是相同的。

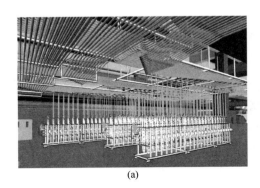

(a)　　　　　　　　　　　　　　　　(b)

图 6-18　管中管式油漆温控单元（a）和温控间（b）

温控系统的控制方式，根据媒质的接入方式可分为双通道和单通道两种模式。

油漆涂料设定温度通常为 22～25℃。在很多地区，它与一天内不同时段的环境温度存在双向温差。所以管中管换热器工作时冷热媒要同时接入，随时切换使用，这种温控方式称为双通道模式，原理见图 6-19。它的优点是无关环境温度因素，冷热媒常态同时加入，任何环境温度下均能正常运行。但它也有一些缺点，调温时冷热媒切换温差大、调整剧烈、平顺性稍差等。两套媒质系统常备运行，能耗也较大。

油漆温度与设定温度之差为油漆温差；环境温度与设定温度之差为环境温差。当它们方向相反，例如油漆温度低于设定温度而环境温度高于设定温度时，控制系统可以采取两种处理方式，一是接入热媒使油漆快速升温；二是不加任何媒质使其自然升温恢复正常。前者调整速度快，但冷热媒温差大，切换时会给漆温带来冲击，容易产生调整过、漆温过冲，使系统不稳，甚至产生震荡。后者温度恢复可能稍慢，但曲线平稳。这后一种方式，就是单通道模式。

单通道模式温控系统在一个时间段内只采用一种媒质。它由媒质选择器和单通道流量控制器组成。媒质选择器将综合环境温度与油漆设定温度比较，决定采用哪种媒质接入管中管换热器；流量控制器仅控制接入媒质的流量。它使用的模拟阀是单通道 90°转角的，电动执行器也是 90°转角，结构较为简单。调整得当时运行平稳，控制精度也较高，见图 6-20。

单通道模式温控系统也需要配备冷热两套媒质系统，只是在一段时间内只使用一套而已。例如在低纬度南方地区，夏季甚至春秋季环境温度都会在油漆设定温度之上，根本无须加热。此时单向降温成为常态化温控方式，只需开启冷媒系统即可。而北方地区冬季则可以只使用热媒质系统。这样会带来能源的节省。在日温差交错季节，虽然两套媒质都要启动备用，但较长的时间段也会只选用其中一套。对于控制系统来说，单向的偏差控制总是较为简单、平稳。

媒质切换器决定接入哪种媒质，要有一个环境参考温度。环境温度应该不仅是厂房室温，因为油漆管路覆有保温层，受厂房温度影响较小。油漆经过主泵压缩和管路输送时会产生温升，循环流回漆桶时，由于桶内油漆热容量大，很快会趋同，所以我们可以将循环桶漆温度作为环境参考温度。而且现代调漆间都有环境恒温控制，桶内漆温基本是稳定不变的。

综上所述，在选定油漆温控系统的模式时，如果工厂常年大部分时间处于偏热或偏冷地区，我们建议采用单通道模式。

另一些简单的油漆温控解决方案是让调漆间温度略低于油漆设定温度，或使用水套桶通以冷媒控制漆温，使漆桶内的漆温略低于设定温度。而在一段油漆管路上缠绕伴热带，进行单向、小幅、精确加热控温。伴热带是非常容易控制的

第6章 油漆喷涂系统的设计和集成

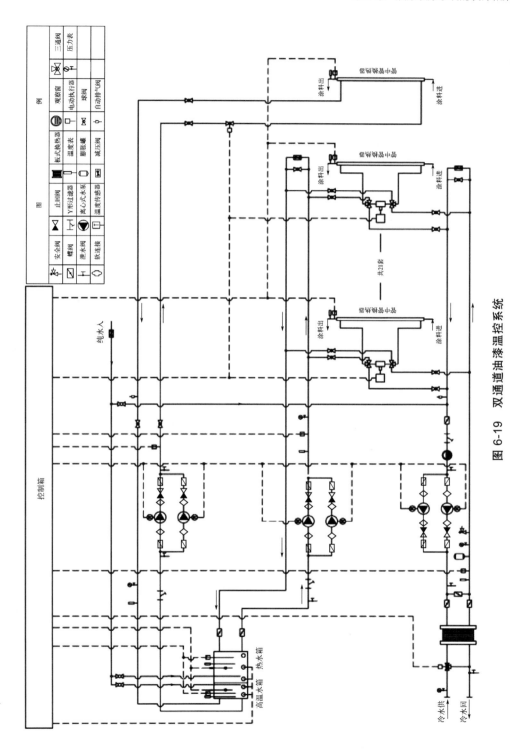

图6-19 双通道油漆温控系统

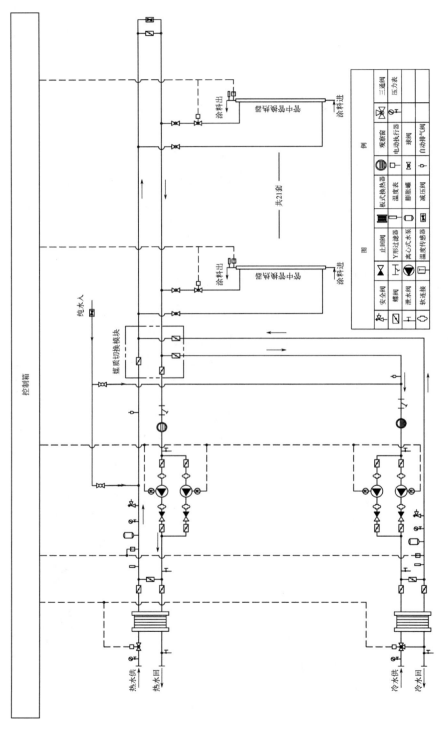

图 6-20 单通道油漆温控原理

加热器，它的响应时间短、控制精度高、运行稳定、成本低廉，这样系统可省去管中管，简单、易于实现。在输漆管路上缠绕伴热带和半导体制冷带，也是一种简单的控温方式。

6.6 废溶剂回收、反冲洗单元

油漆喷涂作业和换色时需要对喷具和流道清洗，要使用很多清洗溶剂。清洗用过的废溶剂要区分有机溶剂、水性溶剂和双组溶剂，要单独回收处理。这样不但可以减少喷室回收系统的负担（特别是干式喷室），也可对回收到的废溶剂集中处理、再生利用。

废溶剂回收系统由工位洗枪盒、重力回收管道、反冲洗管道、中转桶、转移泵、收集桶、双桶切换装置、控制器等部分组成。系统原理见图6-21。

6.6.1 洗枪盒

手动枪站洗枪盒安装在喷室内壁各工位位置，由支管与废溶剂回收干管相连。机器人（自动站）洗枪盒一般安装在机器人工位地面格栅上，也要经支管连至回收干管。自动站作业量大、清洗频繁，收集盒内经常有废溶剂积存，容易发生干结、堵塞，双组分涂料站更甚。所以在双组分清漆自动站收集盒上侧要加装环形多孔反冲洗管道，利用反冲洗溶剂连续冲洗收集盒。洗枪盒外形见图5-19。

6.6.2 反冲洗

由于洗枪是断续的，废溶剂在回收管路中的流动也是断续的，工作间歇时会较长时间停止。此时废溶剂很容易在回收盒、管路中干结甚至堵塞通道。双组分漆含固化剂更容易干结。为此废溶剂回收系统配有反冲洗环节。反冲洗系统用反冲洗泵将废溶剂从中转桶抽出，增压后用管路送至重力回收管路的顶端，形成持续的废溶剂流冲刷管道，防止干结堵塞。双组分自动站洗枪盒容易干结堵塞，也需要反冲洗。反冲洗通常使用中转站回收到的废溶剂，但也要定期用洁净溶剂冲洗。喷室废溶剂的反冲洗系统见图6-22。

6.6.3 废溶剂中转站

废溶剂中转站安放在喷室端侧外，每喷室一个，见图6-23。它由中转桶模组、反冲洗泵、转移泵等组成。中转桶接收重力回收管路收集来的废溶剂，容积通常200～400L，配装搅拌器、液位计等元件。中转桶液位由控制器控制，在高、低

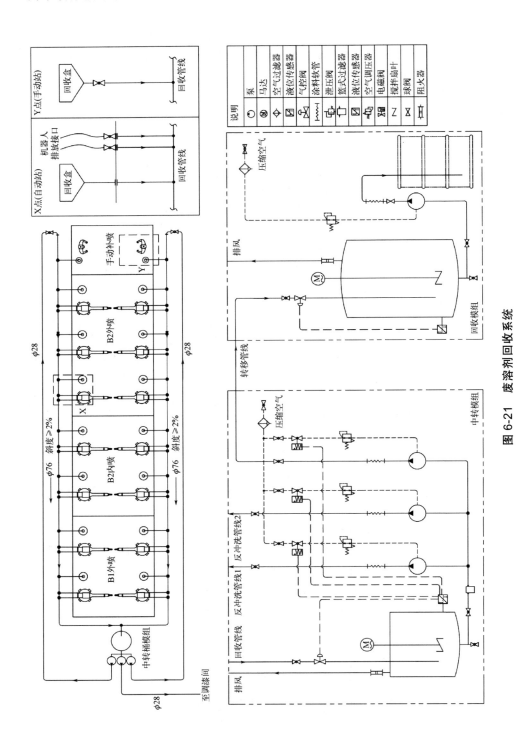

图 6-21 废溶剂回收系统

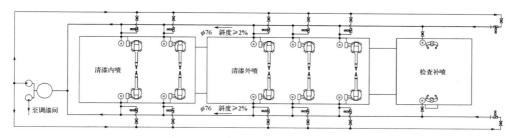

图 6-22 喷室废溶剂反冲洗系统

图 6-23 废溶剂中转站

位之间的正常区域内，保持接收废溶剂、反冲洗循环状态；高液位时接通转移泵将其转移输送至调漆间的收集桶。如果废溶剂处理量较小，反冲洗和转移可共用一台泵切换使用，但如果洗枪盒需要反冲洗，通常要单独配备反冲洗泵。中转、反冲洗泵首选简单的气动隔膜泵，隔膜泵的结构不太在意废溶剂中几毫米粒径的沉渣，输送量也较大。

6.6.4 废溶剂回收和反冲洗管道

喷室内各工位都装有洗枪盒；废溶剂通过回收支管连接至干管上。回收支管通常使用 1～2in 不锈钢抛光管，由于较细，水平输送时倾斜度要尽量大，弯曲度要尽量小。干管安装在喷室外两侧，在喷室端头汇成一路，连接到废溶剂中转桶，见图 6-24。由于采用重力回收，回收干管要做得较粗，内壁光滑，通常采用 3～4in 的不锈钢抛光管制作。管道倾斜率通常为 1.5%～3%，视废溶剂黏度而定。反冲洗管路由于是压力输送，无需过粗，通常干管可用 1in、支管用 1/2in 左右不锈钢抛光管制作。转移管路架设在中转桶和调漆间的收集桶之间，由于有转移泵增压,管路无需很粗,选用 1~1.5in 不锈钢管即可。废溶剂管路通常安装在油漆管路下方。

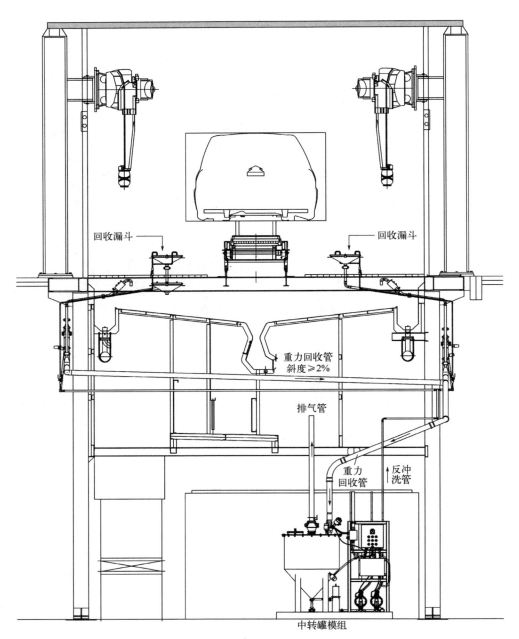

图 6-24 喷室废溶剂回收管路

6.6.5 废溶剂回收

废溶剂收集桶安放在调漆间的端角处。它接受中转桶送来的废溶剂，装满后转运走。由于废溶剂有溶剂型、水性、双组分之分，要配置各自的收集桶。

收集桶可以采用专用的大容量（1000~5000L）桶，也可以直接使用标准的55gal空料桶。此时废溶剂管路出口处要安放两只空料桶，配置自动切换装置，它会在一只桶盛满后，自动将废溶剂切换至另一个空桶，并发出报警，提醒运走满桶、更换空桶。

大收集桶要配置搅拌器、液位计、出料泵等，见图6-25。控制器要在满位时关断废溶剂转移并报警。为防止液位计失效，最好在满桶位置另配音叉等满液位开关作为二次保护。

图6-25 废溶剂回收桶设计图（a）和实物图（b）

如果废溶剂终端采用两只标准空桶收集，就要配置自动切换装置。通常在标准桶排气口安装音叉式液位开关，它在废溶剂满位时发出信号，控制器驱动气控三通阀将废溶剂切换到另一空桶，并发出报警信号。另一种气控自动切换装置，是在每个回收桶排放口插放一个微压探头，探头有一个空气三通，中孔接入低压空气源，一端向桶内排放空气。在满液时排放口没入废溶剂液面，空气排放受阻，会转向三通另一侧，触发微压开关动作；经放大器驱动气控切换阀将废溶剂引向另一个空桶，并触发声光报警。双桶切换单元见图6-26。

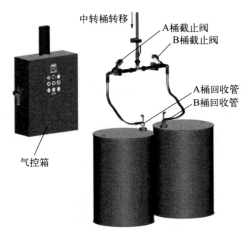

图 6-26　废溶剂标准双桶切换单元

6.7　小系统

油漆喷涂系统往往在喷室另配几套小系统，作为调试、试生产过渡或临时换色生产。小系统也称 mini 系统，它们安放在喷室内，通过硬管或软管连至各枪站，对工位直接供漆，系统原理如图 3-19（a）。

小系统作为备用系统应用场合不多，供漆单元可以采用简单设计。通常设计为小型气动或电动泵、气动搅拌器、单桶、单过滤器，以及稳压器、背压阀、气动组件等，并整体安装在一个模组架上，如图 3-19（b）。主泵的选型（流量）可小些，因其不常用，短期作业时 cycle 数可调高些以保证正常流量。漆桶可选用 60～100L，气动搅拌器也可选得小些。由于喷室恒温并与油漆设定温度相同，可不加温控。

小系统可以采用与色漆大系统同样规格的不锈钢管道连接至各枪站，组成循环到枪的模式；使用效果和大系统是基本相同的。一些枪站较少的系统，也可以通过软管直接连接各枪站，称为卫星站式小系统。

小系统如果换色，虽然比大系统简单些，但也要进行全系统清洗，消耗大量溶剂和几天时间，所以也并不适用于较为频繁的换色作业。

6.8　走珠式换色系统

走珠式换色系统（piggable paint supply system）不仅是一种完全创新的特殊色小批量（常称小颜色）快速换色模式，也为油漆供给整线提供了新型的较为理想和切实可行的解决方案。它有许多明显的优点，如系统换色快、节省涂料和清洗溶剂、供漆单元简单、占地小、可定量供漆、节省能源等。特别是矩阵走珠系统，通过智能化的物流（定量分配）中心，可以为各枪站分别提供不同漆种、颜色和定量的油漆，在切换时间上，也基本可以做到像传统固定颜色系统那样无缝切换。此外，定量供漆可以做到油漆绝缘，适合水性漆静电喷涂。

走珠系统主要应用在色漆，因为它的颜色需求最多。但在罩光漆也有应用，因为许多清漆涂料不适合长期搅拌、循环、存储，最好使用小包装现配现用。如果一个汽车制造厂已有多套常用固定颜色系统，只是时不时更换一些特殊颜色，通常只要配置 2～3 套较为简单的 Easy 模式走珠系统就可以满足使用。而对于颜色繁多、需要频繁换色的保险杠厂，或产量不大的大巴厂、改装厂、小众化定制厂来说，可以配备功能较为完善的矩阵式走珠系统，作为喷涂整线基本生产手段。

除了换色方便快捷之外，走珠系统不需要像传统固定系统那样对涂料连续搅拌循环，不需要架设复杂的金属输送管路和温控设备，节省油漆、溶剂、能源，表现出许多方面的优势，应用前景开阔。

德国的 LACTEC、POMA 公司，美国的一些制造商以及涂装巨头 DURR 等公司都对走珠换色技术进行了研制开发和推广应用，使得这项技术的发展势头、普及速度非常快。现今大部分汽车生产厂都已有多条不同模式的走珠流水线投入使用。目前走珠系统的整体运行机制、涂料供给手段、一些走珠和管路硬件尚不够完善，涂料循环也不够充分，走珠技术本身也在升级完善过程中。

走珠技术要求使用对温度和低流动性宽容度更高的涂料，所以也需要涂料生产厂商的参与配合。由于它符合涂料的发展趋势，世界主要涂料制造厂，如 BASF、PPG、杜邦、立邦等都有许多适用的产品投入应用。对于不同生产批量和工艺流程的换色需求，走珠系统有许多组配模式可供选择。系统结构和应用模式也会在实践中继续进一步完善。

简单走珠换色系统原理图如图 6-27。图中左侧为调漆间，供漆系统接为循环模式；右侧为喷室、枪站，之间由走珠管路连接。

6.8.1　走珠式换色系统的原理

走珠式快速换色系统的基本特点是输漆管路采用整根无接缝的耐压软管（也称清管或 TPS 管），由严密配合的走珠（pig）推动油漆和清洗溶剂的注入和退出，见图 6-28。走珠软管采用 PFA（特氟龙的一种）等材质，它们的化学稳定性好，耐蚀、耐磨、膨胀率小，不沾染或吸附涂料，有适宜的刚性、弹性和耐压强度，内表面光滑、尺寸精密严格。它可以做得很长，使得整条管路连续无接缝。走珠也使用 PFA 或 PE 等弹性材料，经过精密加工，其外径与输漆软管内径精密配合。走珠可由涂料、溶剂或压缩空气驱动行走，换色时一次通过就可以相当干净地实现退漆、清洗，这使换色变得非常快速和方便。走珠软管有 DN9、DN12、DN16、DN20 等多种规格，可根据枪站多少、流量大小选配。

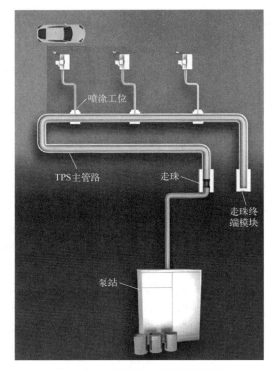

图 6-27 走珠换色系统原理图

图 6-28 走珠和走珠管路

走珠管路首尾两端要各配置一个走珠发射、接收模块。它们的结构基本相同，都可以发送和接收走珠。换色时在管路末端口打入走珠，接入溶剂或压缩空气推动行走，将管路内残存的涂料退回管路入口，由涂料桶接收。如果使用溶剂退漆，同时也进行了管路的清洗。走珠的一个行程就可以完成管路的换色准备。供漆单元清洗后，换入新的油漆桶，就完成了换色工作。当然实际的换色过程要复杂一些，一条供漆系统除了主管外还有支路分配器、支管、终端组件；管路之外还有油漆供给单元、各种元件阀门，都要彻底清洗后才能换色。主管走珠系统原理见图 6-29。

第6章 油漆喷涂系统的设计和集成

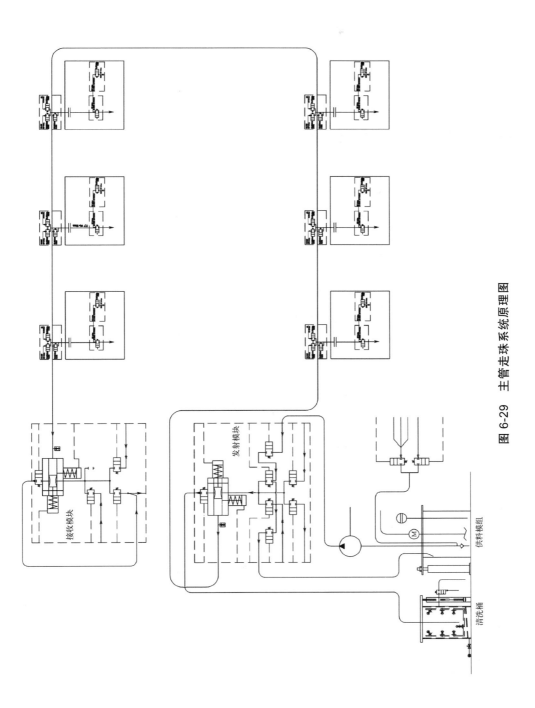

图 6-29 主管走珠系统原理图

走珠换色系统的构成与传统供漆系统有很大区别。它由油漆供给单元、切换阀岛、管路、走珠和清洗排放等各种功能模块、控制单元等组成。由于特殊色作业批量不大，涂料供给单元较为简单小巧，采用小桶、隔膜泵以及小型流体处理元件，以利于快速清洗换色。走珠系统的结构以及注漆、退漆、清洗等流程也有很多种组合模式。

6.8.2 走珠式换色系统的结构模式

走珠式换色系统的结构主要分为简易走珠（easy pig），主、支管走珠（standard pig），单通道矩阵（TPS），多通道矩阵（matrix），支管换色（branch color change）等模式，如表6-7所示。它们也可以根据应用场景搭配组合。

表6-7 走珠系统结构模式

序号	模式	特点	优点	缺点	应用场景
1	简易走珠	主管走珠、支管不走珠	结构简单设备少，主管可循环、可退漆	支管难以退漆	小颜色
2	主、支管走珠	主管、支管均可走珠	可完全退漆	结构、流程较复杂	小颜色
3	单通道矩阵	每枪站配一根TPS管；供漆单元可通过矩阵阀岛编程切换	结构简单、可定量供漆、换色速度快、节省油漆溶剂	管路多、矩阵阀岛较为复杂、涂料不循环	小颜色
4	多通道矩阵	每枪站配2~3条TPS管路，多供漆单元，油漆配送中心供漆并编程控制	可定量供漆、无接缝换色、节省机器人换色单元	管路多、油漆配送中心结构复杂、涂料不循环	整线
5	支管换色	多主管、多支管结构，各支管设二级中转站再选色，配送中心供漆	可定量供漆、无接缝换色、节省机器人换色单元、主管涂料可循环	换色层次多、系统结构复杂，管路、设备多	整线

6.8.3 简易走珠模式

简易走珠模式采用主、支管结构，但只有主管道可以走珠。换色时主管可退漆，但支管较难（虽然可用空气吹扫退漆，但难以掌握合适的工艺）。主管可接为盲端或循环模式，见图6-30。如果枪站数目较多，要在喷室两侧各设一路。

6.8.3.1 主管路配置

主管路两端要配置走珠发送和接收模块。它们的结构基本相同，都可以发送和接收走珠。在走珠发送器、接收器出入口处的管路端口处要装有位置检测器检测走珠位置。常用检测器为霍尔元件，走珠内部有一个小磁柱，通过霍尔元件时

第6章 油漆喷涂系统的设计和集成

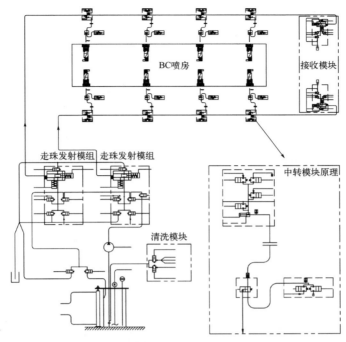

图 6-30　简易走珠模式（主管循环）

会发出到位信号，切换工艺流程，见图 6-31。

清洗模块是一个有清洗溶剂和压缩空气入口气控阀的模块，装在管路两端走珠发送接收器之外，管路清洗时使用。

排泄阀是气控的空气和废液排出阀，安装在流道两端。注漆时它用来排出管路前端空气，清洗时排除废液。走珠技术中排泄阀也常称为 Dump 阀，这是一种快速排泄阀。排出的废液由管路连至回收桶。

走珠发射接收器可以和清洗模块、排泄阀做在一起，组成集成模块，安装使用更为方便。外形见图 6-32。

图 6-31　位置检测器和磁性走珠

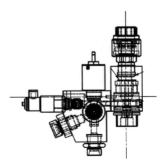

图 6-32　主管走珠发射接收器模块

6.8.3.2 支管路配置

枪站支管路由分配器从主管分出。分配器安装在主管、支管的分支节点处；它的主流道结构为三通，两端连接主管，中口连接支管。支管出口配有气控选通阀，控制支管与主管路连通或断开。分配器的上端接口接有清洗阀，下端接口接有涂料调压器，见图 6-33。清洗阀在支管与主管断开时，通过选通阀绕开主管，连通支管对其进行清洗。清洗阀可以与分配器集成在一起，见图 6-34。

图 6-33　支管分配器配置　　　图 6-34　集成的支管分配器集成模块（支管不走珠）

主管路经过分配器时要断开。分配器的管路接口采用一套带有锁紧装置的楔形内插式接口，见图 6-35。楔形插口头部很薄，采用硬质合金、经过精密加工，连接时插入软管内部，用螺母锁紧。接口使软管内径实现平滑无缝过渡；走珠可流畅通过而不留存油漆。支管接口也有同样的连接机构。管路安装时要使用专用工具。接口工具见图 6-36。

图 6-35　走珠管路连接件　　　图 6-36　软管连接工具

为使各枪站涂料压力均衡、合适，在支路串联接入了涂料调压器。它采用充气隔膜式，利用气室充气压力来调整和稳定涂料压力，外形见图 6-33 分配器下方圆形件。调整气室压力时，可以改变支路涂料出口压力，使各枪站涂料压力保持一致。它也具有一定的稳压作用，可滤除主泵换向带来的涂料压力脉动。支管调压器安装在支路分配模块之后，它的整定应在系统初始化调试时完成。

6.8.3.3 终端配置

支管终端配有液体检测器、清洗模块、Dump 阀、换色阀等。自动站走珠系统终端组件装在机器人手臂上；手动终端安装在枪站。

自动站液体检测器装在终端清洗模块前，它可以检测到支管路内空气/液体界面。当支管注漆到达时发出触发信号，关断 Dump 阀排气口，停止（完成）注漆。Dump 阀安装在清洗模块之后、换色模块之前。

换色模块安装在机器人手臂上原有换色阀组之后，作为扩展延伸。它的结构应与机器人原有换色单元一致。机器人换色模块通常留有备用单元，可以直接使用。

手工站支管终端也装有液体检测器，它在涂料到达、注漆完成时会报警。有的检测模块会在注漆到达时自动关闭排气口停止注漆。此后可以关断出口阀、将检测模块拆下、换装喷枪软管作业。检测模块有快装接口，装卸方便，见图 6-37。

支路软管穿过喷室墙壁时，要借助隔壁管件连接，见图 6-38。它有固定在墙壁的安装螺栓，两端连接支路软管，和分配器管路接口一样，它要使用走珠软管接口。

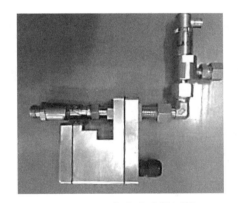 

图 6-37　手动站注漆检测器　　　　图 6-38　软管连接管件

6.8.3.4 简易走珠系统的换色流程

所有走珠系统的换色流程，都依次分为退漆、清洗、注漆三个过程。简易走珠模式换色流程如下：

（1）退漆

在本颜色批次喷涂作业完成后开始退漆。主管退漆由走珠驱动，由管路终端向始端推送。退漆时要关停主泵，关闭所有支路分配器阀门，接通主管发送模块到料桶的回流通道。由主管终端发出走珠，接入压缩空气驱动走珠退漆，余漆流回料桶回收。走珠到达主管路首端，位置传感器发出信号，走珠退回发送器；关断管路末端空气阀，打开 Dump 阀泄掉管路压缩空气，退漆结束。循环走珠系统过程与此相仿。

支管没有走珠，存漆可通过末端 Dump 阀直接排放。在主管退漆完成后，打开支管末端 Dump 阀和支管分配器，由支管首端清洗模块加入压缩空气，将支管残漆吹出。如为减少浪费，支管存漆也可以通过空气吹扫退漆。在主管退漆完成后，打开支管分配阀，由主、支管终端加入压缩空气，将支管油漆反吹回漆桶。但吹扫使用的空气压力要调整合适，时间要控制准确。吹回漆桶内的油漆含有大量空气，漆桶盖要配备带过滤器的排气阀。此过程工艺较难掌握。

（2）管路清洗

退漆完成后进行系统清洗。通常是在主管和各支管加入溶剂或压缩空气冲洗。清洗通常反向进行，冲洗过的废液由供漆单元废溶剂收集桶接收。支管也可正向冲洗，由终端 Dump 阀排出。为取得干净的清洗效果，有时采用轮流加入溶剂和空气吹扫清洗，时长和重复次数可根据效果设定。

支管的清洗终端界面是机器人换色阀，或手动站出口阀门，以外的部分由机器人或手工站操作员清洗。

（3）供漆单元清洗

供漆单元清洗分为流道清洗和桶盖清洗两个部分。

流道部分包括主泵、过滤器、清洗模块、走珠模块、虹吸管和回流管等，可关闭主管，在走珠发射模块后部清洗模块注入溶剂或空气清洗。桶盖部分包括桶盖内表面及其上固定的虹吸管、搅拌器、液位计等，可放在清洗桶用溶剂喷射清洗。清洗由人工进行，将桶盖升起，移走油漆桶，放入清洗溶剂桶，放下桶盖，接入溶剂清洗。清洗桶喷管有多个溶剂喷口，朝向各方，对所有桶盖单元进行喷射清洗。清洗完成后，检查、擦拭，换入新色漆桶。换下来的漆桶倒掉油漆后也要清洗。

（4）注漆

清洗完成、换入新色漆桶后，开始系统注漆。

先进行主管注漆。关闭支管分配器阀门，打开主管末端 Dump 阀排气，走珠发送器发出走珠，启动主泵供漆，走珠在油漆推动下向主管注漆。走珠同时会清退前方管路的残余清洗溶剂。当走珠到达主管终端接收器时，位置传感器发出信号，关断主管 Dump 阀排气口。如果主管为循环方式，回流到达供漆桶时主管注漆完成。

之后开始支管注漆。关闭主管循环回流口，打开各支管终端 Dump 阀排气口，打开支管分配器阀门，由主泵向支管注漆。各支管枪站终端 Dump 阀前装有位置或液体检测器，当油漆到达时会发出信号，关断 Dump 阀、停止注漆。当所有支管注漆完成时注漆结束。注意如果主、支管同时注漆，主管残余溶剂会流入支管，不如分开注漆清洁。

如果主管为盲端式，全部主、支管注漆完成后主泵会自行停止注漆；循环式主管，控制器在接到所有支管注满信号时会确认全部注漆完成。

6.8.4 主、支管走珠模式

主、支管走珠模式所有管路都使用走珠，见图6-39。此模式可以完全退漆。

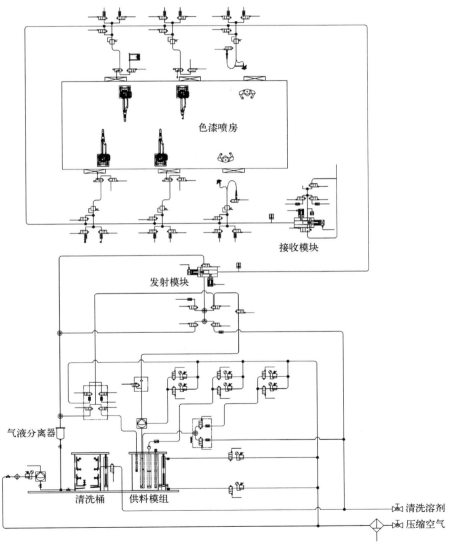

图6-39 主、支管走珠模式

在硬件上，支管分配器可以和支管走珠发送器、清洗阀等集成在一起；接收器和清洗阀、Dump 阀等集成在一起。这样会使结构简洁、安装使用方便。如果走珠退回有到位信号，也不用再配位置检测器或流体检测器。

支管的注漆、清洗、退漆流程和主管是基本相同的。详细的工艺流程不再赘述。

这种全走珠方式因为有主、支管结构，不适于单台车或小批次定量供漆。结构也较为复杂，不如单通道矩阵模式简单方便。

6.8.5 单通道矩阵走珠模式

TPS 常指走珠管路，也指单管路走珠定量供漆模式。它有三个特色：每枪站使用一根全程走珠管路连至调漆间供漆阀岛矩阵；走珠管路采用双走珠（或 3 走珠）模式，可以实现定量供漆；采用矩阵式阀岛供漆，以便对作业和换色系统进行排序控制。此模式可以为小批量甚至单台车定量供漆，换色也更为方便。系统结构原理见图 6-40。

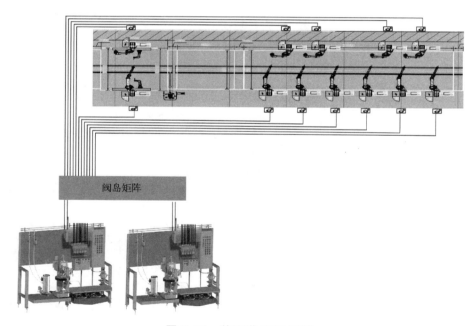

图 6-40　单通道 TPS 系统

小批次作业场景采用定量供漆时，注入本批次用量即可。在定量准确时可以不用退漆，使换色周期大幅缩短。定量注漆时各 TPS 管路可以同时进行；各支路可以根据需要注入不同油漆量，进行精准定量供漆。定量供漆模式只覆盖机器人站，不包括手工站。

定量供漆要采用矩阵阀岛单元，其核心设备是智能化的流道切换阀组矩阵以及定量控制单元。

6.8.5.1 TPS 管路的定量供漆

定量供漆采用走珠间隔区间定量技术，它至少要用两个走珠。第一走珠在注漆前发出，它清退管路清洗残液、引导注漆；在定量油漆注入完成后发出第二走珠进行区间隔离，在其后接入中压空气推送油漆继续前进。两走珠之间区段为定量油漆，见图 6-41。由于各工位对油漆需求量不同，各管路注漆量要分别控制。

图 6-41　TPS 管路定量供漆

设想一个典型的应用场景：TPS 管路采用 DN9 管径，它的每米容量为 64mL；以调漆间至喷室距离 60m 长度计，管路容量合计为 3840mL。这样数台（5～10 台）车小批次的油漆用量可以一次加入管路。

油漆的定量控制可有几种方式：

① 定时间控制　它利用定压力、定时间控制注入量。注漆管路在第一走珠打入、注漆开始时计时，按定时延长后打入第二走珠封闭。由于 TPS 模式有退漆功能，对于多台车批次的油漆定量不必非常精准，因为余量可由走珠退回。定时控制在控制手段上是不难实现的，可以使用 PLC 软件计时功能，也可使用计时器，都非常简单。

② 流量计控制　可采用流量计进行，可以为每一路配置流量计计量。如果枪站数目多，也可分组采用几台流量计分时计量。此模式定量准确，如果计算、设定得当，可无须退漆。

推动第二走珠前进的空气压力应与涂料压力相同，通常为 10～13bar，要采用 14bar 的中压气源。要配置中压空气分配站，配备多路可调整压力的供气口，为各 TPS 管路分别提供驱动空气。此方式油漆压力没有脉动，各枪站可无压差，省去系统涂料稳压器和支路调压器。

单通道定量供漆也可以使用三珠系统边供漆边清洗。在定量油漆注入管路、第二走珠发出后，可以注入定量清洗溶剂，然后再发射第三珠，接入中压空气推动走珠前进。此时第一、第二珠之间管段为油漆，第二、第三珠之间管段为清洗溶剂，第三珠之后为中压空气，见图 6-41（自右向左）。这样注漆、供漆和清洗同时进行，进一步缩短了换色流程，也可以节省溶剂消耗。此模式特别适用于无须退漆的单台车或几台车作业。但这要使用三珠发送接收器，它们要有精确的走珠到位信号和驱动单元。走珠发送、接收模块必须和清洗模块、Dump 阀等集成在一起，源端模块集中安装在供漆矩阵阀岛上，终端模块安装在机器人手臂上，见图 6-42。

图 6-42　集成式走珠模块

6.8.5.2　TPS 管路的作业和换色流程

TPS 模式为每枪站（或站组）配备一条管路，各管路可同时执行工艺流程。两珠系统主要流程如下：

① 系统注漆：打开供漆矩阵中各路走珠发射模块 Dump 阀排气，启动供漆主泵向系统注漆，完成后关闭 Dump 阀。

② TPS 管路注漆：打开 TPS 管路终端 Dump 阀排气，由始端发送模块发出第一走珠，启动主泵将油漆注入管道，推动走珠前进。此时管道内可能存有残余清洗溶剂，由第一走珠清退，终端 Dump 阀排出。

定量注漆完成后，发送模块发送第二走珠，此时 TPS 管路一、二两走珠之间为定量油漆。接入中压空气驱动第二走珠送漆，此时中压空气提供相当于主泵的驱动压力。当第一走珠到达管路末端时，被接收器接收，终端模块排泄阀关闭。此时废溶剂或空气已完全排出，第二走珠前部管道充满油漆，注漆结束，可以开始喷涂作业。

③ 作业：喷具喷出作业时中压空气继续驱动第二走珠前进，持续给油漆加压，保证喷具作业，直至批次作业全部完成。

④ 排漆：如果油漆用量设定准确，此时 TPS 管中应只有少量余漆，可打开终端 Dump 阀排出、无须退漆，这也是定量供漆模式的优点之一。此时第二走珠也由接收模块接收。

⑤ 退漆：如果管路余漆较多，仍可将其退回。关断供端中压空气并打开 Dump 阀排气泄压，由终端模块打入第一走珠，接入压缩空气，驱动退漆。此时第一、第二走珠间为余漆；第二走珠前为常压空气。

第二走珠到达 TPS 管路首端并被接收时，空气排完，关闭 Dump 阀，接通油漆桶，剩余油漆由第一走珠驱动返回漆桶。

第一走珠到达发送器并被接收时，关断驱动压缩空气，打开 Dump 阀排气泄压，退漆完成。

⑥ 清洗：可按常规工艺清洗管路。有些小批次为单台或几台车，油漆用量少、

对管路污染少，通过一次溶剂即可清洗干净，此时退漆清洗可同时进行。

注意此模式为定量供漆模式。它的另一个好处是油漆与供端涂料流断开，处于电隔离状态。如前所述旋杯作业时要加载高压静电，此模式可以避免高压接地短路，完全可以用于水性内加电式旋杯进行静电喷涂。

6.8.6 多通道矩阵模式

多通道矩阵模式是在单通道矩阵模式基础上，为每枪站配置 2～3 条 TPS 管路，见图 6-43。一条 TPS 管路在用时，其余管路可做清洗换色准备。它的供漆是由油漆配送中心（物流中心）管理的，此模式亦可以作为油漆整线换色使用。作为整线使用的前提是换色无缝连接，所以在物流中心必须配置至少两套换色装置。

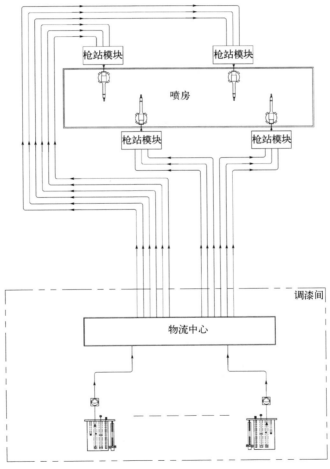

图 6-43　多通道矩阵模式

6.8.6.1 系统构成

多通道矩阵模式为每枪站（或站组）配备 2～3 条 TPS 管路直连；各 TPS 涂料处理流程由大型油漆配送中心统一编程管理。作为小颜色补充系统使用时，供漆系统可配置 2～3 套 25～60L 小桶供漆单元，进行特殊色的小颜色作业。如果作为整线使用，须另配 10～20 套 200L 桶盖式大桶常用色供漆单元。它们都可以换色，都参加作业顺序统一编程。这么多的供漆单元参加排序准备，就使得供漆模组的清洗换色时间更为从容，随时有准备好的系统待用，可以实现换色作业的无接缝衔接，使得整线如同固定系统那样连续生产。

由于每台机器人配有数条 TPS 油漆供管，可以一条在用，其余可做清洗换色准备。清洗管路不涉及供料单元，所用时间较短，2～3 条线基本可以做到管路换色的无缝切换。配合程序化的路流中心，可以真正实现换色的无缝连接。

6.8.6.2 油漆配送中心

多通道矩阵模式的供漆分配、排序、定量、流程是由油漆配送中心（也称物流中心）完成的。它的供给侧连接所有供漆单元，分配侧连接所有 TPS 管路。它的设计思路是：在供给侧，对各供漆单元的供漆和换色次序进行排序编程，在前序系统作业时后序系统可以清洗换色，供漆系统越多，换色越从容。在分配侧，对每批次作业的各枪站的加注量、作业和换色操作流程进行编程，实施全时段智能自动控制，对所有供漆单元和枪站实施全面过程管理。如果安排得当，可以实现如同固定颜色系统那样的无缝换色作业，这也是作为整线使用的前提。油漆配送中心必须至少有两套换色装置和连接 TPS 管路的流体通道供选色，其中一套供给在用系统；另一套注漆待用。智能化油漆配送中心是一套自动化流程实时控制系统，它由多路油漆通道切换模块、走珠模块、清洗模块、Dump 阀等组成阀岛矩阵，配备各种传感器、控制器，由 PLC 过程控制系统集中管理。它有 HMI 人机界面，可以对工艺参数、作业次序、操作流程进行编程、赋值设定，进行全程实时管控，也会实时显示过程状态、报警信息，对全过程进行画面监控。

6.8.6.3 终端连接

矩阵模式的终端可以是一个枪站，也可以是一个机器人站组。色漆（B2）、罩光（CC）的喷涂都是由多台机器人同时作业的。它们都有内喷、外喷、一道漆、二道漆流程，可分为 4 个机器人站组，每站组由 2～4 台机器人同时作业。同一站组机器人的涂料供给要求（压力、流量）是基本相同的。我们可以将每站组的 2～4 台机器人串联或并联起来，作为一个终端，这样可以减少终端数目。当然这也要在机器人连接节点处配置走珠分配器模块。这种方式适用于大批量生产。

6.8.6.4 换色流程

单套 TPS 管路的清洗换色时间较短，约为数十秒，但供给单元的清洗时间会比较长，需要十多分钟或更长。所以能否实现无接缝换漆，关键在于供漆单元的清洗时间。整线模式的多通道矩阵由于有一二十套供漆单元参与排序，只要排序合理，供漆单元的换色准备时间会非常充分，可以保证 1～2 套处于换好漆待用状态。在管路侧，3 套 TPS 管路中的一条作业，两条处于清洗换色状态，如果定量准确，无须退漆，会使得换色更为从容。供漆单元和 TPS 管路的清洗换色流程完全如前所述，这里不再赘述。

6.8.7 支管选色模式

支管选色模式是建立在油漆配送中心上的主、支管供漆模式。它设置 4～6 条循环主管，由油漆配送中心按照作业次序注入油漆；每枪站配置 1～2 条支管供给机器人，在主、支管节点处配置中转站，进行二次选色。它的好处是主管可以处于循环状态，便于参数调理。支管的选色站类似于将机器人的换色器移过来，见图 6-44。它也可以进行定量供漆，但只能在支管中进行，所以需要增加支管长度（做成盘管），可以储存一次喷涂（单台车）的用量。这也相当于静电喷涂时采用的静电隔离弹夹，适于水性漆静电喷涂。此模式适于小颜色或整线换色模式，但结构显得过于复杂，不作过多讨论。

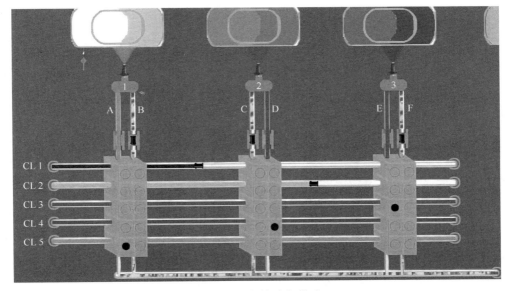

图 6-44 支管选色模式

6.8.8 供漆单元

作为补充生产手段使用的小颜色换色系统，通常会配置有限几套供漆单元。为适应批次用量小、换色频繁场景，供给单元都设计得简单、小巧、易于清洗，通常采用 25～60L 小桶单元。小颜色单元如果只有 2～3 套，通常会和控制箱等组装在一个模组架上，见图 6-45。

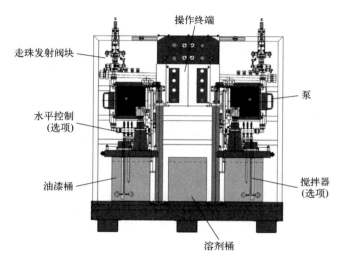

图 6-45 小颜色油漆供给装置

供漆单元都由主泵、料桶、搅拌器、过滤器、液位计、压力传感器、背压器、升降式桶盖等组成。供漆单元基本配置如下。

油漆桶：可使用 25L、40L、60L、200L 等不同规格；要根据线体模式、作业批量、换色频次、枪站多少、管路长短选配；通常直接使用原装料桶。

供漆主泵：通常选用 3∶1 气动或电动隔膜泵。它防爆、结构简单、使用方便，有多种规格供选取。隔膜泵完全能够满足油漆供给压力流量要求，且比柱塞泵流量大、注漆时间短，结构也易于清洗。漆桶要配置升降式桶盖，安装搅拌器、液位计、泵虹吸管等，规格与料桶匹配，由气动支架升降。

搅拌器：要根据桶大小选配。小桶单元通常选用气动；大桶单元可配电动。

过滤器：为小型、金属滤网式，滤网规格为 100～300μm，拆卸、清洗方便。通常也会将各供漆单元的过滤器集中组装在一起，便于程序化清洗。另有一种旋转过滤器，它的滤芯清洗时可旋转 90°，更便于程序化地自动清洗。走珠系统所用的各种过滤器、过滤器单元、旋转过滤器、过滤器模组见图 6-46。

图 6-46 走珠系统处理元件

液位计：由于安装在桶盖上，要选配非接触式。小桶常选用导波雷达式，它对液位波动大的环境适应度较强。

背压器：在主管路采用循环模式时配置，它可以维持涂料系统工作压力。

压力传感器：安装在供给单元出口，检测涂料压力，控制主泵泵频，使系统压力维持在设定值。

废溶剂回收桶：用来接收管路清洗废溶剂。它有格网结构防止回收的带压溶剂飞溅；空气出口带有过滤器以隔离溶剂防止排出。

小颜色单元供给单元模组：有不锈钢底盘和支架。可以容纳 2～3 个油漆供给单元，以及废溶剂接收桶、控制箱等，装配成一个独立模组。

控制箱：小颜色单元控制简单，可采用工位控制箱管理。它的面板设有注漆、清洗、退漆等操作按钮以及指示灯。油漆配送中心会采用有 HDM 界面的大型 PLC 系统。

如果作为整线走珠换色系统，则在小颜色系统之外另外配置 10～20 套常用颜色大供漆单元。通常采用 200L 大桶、升降桶盖式可换桶结构，和传统固定颜色系统基本相同，见图 6-47。

图 6-47 含常用色的走珠换色整线系统

6.8.9 溶剂供给和废溶剂回收系统

小颜色走珠系统清洗溶剂的供给和回收，可以使用调漆间固定大系统配置中的溶剂供给和回收系统。溶剂系统在调漆间和喷室都有供给和回收管路，可以直接连接使用。但如果以走珠系统作为整线基本生产手段，则要另行配置。

6.8.10 中压空气站

如果采用定量供漆模式，需要使用 10～16bar 的中压空气，为驱动定量供漆的第二走珠提供动力。如果工厂没有中压空气供给，就要单独配置。

中压空气站通常采用柱塞泵增压，采用闭环反馈控制稳压输出压力，由储气罐存储使用。中压空气站要设有多个（每条 TPS 管路设一个）可调压力的空气出口，按工艺要求调整使用。

6.8.11 控制中心

如果采用油漆配送中心供漆模式，需要配置大型的 PLC 控制系统、人机双向界面，进行全线实时控制管理，并与机器人、中控室等进行信息交换。主控柜安装在喷室外部近旁，见图 6-48。

图 6-48 走珠系统的主控单元

6.9 油漆喷涂系统的安全和环境要求

6.9.1 调漆间、储漆间的安全要求

调漆间有持续存在的挥发性易燃、有害气体，根据国标，调漆间的防爆级别

属于Ⅱa类、0区，必须严格执行相应的防爆标准要求。调漆间防爆的基本要求是有可靠的送排风系统稀释室内可燃挥发气体浓度；有火灾监控、报警和灭火系统；地面涂覆导电软性涂料以防止产生静电或金属物件跌落可能引起的火花；所有电气设备、元件、控制箱要使用防爆产品；所有设备要可靠接地；连接导线使用高阻燃线、装在接地的防爆穿线管或桥架内；要使用加铠或导电的涂料软管并可靠接地；不得使用明火，不得造成可能引起火花的撞击、摩擦；维护、调整操作时要使用防爆工具；防止设备过热、导线短路产生高温。由于罩光漆使用有机溶剂，中涂、色漆使用水性涂料溶剂，两者安全程度要求有所不同，通常要分割成两个调漆间，有利于节能。

6.9.2　调漆间、储漆间的环境要求

油漆参数对温度、湿度敏感。调漆间应恒温恒湿，尽量接近油漆设定参数，通常温度为22~24℃，湿度约75%，这主要靠送排风维持。储漆间的温、湿度要求与调漆间相同，由外部运来的油漆应在此存放至少48h，以使其温度到达室温，再加入调漆桶使用。

调漆间要建在涂装车间边缘并开有直通厂区的门，这样会有利于物流管理和消防应急。储漆间应建在调漆间隔壁，与调漆间和厂房外均有门连通。

设备间布置在调漆间另一侧隔壁，安放温控系统、液压站、控制柜等。它不属于防爆区，各种出入调漆间的管道应做好密封隔离。管中管模组、媒质模组都要安装接水盘，并有管路连接下水口；电控柜组上面如果有管道经过，也要安装接水盘。

第7章
胶、蜡、发泡系统的设计和集成

胶、蜡、发泡系统简称胶蜡系统。胶蜡工艺是汽车涂装技术进步最快的方向之一。功能涂料的增加和自动技术的普及是两个重要特征。目前乘用车胶蜡品种已逾 10 种，其中涂胶作业品种和作业量最大。除了密封胶尚有手动挤胶外，其余胶种作业基本都已全部自动化。

胶蜡涂料黏度、固体分都很高。涂料供给系统要使用高、中压系统，泵和喷具也不同于油漆系统，有许多特殊之处。

7.1 胶蜡系统的结构和管线设计

7.1.1 胶蜡系统与油漆系统的异同

胶蜡系统的工作原理和油漆系统基本上是相同的，都采用集中供给模式。胶体材料的供给单元也都集中在供料间集中管理，但与油漆系统仍有许多重要区别，主要有以下几点：

① 胶蜡材料黏度、固体分都远高于油漆。系统压力高、管路压力损失大，所以供给和输送单元都要采用高压或中压系统。

② 胶蜡体材料没有沉淀现象，无须搅拌，对流速无要求。但自动作业系统为了维持涂料温度、黏度等参数的一致性，也都需要循环供料。

③ 供胶主泵由于输出压力高，流量都较小，通常需要多台并联使用。对于流量大、输送距离远的系统，压力流量要求难以同时满足，要采取双级级联方式供料。一级供胶通常采用压盘泵。

④ 胶蜡材料黏度对温度更为敏感，低温时难以流动，所以工作温度通常要设置较高。由于输送管路粗大、厚壁、较长，热容量和散热面积大，不能像油漆系统那样采用点加热方式，而要在管路全程敷设伴热带加热控温。

⑤ 胶蜡作业都采用无气喷涂，使用挤胶枪、喷胶枪、3D 枪、注蜡枪、双组

第 7 章 胶、蜡、发泡系统的设计和集成

分枪等不同喷具作业。为了和机器人进行速度同步，通常采用抽吸式定量缸调速供料。

7.1.2 单级和双级供给系统

7.1.2.1 单级供给系统

单级供胶系统供料单元安放在材料间，通过管路直接连至各枪站供料，见图7-1。此模式适用于枪站较少或黏度较低的系统，如 LASD、裙边胶、空腔注蜡、双组分发泡等。对于黏度较高的胶体，单级主泵要采用压盘泵。

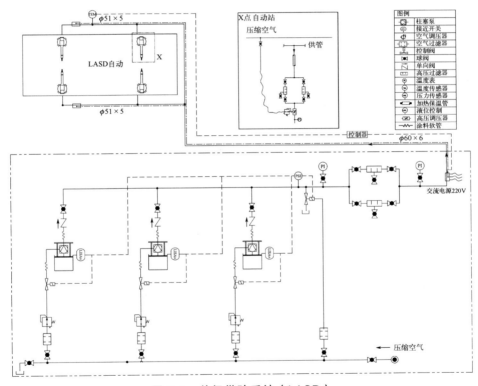

图 7-1 单级供胶系统（LASD）

7.1.2.2 双级供给系统

双级供给系统主要用于高黏度胶作业。一些多工位大流量、输送距离远的供胶系统，由于喷具工作压力高、涂料黏度高、管路输送压损大，单级供给的流量压力难以同时满足，需要采用双级供给模式。其中一级供胶的任务是将材料从原

料间输送至工位附近的二级站;二级站负责增压送至各枪站。UBC、UBS 等胶种通常采用双级供胶模式,见图 7-2。

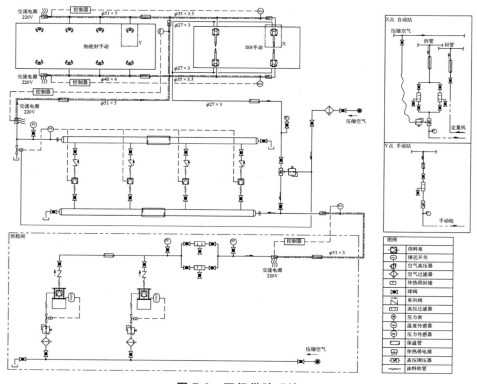

图 7-2 双级供胶系统

双级供胶模式的一级供胶单元和单级供胶单元是一样的,大多使用压盘泵。由于只需将胶体送至二级站位,无需很高的工作压力,通常选用中压主泵即可,可用气动或电动泵。大流量系统要多台并联。

二级泵可以采用虹吸式高压柱塞泵。这是由于胶体材料经过一级输送管路的加热,黏度比原料桶大为降低,中转环节也会保有一定的残压,可以保证二级泵的流畅虹吸。二级泵通常采用气动高压泵。近年 GRACO 公司推出 E-FLO SP 电动高压泵,有压盘式和虹吸式多种型号。其中 CHECK-MATE 为压盘式,用于一级供胶;DURA-FLO 为虹吸式,多用于二级增压供胶。

7.1.2.3 双级供胶系统的级联

双级供胶系统的级联有中转桶式和直连式两种模式,中转桶式采用开放的胶桶中转,直连式采用管路直接连接。

中转桶级联是在二级泵站位置配置中转桶，见图 7-3。它接收一级供胶管路送来的胶体，再提供给二级泵虹吸。此模式的好处是当中转桶储满胶体后，一级泵可停歇，这有利于节能和延长泵的使用寿命，也便于计量原材料消耗。

图 7-3　中转桶式级联

为使二级泵的虹吸口得到必要的进料压力，中转桶体的形状、结构、出料口要采用特殊设计。中转桶设计的一般原则是桶体容量要大、体型瘦高、桶底呈大倾角锥形，以使桶底出口有较高的涂料自重压力，便于胶体流动以利于二级泵的虹吸。实际的中转胶桶通常设计为 800～1500L，高径比为 2∶1 以上。桶出口的管道和梳型管也要做得粗大、流畅，多台二级泵的吸料口最好分布在桶底四周，以使各二级泵都能流畅吸料。为了进一步降低涂料黏度，在桶身要加装加热装置，通常使用伴加热带或水套加热。

中转胶桶也需安装搅拌器。它的作用是活化胶体、均匀温度、增加其流动性，所以要采用大桨叶多层、大覆盖面积的设计。注意搅拌速度切不可过高，过高的转速对胶体剪切过大并产生较大温升，会使胶体性态改变，通常每分钟 3～7 转即可。为此搅拌器须配置 200∶1 左右的大变比减速器。电动机功率无需过大，1kW 左右即可。

梳型管级联是将一级供胶管路直接连至二级泵梳型吸料管入口，见图 7-4。它的好处是简单。梳型管也会留有一些残余压力，有利于二级泵虹吸。在一级系

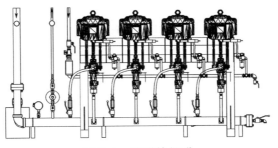

图 7-4　梳型管级联

统设计和调整时，也无须使残压过高，通常应在 10bar 以下。要注意梳型虹吸管在二级泵关闭时可能要能承受一级供胶系统的静态压力，制作时要保证足够的耐压强度。

中转桶式连接设备复杂、好处不多，除非特殊需要不必采用。直连式结构简单、操作方便，目前应用更为广泛。

7.1.3 供给系统的循环

胶蜡系统使用高固体分、高黏度材料，它们不会沉淀，但黏度、流动性对温度敏感，胶蜡系统的管路都有全程加热。但它们的喷具末端软管通常没有加热环节，作业间隙较大时会冷却、使流动性变差，再作业时不能流畅出料，所以自动作业系统要采用循环供料方式。循环的意义主要是为保持涂料流动性，所以要采用循环到枪（或定量缸）模式。由于喷具吐出量大，循环回流在喷具作业时可以停止，也无须像油漆那样进行严格的流体平衡设计。

对于单级供给系统，循环回流涂料要返回料桶；如果主泵使用压盘泵，回流要返回压盘之下。为克服压盘压力，它应留有 10bar 左右残余压力。对于多主泵并联系统，这时要特别注意回流分配问题。由于只有一个回流干管，回流胶体会同时送给并联的所有压盘泵下的原料桶，如果有些胶桶是满的，再接受回流时会溢出。此时控制系统应关联各压盘泵气动支架上的位置信号，对满位胶桶的回流支路予以管段屏蔽。各泵的回流支路上应配有自动阀。

双级供胶系统的循环通常只在二级级内进行。为了保持系统压力，回流管路末端要串联背压器，但它以机械摩擦压损方式承担背压，在压差较大时会引起严重发热，损坏胶体，也会对背压阀造成过度磨损，所以背压最好不集中在背压器一点。高压系统的循环回管通常使用较细的管径，利用其流程压损承担大部分系统压力降落，由于全程均匀承受压损，分散、均匀发热，不会损坏胶体。此时在其出口处加装一个大口径背压阀，在一定范围内细致调整系统压力作为辅助，完全可以满足背压需求。

7.1.4 供胶输送管路的设计

7.1.4.1 供胶管路设计要点

供胶管路设计与油漆不同。由于胶体不会沉淀，是不须考虑流速的，各枪站区间也无须像油漆那样多次变径，通常只需考虑流量和压损即可。我们知道涂料管路压损与涂料黏度成正比，胶体动力黏度通常为 400~2000POIS，是油漆黏度的百倍千倍之多，所以管径必须选取得足够大。胶体涂膜较厚，喷具喷出量大、工作压力高。这些都是系统和管路的设计特点和要求。

由于供胶管路全程有恒温加热环节,所以一些无须循环的简单系统可采用盲端结构,这使得管路系统较为简单。为了降低系统和主泵工作压力,也为增加工位压力均衡性,多工位系统的管路要尽量采用分支结构。虽然自动喷涂需要循环到枪,但喷具作业时无须回流,不必过多考虑系统压力流量的综合平衡,只以满足喷具需求为可。所以管路设计的内容以分支结构、管径和壁厚选择、压损计算为主。管路结构设计也较为简单,按喷室两侧分支即可,多喷室则多分支。如果喷室每侧枪站较多,可在喷室每侧中部再分支。

供胶管路的设计要依据涂料黏度、流量、管路长度、允许压损来预选规格,经压损、耐压复核后规格化选材。

7.1.4.2　高黏度流体压损计算

高黏度涂料的压损计算,如果采用低黏度流体使用的通用压损公式,会有较大误差。这主要是由于通用压损公式是建立在流体层流内摩擦力的模型上,模型中流体在管路中心处流速最高,管壁处流速为零。而实际的胶蜡材料输送,由于采用的管路内壁光滑,温度也较高,涂料与管壁摩擦力远小于其内摩擦力,不会与管壁完全黏滞不流动。这与计算模型相差很大,使得实测压损远小于公式计算值。更重要的是,涂料表观黏度在不同温度和剪切速率下也并非常数,由于胶体不用搅拌,有些涂料厂给出的黏度往往是在常温下从胶桶中直接取胶的测量值,这和胶体在管路输送中的温度、剪切状态(流速)会有很大不同,表征黏度也会大不相同。

实际上对于不同黏度的胶体,管路输送压损很难用一个简单的解析公式来准确计算,至今也没有可拿来实际计算的单一解析公式。但可以肯定的是流体压损与黏度、流速(或流量)、管路长度正向关联(不一定为线性),与管路截面积反向关联。这样我们在实际计算中不妨仍采用通用公式(2-3a)

$$\Delta p = 680\eta l Q/d^4 \qquad (2\text{-}3a)$$

的变量关系结构,而采用不同胶体、不同黏度区段的压损经验系数 K 来修正,求得相对准确的计算结果。经验系数可以通过对工作温度下不同流速(剪切速率)的胶体多次实测采样平均得出。这样,式(2-3a)变为

$$\Delta p = K\eta l Q/d^4 \qquad (7\text{-}1)$$

在胶体输送管路设计中,我们采用流速均等(管路截面积与流量成正比)的原则。先设定在不同管路区段中的涂料流速,这可以由它所承载的喷具流量需求算出。由于流速与涂料剪切速率相关,我们可以认为各段管路中涂料黏度基本相同。我们再设定各区段压力分配的期望值,就可以计算出管径。

7.1.4.3 管径的选取

管径的预选可用式（2-3a）逆向推算。式（2-3a）描述了压损与黏度、流量、管路长度以及管径的关系，当然也可以预设压损，由涂料黏度、需求流量、管路长度来逆算推出管径：

$$d = (K\eta l Q / \Delta p)^{\frac{1}{4}} \tag{7-2}$$

7.1.4.4 壁厚的选取

在预选管径后，要根据系统最高工作压力计算壁厚。我们要先计算出系统正常的工作压力，考虑可能出现的超压情况，增加适当裕量和安全系数作为系统最高工作压力。

管路的壁厚要根据国标给出的公式计算。根据国家标准 GB/T 20801.3—2020 工业压力管道规范，无缝管材壁厚应按 GB/T 20801.3—2020 公式 1 计算：

$$T = pD/2/(S\Phi W + pY) \tag{7-3}$$

式中，T 为管壁最小厚度，mm；p 为设计耐压，MPa；D 为管道外径，mm；S 为金属材料许用应力，MPa，由 GB/T 20801.2—2020 表 A.1 查取，查 20、20G 碳钢为 137，304 不锈钢为 138；Φ 为焊件的纵向接头（焊管）质量系数，按 GB/T 20801.2—2020 表 A.3 查取，如果管路全部采用无缝管材、管件，可取为 1；W 为焊接接头高温降低系数，按 GB/T 20801.2—2020 4.2.7 查取，如果采用标准接头和焊接工艺，管路工作在常温环境，可以不计；Y 为计算系数，当 $t \leq D/6$ 时（常用规格均在此范围），由 GB/T 20801.2—2020 表 15 查得，可按 0.4 计算。

7.1.4.5 供胶管路设计举例

【例 7-1】某细密封双级供胶系统如图 7-2。它的一级供胶管路长度为 40m；二级供胶主管长度 20m，自动站枝管两条，各长 10m、覆盖两个自动站；手动站枝管两条，各长 15m、覆盖 4 个手动站；自动站循环回流主管长度 16m。出口的工艺需求和胶体参数如表 7-1，求做管路设计。

表 7-1 系统配置、作业要求和胶体参数

胶种	黏度/POIS	材料	自动出口					手动出口		
			数量	喷具/定量缸	流量/(L/min)	枪站工作压力/bar	循环方式	数量	流量/(L/min)	枪站工作压力/bar
细密封	1000	水性PVC	4	3D枪加双定量缸	2	160（含软管）	级内循环到枪	8	1	160（含软管）

第 7 章 胶、蜡、发泡系统的设计和集成

设计：

此系统有 4 个自动（机器人）喷胶工位和 8 个手工挤胶工位；出口多、流量大、出口压力高，采用二级供胶模式。二级供胶管路采用喷室两侧分支供胶；自动站采用循环到定量缸模式、级内循环；由于作业时停止循环，循环流量不必额外考虑。手动站采用盲端模式。

（1）规划系统压力

规划（预设）系统压力目的是选择管路规格和主泵。本例为二级供胶系统，分别规划如下：

一级站比较简单，它的系统压力为主管压损加虹吸残压即可。如果分别预估为 40bar、10bar，则管路最高压力为 50bar。由于压力要求不高，管路壁厚可按中压系统耐压值 150bar（15MPa）计算。

二级站系统最高工作压力应是枪站需求压力和硬管路压损之和。本例自动站连接 SCA 定量缸，它的涂料供给压力需求为 160bar（枪站压力，指枪站调压器完全放开时的出口压力，含软管压损），手动站与此相同。二级硬管路压损应为二级主管、枝管、支管压损之和。我们规划其总压损为 40bar；这样，可以把系统工作压力设定为 200bar，在计算管路壁厚时，要在系统工作压力上增加 50% 的安全裕量作为耐压要求，此例按照 300bar（30MPa）计算。

（2）选取管径

硬管管径要根据系统各区段管路流量、长度、涂料黏度、规划压损，用压损公式反向推算。在压损计算公式 $\Delta p = K\eta l Q/d^4$［式（7-1）]中，我们根据经验数据，假设 1000POIS 黏度区段系数 K 为 200，即

$$\Delta p = 200\eta l Q/d^4 \tag{7-4}$$

据此可得管径计算公式

$$d = (200\eta l Q/\Delta p)^{1/4} \tag{7-5}$$

在以下的设计中以式（7-5）来计算压损、管径。

一级输胶管路采用单程输送模式。管路长度为 40m，流量为 2×4+1×8 = 16(L/min)，规划压损为 40bar，代入式（7-5），可得

$$d = (200\times 1000\times 40\times 16/40)^{1/4} = 42.3(mm)$$

规划二级主管压损为 24bar，枝管压损为 10bar，支管压损为 6bar，根据同一公式，可计算出各段管路预选管径，如表 7-2。

（3）选取壁厚

管路壁厚应按 GB/T 20801.3—2020 公式 1 计算：

$$T = pD/2/(S\Phi W + pY) \tag{7-3}$$

表 7-2 预选管径

管路	代号	长度/m	涂料黏度/POIS	涂料流量/(L/min)	预选内径/mm	预选外径/mm	规划压损/bar	预选耐压/MPa	壁厚/mm	系列化规格/mm	计算压损/bar
一级主管	T1	40	1000	16	42.3		40				
二级主管	T2	20	1000	16	40.4		24				
二级自动枝管	T3	10	1000	4	26.6		10				
二级手动枝管	T4	15	1000	4	29.4		10				
自动站支管	T5	3	1000	2	19.7		6				
手动站支管	T6	3	1000	1	16.6		6				
回流管	T7	16	1000	8	20.3		160				

胶蜡管路材料我们通常选用 20# 碳素无缝钢管，水性材料选 304 无缝管。式（7-3）中许用应力可都按 137 计算；Φ、W 取 1，Y 取 0.4。预估一级系统耐压 15MPa，二级系统耐压 30MPa，则各段管路壁厚应为：

一级主管预选内径为 42.3mm，预估外径为 50mm，预设耐压 $p = 15$MPa，代入式（7-3），得壁厚 T 为

$$T = 10 \times 50/2/(137 \times 1 \times 1 + 15 \times 0.4) = 2.6 \text{(mm)}$$

二级主管预选内径 40.4，预选外径 50，预设耐压 $p = 30$MPa，则管路壁厚为

$$T = 30 \times 50/2/(137 \times 1 \times 1 + 30 \times 0.4) = 5 \text{(mm)}$$

同理可算出各区段管路壁厚，如表 7-3。

表 7-3 选取壁厚

管路	代号	长度/m	涂料黏度/POIS	涂料流量/(L/min)	预选内径/mm	预选外径/mm	预设选耐压/MPa	壁厚/mm	系列化规格/mm	复核压损/bar
一级主管	T1	40			42.3	50	15	2.6		
二级主管	T2	20			40.4	50	30	5		
二级自动站枝管	T3	10			26.6	33	30	3.2		
二级手动站枝管	T4	15			29.4	36	30	3.6		
自动站支管	T5	3			19.7	26	30	2.6		
手动站支管	T6	3			16.5	23	30	2.3		
回流管	T9	16			20.3	26	30	2.6		

（4）实选系列规格管材、复核压损

根据以上计算，可按照 GB 3087、GB 5310 系列值选取管材规格并复核压损，如表 7-4。

表 7-4 实选管材、耐压、压力损失

管路	代号	长度/m	涂料黏度/POIS	涂料流量/(L/min)	预选内径/mm	计算壁厚/mm	实选规格/mm	耐压/MPa	复核实选规格压损/bar
一级主管	T1	40	1000	16	42.3	2.8	Φ51×3	15	31.2
二级主管	T2	12	1000	16	40.4	5	Φ51×5	30	13.6
二级自动站枝管	T3	10	1000	4	26.6	3.3	Φ35×3.5	30	13
二级手动站枝管	T4	15	1000	4	29.4	3.6	Φ40×4	30	11.4
自动站支管	T5	3	1000	2	19.7	2.6	Φ27×3	30	6.1
手动站支管	T6	3	1000	1	16.5	2.3	Φ27×3	30	3.1
回流管	T9	16	1000	8	20.3	2.6	Φ27×3	30	131

表中可见，手动站供管压力损失为 3.1+11.4+13.6 = 28.1(bar)，自动站供管压损为 6.1+13+13.6 = 32.7(bar)，枪站要求压力为 160bar，供管入口压力均在 200bar 以内，符合系统设计对于流量、压损、压力、耐压要求，可以采用。

（5）关于软管压损

注意以上计算中并未涉及软管压损，我们只是将它包含在枪站所需工作压力之中。涂料软管连接枪站出口与喷具，为了操作方便，常会使用较细的软管，这样在枪站出口、支管与软管连接处就需要变径。此处涂料压力、流量没有改变，两侧流速必然不等，剪切速率也是不同的。这样涂料在两段管路的表观黏度就会有所不同，所以计算软管的涂料压损时就不能使用硬管中的涂料黏度（硬管各段的设计流速基本相同，可以使用同一表观黏度）。以手动站为例，枪站支管通常为 1in 左右，软管仅为 1/4in，它们的管径比为 4:1，流速比则为 1:16，即软管涂料流速是支管的 16 倍；两段管路的剪切速率相差极大；软管中涂料的表征黏度会大幅下降。由于计算较为复杂，所以在计算软管压损时通会采用实测或经验数据。例如手动站所用 1/4in、7.5m 长的软管，使用中等黏度胶体材料时，实测压损约为 40～60bar，在系统设计中通常将其包含在枪站需求压力之内，而不单独计算。

7.1.5 系统工作压力计算和主泵选取

我们仍按上例数据设计。

一级系统工作压力为管路压损、供料单元压损（泵输出软管、流道和过滤器压损）、预留二级泵残压之和；我们估算供料单元压损和残压各为 10bar，表 7-4 一级主管压损为 31.2bar，则系统工作压力为 31.2+10 = 41.2(bar)；主泵工作压力为 41+10 = 51(bar)。

二级系统工作压力,应为枪站压力与硬管路压损之和。按压损最大支路(自动站)计算:

P = 160+13+13.6+6.1 = 193(bar);主泵压力应再加过滤器等压损 10bar,为 203bar。

根据以上计算,一级压盘式主泵应在流量大于 16L/min、工作压力高于 6MPa 的型号中选取。如果选择气动泵,可选择 15:1。二级主泵应选取流量大于 16L/min、耐压高于 30MPa 的气动或电动虹吸泵。如果选择气动泵,可在(45:1)~(55:1)中选择。

7.1.6 管路温控设计

胶蜡材料黏度对温度敏感,低温时会很大,流动性极差。胶蜡材料正常工艺温度约为 30~35℃,需要单向加温。由于输送管路较粗、充满大量胶蜡材料,热容量大,需要全程加热,通常采用伴热带缠绕加热。伴热带的好处是易于控温、有上限温度而不会无限升温,也比较耐用,铺设简单、造价不高。

伴热带的选型主要是功率密度。从功能上说,管路应分为加热区和保温区,它们的功率密度不同,加热区较高。例如一级供胶管路应为加热区;二级管路可为保温区。但在系统开机时,由于全部管路充满冷胶体,为了缩短加热时间,要求全程加热,所以在设计时可都按加热区计算。

从过程角度看,管路加热可分为开机升温和过程控温两个阶段。开机阶段的要求是将全部管路及管内存有的胶蜡尽快升至工艺温度;作业阶段要求对补充消耗的材料升温。

【例 7-2】求【例 7-1】开机过程管路伴热带功率密度。

【例 7-1】中供胶系统流量为 16L/min,一级输胶管路规格为 $\phi 51mm \times 3mm$,长度为 40m;二级主管路为 $\phi 51mm \times 5mm$,长度 12m(一般计算中可忽略枝管、支管)。开机升温要求从 20℃升至 35℃,时间不大于 20min,计算伴热带功率密度、加热功率。

将含胶管路加热,需要对钢质管路和内含胶体加热,可分开计算。由于加热时间较长,我们只计算材料体吸热量,不考虑材料热传导情况,则材料温升所需热量为 $Q = GC\Delta T$,式中,Q 为热量,G 为材料重量,C 为比热容,ΔT 为升温温差。

查钢材密度为 $8kg/dm^3$、比热容 $0.46kJ/(kg \cdot ℃)$;胶蜡材料物理参数相差较大,假设 PVC 密封胶密度为 1.3kg/L,比热容为 $1.3kJ/(kg \cdot ℃)$,则计算如下:

一级主管管路每米重量为 $(51^2-45^2) \times 3.14 \div 4 \times 8$ = 3.62(kg),温升 1℃所需热量为 $0.46kJ/(kg \cdot ℃) \times 3.62kg$ = $1.66kJ/℃$;

一级主管每米容积为 $45^2 \times 3.14/4 = 1.6$(L)，内含胶体每米质量为 $1.6 \times 1.3 = 2.1$(kg)，温升 1℃所需热量为 1.3kJ/(kg·℃)$\times 2.1$kg $= 2.73$kJ/℃；

管材和胶体每米长度每升温 1℃合计需热量为 $1.66+2.73 = 4.4$kJ/℃。

在开机过程要求 20min 内升温 15℃，假设伴热带综合加热效率（含环境热量散失，因包覆保温管，此项较小）为 0.9，则每米长度需要的加热功率为 4.4kJ/℃$\times 15$℃/(20$\times$60s)/0.9 = 61J/s = 61W。

考虑实际使用中伴热带按 3∶1 长度比缠绕，应选用每米功率为 $61/3 = 20$(W) 的伴热带。

同样计算，二级管路主管规格为 $\Phi 51$mm$\times 5$mm，每米重量为$(51^2-41^2) \times 3.14/4 \times 8 = 5.8$kg，温升 1℃所需热量为 0.46kJ/(kg·℃)$\times 5.8$kg = 2.7kJ/℃；

二级管路每米容积为 $41^2 \times 3.14/4 = 1.32$(L)，胶体质量为 $1.32 \times 1.3 = 1.7$(kg)，温升 1℃所需热量为 1.3kJ/(kg·℃)$\times 1.7$kg = 2.3kJ/℃；

管材和胶体每升温 1℃合计需热量为 $2.7+2.3 = 5$kJ/℃。

在开机 20min 内升温 15℃、伴热带综合加热效率为 0.9，则每米长度需要加热功率为 5kJ/℃$\times 15$℃/(20$\times$60s)/0.9 = 70J/s = 70W。按 3∶1 缠绕比，伴热带加热功率密度应为 $70/3 = 23$(W/m)。

【例 7-3】求上例生产作业时管路伴热带功率密度。

由于开机过程中钢质管路已升至额定温度，外覆保温管热损极小，故计算作业加热时仅需计算作业消耗即系统补入的胶体升温功率即可。由于作业温升是在一级供胶和二级供胶系统共同完成的，我们简化计算时可只计算两级主管，二级枝管加热贡献不计。

按上例，涂料流量为 16L/min，则加热功率应为[16L/min$\times 1.3$kg/L$\times 1.3$kJ/(kg·℃)$\times 15$℃]/60/0.9 = 7.5kW。管路总长度为 52m，平均每米加热功率为 7500W/52 = 144W。采用 3 根伴热带，每根功率密度应为 144W/3 = 48W。此功率密度大于开机加热过程所需（23W/m），所以我们应按此规格给系统配置伴热带。配置每米 48W 功率密度的伴热带后，由于功率比开机时段增加一倍，开机加热时间可以缩短。实际选择时不必另加裕量，因为枝管加热我们并未计算在内，实际加热功率比此计算值为大。更准确的计算应按照实际可能发生的最大温差计算，并加入供胶枝管热计算。

对于较长的管路，可以分为多个加热区段，分段控温。每个加热区段都要配置温度传感器，位置应在区段胶体出口附近、伴热带空隙处。它不宜插放在管路内接触胶体，因为探头传感器探头需要耐压保护，并且在稳态工作时和在胶管外壁测量差异不大。

胶体温控精度要求不像油漆那样高，可以采用回差控制方式，由温控仪表或 PLC 控制。

7.2 供胶系统的集成

单级供胶系统由胶泵（或泵组）、过滤器模组、输胶管路、伴热带温控器、枪站等组成，双级供胶系统由一级供胶系统、二级增压系统以及级联装置组成，各胶种基本相同。

7.2.1 供胶系统的基本配置

7.2.1.1 一级供胶主泵

高黏度胶体要从原料桶中吸料，必须使用带 RAM 架的压盘式自吸料柱塞泵，见图 7-5。工作时胶泵的压盘压在胶桶胶面上，泵吸口浸没在胶体中；泵和压盘的自重以及气动支架提供的附加压力会使压盘压紧液面，消灭空洞、帮助主泵吸入材料。一些中低黏度的一级或单级主泵也可以采用虹吸泵。

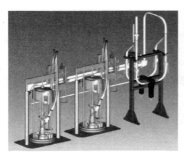

图 7-5　压盘式胶泵

主泵的配置要根据喷具需求的压力、流量以及管路压损选择；大流量时可采用双泵体压盘胶泵或多泵并联；要配置备用泵，以便换桶时切换使用；通常采用一用一备、两用一备、三用一备等模式。注意并联泵的 cycle 数、工作状态要调整得尽量一致。各泵出口要使用同规格的硬管或软管，以使流量均匀分配；备用泵要参加轮换使用编程。各泵的汇流管路要粗大，入口和拐弯处要大弧度平缓过渡以降低压损。

目前压盘泵主要采用气动式，它的最大好处是可以自行维持输出压力平衡，不会超压，在高压系统中使用较为安全。电动压盘泵也在普及中，它们自带控制盒、有人机界面，可以进行多台并联智能管理。

气动升降架又称 RAM，是压盘泵的必配设备。它的作用一是输胶时给压盘提供向下的压力,帮助胶泵吸胶;二是换桶时抬升压盘泵。气动升降架根据主泵大小有单立柱、双立柱、四立柱形式。它们都配有控制盒控制压盘压力和升降压力,并在桶的低位和高位设有位置开关,低位开关用于桶抽空报警,高位开关可限制满桶时循环回流。

过滤器模组安装在胶泵的出口,采用两支高压滤芯式过滤器并联,每支过滤器进出口都配有高压切换球阀,更换滤芯时可以分路关断而无须停产。两支过滤器的入、出口管路并联处要大弧度平滑接入以较少流阻。过滤器模组的入口和出口应装有压力表,既可观察系统压力,又可查看过滤器压差,通常在压差>3bar 时更换滤芯。气动升降架、过滤器模组见图 7-6。

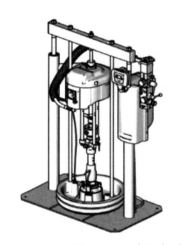 

图 7-6 压盘泵气动升降架、过滤器模组

7.2.1.2 二级供胶主泵

二级供胶模组用于增压。由于一级供料系统有剩余残压,可以使用虹吸柱塞泵,气动、电动泵都有使用,在系统流量较大时,要多台并联,并留有备用泵。有些喷具对胶体颗粒度要求较高,要加二级过滤器,见图 7-7。

7.2.1.3 供胶管路、枪站

由于供胶管路输送高压或中压胶体,所有管材要采用无缝管,符合 GB/T 5310 或 GB/T 3087 标准,壁厚要根据国标计算。它的材质要根据输送材料决定,通常水性涂料要选用 304 等不锈钢材质,其余可用 20、20G 等碳钢材质。高、中压管材使用前要严格处理、检验。碳钢管材要经镀锌或除锈、酸洗、磷化处理,外表面涂防锈漆。管路采用焊接管件连接,所有管件要使用锻件,管路连接完成后必须经过严格的打压实验。

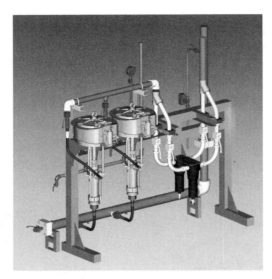

图 7-7 二级供胶泵模组

高压管路系统必须配置超压保护装置。超压通常会发生在系统开机时的材料升温过程。此时如果系统内注满胶体并存有工作压力,胶体加热升温时体积膨胀,会产生非常大的超压,产生严重后果。所以系统关机时和开机前必须泄压,系统自身也必须加装超压防护装置。常用的配置是机械式泄放阀,它在系统超压时会自动打开排出胶体泄压。

为了保证胶体有适当的黏度和流动性,管路全程要缠绕伴热带进行加热控温。伴热带外面包覆保温管。

枪站出口元件包括涂料过滤器、调压器、阀门等,见图 7-8。它们要安装在流体板上。注意阀门等有搬动手柄的元件,两端需固定,不准以管路作为支架悬空安装。

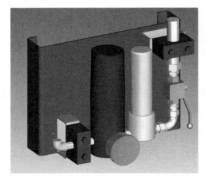 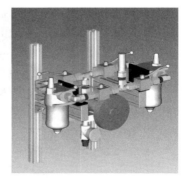

图 7-8 供胶出口调压器过滤器组件

7.2.1.4 喷具和流量控制

打胶系统常用喷具为挤胶枪和喷胶枪,它们都有自动和手动多种型号,用得最多的是自动喷胶枪。用于精准的焊缝密封或有幅宽要求的喷涂作业,多采用 3D 或 Swirl 胶枪。3D 枪有 2~3 个不同方向的喷嘴可同时喷涂,喷幅可以调整。涂覆枪用于大面积涂料涂覆作业,如车底 PVC、胶黏剂等,使用高压无气自动喷枪或多孔喷枪作业。

大多胶种采用机器人自动喷涂,它们需要流量与机器人作业速度同步控制装置。常见的流量控制器有 PCF(见 4.5.3 节)或定量缸(见 4.2.2.2 节)等,它们根据机器人速度信号同步输出胶体流量。由于定量缸填料速度较慢,一套系统通常要配置两台,轮流吸胶、作业。定量缸配置见图 7-9。

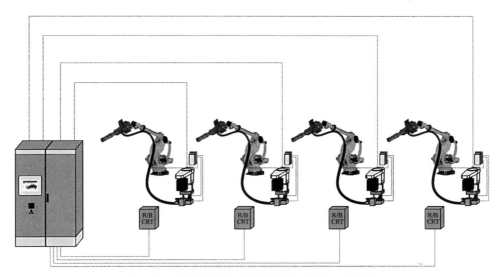

图 7-9 喷胶机器人流量控制器 PCF、定量缸

7.2.2 各胶种系统配置

现代汽车使用胶体种类很多,主要有车身粗密封胶、细密封胶、车底密封胶、抗石击减震胶、液态隔音阻尼胶、裙边胶等。它们所用的材料除液态隔音胶使用丙烯酸聚合物材料外,其余基本都使用 PVC 胶,供胶系统的结构、配置也基本相同。在用量较小、黏度相同时,不同的 PVC 工艺也可以合用一套供胶系统。常见的涂胶系统平面布置如图 7-10。

各涂胶系统常见配置如下:

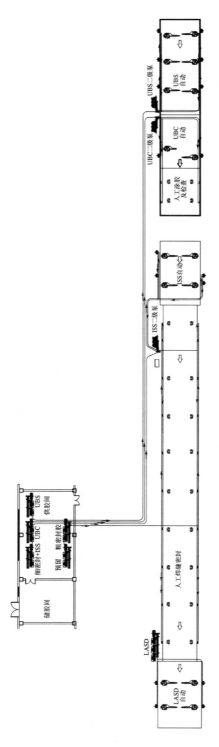

图 7-10 涂胶系统平面布置

车身细密封胶（ISS）通常有 4 个自动工位和 8 个手工位，系统流量 16L/min，采用双级供胶模式。一级供胶采用两台压盘泵 1 用 1 备，二级供胶采用 4 台虹吸泵供胶，3 用 1 备，系统图同图 7-2。

车底密封胶（UBS）通常有 6 个自动工位和 2 个手工位，系统流量 16L/min，它工位多、压力高，采用双级供胶模式。一级供胶采用两台压盘泵，1 用 1 备，二级供胶采用 4 台虹吸泵供胶，3 用 1 备，系统结构见图 7-2。

抗石击减震胶（UBC）通常有 2~4 个自动工位和两个手动工位，系统流量约 4~8L/min。由于胶层厚、喷出量大、胶体黏度高，需要双级供胶。一级泵两台 1 用 1 备，二级泵 3 台两用 1 备，见图 7-11。

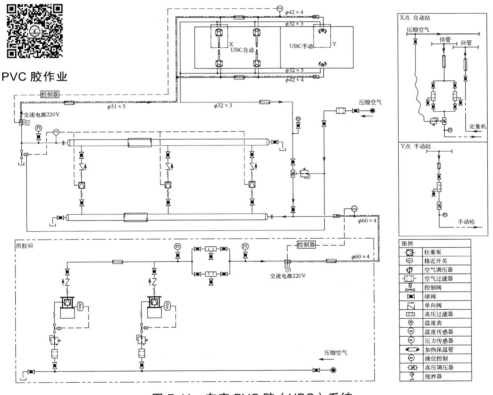

图 7-11 车底 PVC 胶（UBC）系统

液体隔音阻尼胶（LASD）通常有 4 个自动工位，系统流量约 16L/min。它的流量大，但黏度较低、压力不高，采用单级供胶；配置 3 台压盘胶泵或虹吸泵，2 用 1 备。LASD 系统图同图 7-1。

裙边胶（RPP）通常由 2 台机器人或自动机作业，系统流量约 2~3L/min，采用单级工位供胶。但有些大线配备 4 台机器人，采用双级供胶，见图 7-12。

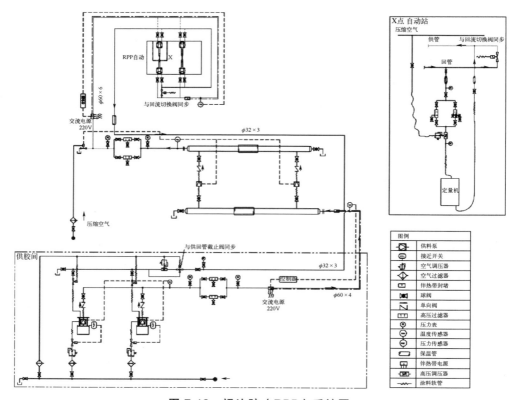

图 7-12　裙边胶（RPP）系统图

裙边胶要求边缘整齐，不管是机器人还是自动机喷涂，喷具前要加配有边料回收装置的切边器，见图 7-13。

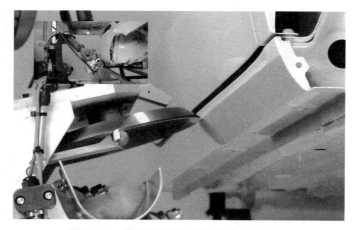

图 7-13　带切边器的裙边胶喷涂机作业

7.3 注蜡系统的设计与集成

注蜡系统由供蜡单元、输送管路、枪站、注蜡枪站、喷头、控制单元等部分组成，有手动作业和定量作业两种模式。手动作业使用无气喷枪加配专用喷嘴，人工手持作业。它对加注量、蜡膜的覆盖面积、厚度、均匀性等难以精准控制，只是用在自动注蜡难以完成的车内加注等部位，系统也较为简单。

定量注蜡（或称精准注蜡）技术是近年出现的新技术，是空腔注蜡工艺的发展方向。它又分为机器人自动作业和人工半自动作业两种方式。目前半自动模式应用较多。定量注蜡技术牵扯到流体定量、专用喷具、工艺编程、较为复杂的枪站配置和控制系统，需要复杂的设计和工艺开发，所以以下只介绍定量加注系统。

7.3.1 供蜡单元

供蜡单元包括上料泵、循环供料桶、供蜡主泵、过滤模组等，安放在供蜡间，如图 7-14。

图 7-14 供蜡单元

上料泵负责将原料桶的蜡材料转移至循环桶。上料泵通常采用棍泵或隔膜泵，由原料桶内向循环蜡桶上料。在棍泵入口处配置音叉式液位开关，以使原料吸干时自动关断上料泵，防止空打损坏。此时控制器也会发出报警，提醒更换原料桶。

供蜡主泵可采用电动或气动中压虹吸式柱塞泵，配置两台，一用一备。泵的输出压力、流量视石蜡黏度、管路长度、出口流量、出口数而定。通常工作压力为 80～160bar，流量为 5～10L/min。

供蜡桶通常采用 200～500L 的不锈钢桶。由于桶内冷蜡黏度高、流动性差、难以抽吸传送，需要经加热才能使其具有输送所必需的流动性。蜡桶通常采用水套式，或缠绕伴热带加热，伴热带式加热较为简单高效。供蜡系统要采用循环模式，蜡桶要开有回流口。

供蜡桶需要配置搅拌器、液位计、温度表等元件。搅拌器的作用是均匀石蜡温度、增加流动性，所以桨叶较大、转速较低。液位计在低液位时报警，提醒补蜡。

供料单元模组通常将主泵、料桶、流体控制元件和控制箱等组装成一个模组，配有接水盘，安放在供蜡间，使用管理方便。

如果采用水套式加热，要配置媒质单元提供热水，通常做成加热水箱式，由两台水泵（一用一备）驱动媒质循环。

输送管路采用不锈钢管材，卡套连接。它也要缠绕伴热带进行全程温控加热。注蜡系统的管路是循环结构，它能使蜡温均匀，也会缩短系统开机时间。由于石蜡在作业温度下黏度较低，管路系统可设计成无分支单循环模式。

7.3.2 定量注蜡

定量注蜡技术是为每个车型、每个加注孔设计配置专用喷头以及加注程序，以实现空腔全覆盖、定膜厚、定量注蜡。半自动定量注蜡要使用专用喷枪、定量注蜡专用枪站、编码并可自动识别的喷嘴、车型识别等多种专用设备，由人工操作。全自动机器人定量注蜡还要增加车身位置识别、孔位识别等技术设备。

定量注蜡要对车型进行前期工艺开发。这要为每个加注孔设计专用喷嘴、手柄、工艺，经反复试验、修改调整才能定型。由于加注孔多达数十个，这是一件非常辛苦而烦琐的事。但是开发定型后，生产线上加注作业可以做到方便、精准快捷、高效。作业时只要将枪头插到枪上，系统会自动识别枪嘴编号，调用相应程序；再将枪嘴对准加注口扣动扳机，几秒钟就可以完成自动加注。这就极大地提升了喷蜡质量和作业效率、减少了材料浪费，实现高速精准注蜡。目前定量加注基本覆盖了车底结构空腔注蜡。

7.3.3 定量注蜡枪

定量注蜡使用特别设计的专用枪。它有枪身、蜡室、混合室、枪针、扳机、枪头快插接口、读码器等部分。定量注蜡枪有蜡和空气两个通道入口，它们在枪体混合喷出。空气的作用有两个：一是协助蜡的雾化和喷出；二是在每次喷蜡后吹扫残蜡。打开扳机时控制器会自动执行编程工艺，蜡和空气同时喷出；定量注蜡完成后蜡路关断，空气会延续短时间吹扫残蜡。蜡的定量有两种方式：一种是通过流量计定量；另一种是定压力定时间定量。空气则是由定时器按编程时间控制启闭。

定量注蜡枪扳机只是一个电触点，扣动一下会触发定量注蜡程序，完成后自动停止。

加注杆快插接口、读码器装在枪身的前部。在带喷头的加长杆插入后，快装接口接通枪身和枪头的流道；读码器识别枪头编号，经电缆连接枪站控制器。

7.3.3.1 带喷头的加注杆

定量注蜡的喷头为弹头型，在球头上开出一个或几个各向小孔。小孔的形状为圆形或狭缝；孔径或缝宽约 0.3～0.8mm；形状、尺寸、数量、位置分布等均要根据空腔几何形状开发。

加长杆是为了使枪头方便地插到位置不一的加注孔。加注喷杆分为流体快插头、软管、加长杆、喷头、编码器等部分，与喷头组合使用。不同的加注孔，喷头和加长杆的形状以及编码各不相同。

加长杆由 ϕ12mm 左右的不锈钢管制成，内部是蜡流道，外部焊有把手，总长度约 0.3～1m。加长杆的头部连接喷头；手柄部通过软管连接喷枪；与喷枪连接部分有流体快装接口和编码器。枪嘴加长杆和挂架见图 7-15、图 7-16。

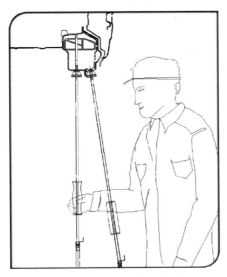

图 7-15　喷蜡枪嘴加长杆

图 7-16　枪站挂架

7.3.3.2 编码识别装置

喷头的编码识别装置为载码器和读码器，分别装在加注杆和喷枪上。载码器常用摩尔元件或载码体等技术；摩尔元件是采用 4～8 对干簧管等摩尔元件，按不同位置排列进行编码和识别；载码体技术则在每个加注杆上配置编码芯片，在喷枪上安装无线或蓝牙扫描接收器进行非接触式读码。

7.3.4 注蜡枪站

定量加注站对称设置在工件车身两侧，每侧2～3个。每个枪站负责4～6个加注点。枪站配置包括：

枪站出口装在喷室内部工位旁室壁上。它有蜡、空气、电气等接口组件，通过软管、电缆连接到枪上。

加注杆架用来挂放及喷枪以及4～6个带枪嘴的加注杆。

枪站流体盘安装在枪站位置喷室外侧机箱内，装有蜡和空气的供给流道、开关阀、流量计等，是流体工艺流程的执行器，见图7-17。它的流体出口安装在喷室内。

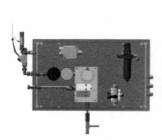
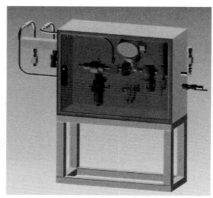

图7-17 流体盘

枪站控制盒安装在枪站位置喷室外侧流体盒旁，装有电气控制元件、接口、定时器等。它可安放在流体盒上方，也可和流体盒做成一个箱子，用隔板隔开。枪站控制器将枪头编号和扳机信号传给中控，再接受中控调用的工艺程序依次给流体盒内的流量计、计时器、流体阀等发出启停驱动信号，执行工艺程序。

每个站位配置一个显示界面，显示车辆型号、插入喷枪的加注杆编号、加注孔位、工作状态等，用来在注蜡前进行核对。显示界面通常安放在喷室壁外，见图7-18。操作员可以透过窗玻璃观察，如果安放在喷室内，要采取防爆措施。

7.3.5 车型识别装置

为了防止车型程序调用差错，在车辆进入注蜡室前要进行车型识别核对。车型识别装置安装在注蜡室入口门外，它是车型的二次识别核对，所以通常采用较为简单的、由多点光电对射传感器组成的门框式光栅；它会根据车身外轮廓特征点点位信息进行识别，也可以在车身上粘贴二维码扫码识别。车型信息上传至主控柜，判断、核对车型并调用相应程序。

图 7-18　工位显示界面

7.3.6　控制单元

定量注蜡的主控单元控制管理全系统。它由 PLC、触摸屏、控制模块、接口、变频器等组成，配装在控制柜内，由触摸屏作为人机界面。

7.4　聚氨酯发泡空腔灌注系统的设计与集成

在汽车车身空腔结构如 A、B 柱等处采用聚氨酯发泡灌注工艺，简称 FOAM 工艺。双组分聚氨酯（硬泡）密度低，具有防蚀、隔音减震、强固结构等优异性能，所以应用已日渐普及。聚氨酯发泡工艺要采用双组分精密配比技术、加注技术、精密温控技术等，要用许多专用设备，系统较为复杂。

聚氨酯发泡灌注系统由材料供给单元、主机料罐、主机单元、枪站单元、液压单元、控制单元等组成，可由人工或机器人作业。原料单元安放在材料间，其余安放在工位现场。由于聚氨酯双组分发泡材料（又称 PU 材料）对湿气、温度敏感，所有流道机具设备、容器、软管、元件、接头等都要采用严格的密封措施，以保证与环境空气隔绝。流体系统要设置多区段温控装置并维持材料循环。

7.4.1　材料供给单元

PU 材料供给单元由 A、B 两组料桶、主泵、过滤器等组成，安放在材料间，通过管道向现场作业系统供料。原料桶通常做成 300~500L 气密式大桶，充以氮气或干燥空气保护。PU 材料要求较高的工艺温度，系统要进行全程加热。原料桶需要加热，可用水套或伴热带加热。水套式要配置加热水箱式热媒单元。原料桶要配置搅拌器（陶氏公司等材料无须搅拌）、液位计、温度计等，由隔膜泵补料。

由于供给单元只负责将材料输送至主机料桶，材料加温后黏度不高、输送距离不远，主泵可选择低压或中压密封柱塞泵。主泵打出的材料经袋式过滤器过滤后输出。A、B 两套原料供给单元组成一套模组，安装在一个带接水盘的架构上，见图 7-19。

输送管路将原料送至现场主机料桶，并返回原料桶形成循环。循环的目的是维持材料温度均匀。在供管外要缠绕伴热带进行加热控温，供回管都要包覆保温管。原料桶、供料主管的材料控制温度可比作业温度稍低，以便为主机系统加热器留有温度精确调整空间。

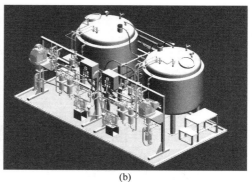

(a) (b)

图 7-19 双组分材料供给单元实物图（a）和设计图（b）

7.4.2 主机单元

发泡系统包括主机单元、主机料罐、枪站单元、控制单元等，见图 7-20。

发泡主机要配备两个 20~60L 的密封罐，安放在主机两旁。它们接受原料供给单元送来的 A、B 材料并向主机供料。这样主机供料管路较短，有利于供料及时以及参数稳定。其中 A 罐盛放异氰酸酯催化剂（ISO），标识为红色；B 罐盛放聚氨酯（POLY）等多元醇，标识为蓝色。两个罐都要充以干燥空气保护。它们都装有增压泵（通常为棍泵）以及液位计、温度计等配件，由控制单元管理，可以自动补料。由于料罐体积较小、材料循环流动，无须加装搅拌器，见图 7-21。

第7章 胶、蜡、发泡系统的设计和集成

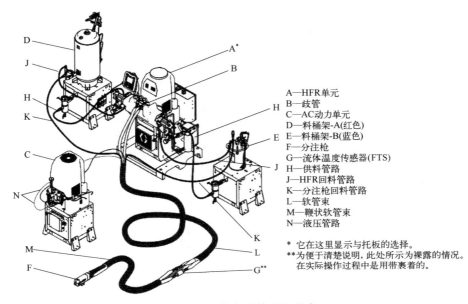

A—HFR单元
B—歧管
C—AC动力单元
D—料桶架-A(红色)
E—料桶架-B(蓝色)
F—分注枪
G—流体温度传感器(FTS)
H—供料管路
J—HFR回料管路
K—分注枪回料管路
L—软管束
M—鞭状软管束
N—液压管路

* 它在这里显示与托板的选择。
**为便于清楚说明，此处所示为裸露的情况。
　　在实际操作过程中是用带裹着的。

图 7-20　发泡系统现场设备

7.4.3　发泡主机

发泡主机是系统心脏。它由两台化学泵、液压驱动单元、液压站、歧管、加热器、过滤器等组成。GRACO 公司的 HFR 主机单元是目前业内广泛使用的聚氨酯双组分配比机，见图 7-22。我们以它为例说明系统结构和工作原理。

图 7-21　主机料罐（主机两侧）

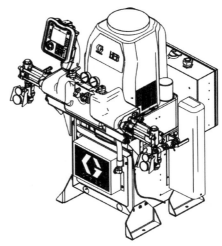

图 7-22　双组分发泡主机

229

HFR 主机配置了两个固定配比的化学泵和液压驱动单元，以及过滤器、加热器、歧管等流体部件、液压站和控制单元。HFR 的主机结构见图 7-23。

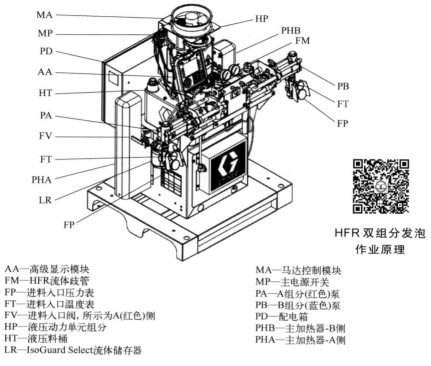

AA—高级显示模块
FM—HFR流体歧管
FP—进料入口压力表
FT—进料入口温度表
FV—进料入口阀，所示为A(红色)侧
HP—液压动力单元组分
HT—液压料桶
LR—IsoGuard Select流体储存器
MA—马达控制模块
MP—主电源开关
PA—A组分(红色)泵
PB—B组分(蓝色)泵
PD—配电箱
PHB—主加热器-B侧
PHA—主加热器-A侧

图 7-23　HFR 主机结构

7.4.3.1　双组分泵

PU 材料作业时需要较高的工作压力，这样有利于材料充分混合。通常工作压力在数十至百余巴（bar）。

HFR 主机使用两个 Z 型中压化学泵进行双组分材料的增压输送（见图 7-24）。它们输出流量精准，有密封结构，适用于湿气敏感材料。两个 Z 泵同轴连接，由一台液压马达驱动，这样它们的柱塞同步运行、行程相等。如果两个缸体的直径相同，那么输出材料的流量也会相等，配比系数为 1∶1；如果选择不同缸径，那么两个缸体的工作容积比（或缸径比）等于材料配比。HFR 是一套固定配比的双组分主机系统；Z 泵选配时必须按照材料体积配比配对；如果系统可能采用多种配比工艺，亦应选配多对 Z 泵。

第 7 章　胶、蜡、发泡系统的设计和集成

图 7-24　Z 泵（a）和泵组（b）外形

Z 泵采用柱塞结构，只是在 FOAM 工艺中材料流量小，缸径较小。这样缸筒内一侧有活塞推杆，一侧没有，往复切割容积不易对称，会导致往复行程流量不等、输出压力不稳。Z 泵采用特殊的 Z 型流道结构，可以做到往复两行程流量一致。

Z 泵由缸体、活塞、两个阀球、流道和进出口组成，见图 7-25。由于缸体活塞后方空间有部分被推杆占用，容料空间小于前方。在活塞右移行程时，上球封闭、下球打开，材料由左下方入口吸入缸体，同时压缩活塞右侧材料，使从右上角出口输出。在活塞左移行程时，下球关闭、上球打开，左侧材料一部分经右上角出口输出；另一部分下行至缸体活塞右侧，给缸体填料。也就是说，Z 泵只有一个行程吸料，两个行程出料。这样，只要精确设计缸径和柱塞推杆直径，使缸体左侧容料空间是右侧的两倍，就能够做到往复行程输出流量均等。由于流道为折返形，故称 Z 泵。

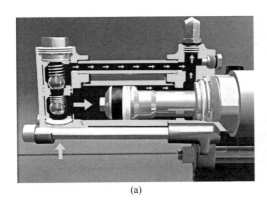
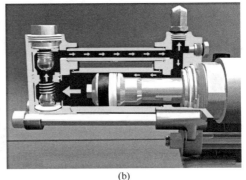

图 7-25　Z 泵结构

由于 Z 泵推力大、对涂料剪切小、密封性能好、定量准确，适合高分子、高黏度材料定量输送。Z 泵的最高工作压力为 3000psi（200bar），配比精度可达 1%～2%。但由于它采用虹吸结构，在处理高黏度材料时虹吸能力往往不足，要求前级输送留有一定残压，通常约为 3～5bar，由主机料桶的增压泵提供。Z 泵 A、B 料的入口压力要相等，可在系统调试时整定。

7.4.3.2　Z 泵的液压驱动单元

Z 泵的液压驱动单元由液压缸和液压站组成。液压缸水平安装在主机基座正中；主轴与左右两个 Z 泵连接，为它提供驱动动力。它是一个液压活塞缸，由缸体、活塞、活塞主轴、换向器等组成，见图 7-26。

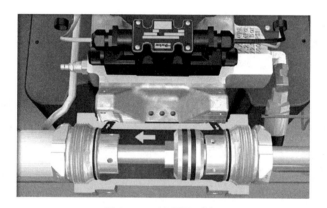

图 7-26　液压驱动缸　　　　　　　　　Z 泵工作演示

液压缸的活塞在液压油、换向机构作用下左右往复运动；主轴由液压缸两端伸出，各连接一个 Z 泵的柱塞杆，带动两个 Z 泵柱塞同步往复运动打出材料。液压缸推力大、动作准确、变速响应快、运行平稳，满足 Z 泵和系统工艺要求。

液压站安放在主机后部，向液压缸提供动力液压油。它由 10gal 油箱、升压齿轮泵、驱动电动机、溢流阀、储能器、温控器、切换阀组等常规部件组成，见图 7-27。

7.4.3.3　主机流体单元

HFR 主机的流体单元由过滤器、加热器、歧管、表头等组成。

过滤器采用袋式，根据材料选择过滤精度，通常为 50～100μm。外形见图 7-28。

加热器为不锈钢制，采用通过式电加热，A、B 料各配接一个，安在 Z 泵之后、歧管之前；入口连接 Z 泵出口，出口连接歧管。它们对材料进行精确控温，由主机控制器设定、管理。A、B 加热器外形、结构不同,见图 7-29。图中 PI、PO 为主加热器流体入、出口,PR 为主加热器热电偶,PS 为过热开关。

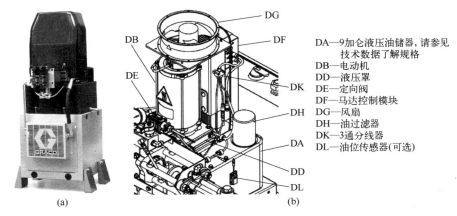

图 7-27　Z 泵驱动器液压站外形(a)及结构(b)

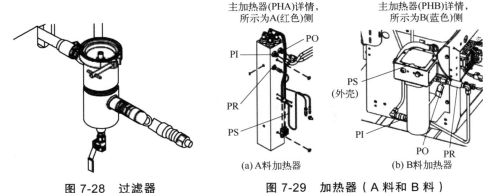

图 7-28　过滤器　　　　图 7-29　加热器(A 料和 B 料)

歧管是一个多路流道接口模块。它的正面装有枪用软管接口,并有压力表头作为监视;两侧各装有一套由加热器接口、回流口、三通球阀等组成的循环切换组件。将三通阀转向回流管,会将加热器出口的涂料送回主机供料桶(或直接排泄),形成棍泵—Z 泵—过滤器—加热器—料桶的小循环,在作业停歇时使用。三通阀转向歧管,则将涂料送向枪用软管,切断回流管和小循环,形成原料桶到喷枪的大循环。大循环圈包括小循环全部元件,以及枪用软管和喷枪。歧管见图 7-30,图中 GA、GB 为 A、B 料压力表头;SA、SB 为排泄/回流三通阀;FA、FB 为 A、B 料入口;BA、BB 为回流接口;HA、HB 为喷枪软管接口。

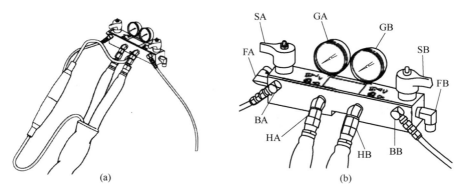

图 7-30 歧管及其结构

7.4.3.4 HFR 控制器

HFR 控制器装在主机上，有人机界面，见图 7-31。它可对现场设备工作模式、工艺流程和工作参数进行编程、设定；对操作流程进行实时监控管理。它在定量模式下可预设 100 个出料量（每个加注孔都要预设）；在循序模式下可编制 5 组工艺程序。作业时只需在操作界面上选定车型、孔位，操作员或机器人将喷枪口对准并压紧在工件加注口上，扣动扳机，其他操作都由控制器按程序设定自动完成。

图 7-31 主机控制器及界面

7.4.4 枪站单元

枪站设备由枪用软管、软管支架、喷枪、扳机液压站、工位控制盘等组成。

7.4.4.1 枪用软管

枪用软管由主机歧管处连至喷枪。它有 A、B 两组、供回共 4 根软管。软管采用隔绝湿气的特氟龙为主材,每组外面包裹保温管。每根软管又分为主管和鞭管两段,中间以接头连接,其中供给主管有加热,主、鞭管接口处有温度传感器进行精确采样控温。鞭管连接喷枪,为使用方便口径稍细。接枪软管很重,要和扳机液压管一起吊装在支架上,以减小负重并有一定柔性移动空间,见图 7-32。

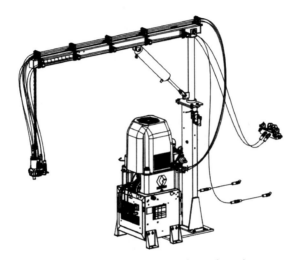

图 7-32 软管、支架、扳机液压站

枪用软管的口径选取非常重要。由于 A、B 材料的配比通常不是 1∶1,有时配比系数很大。那么 A、B 料管径要和变比(流量)配合吗?这个问题较为复杂,因为对于供料系统来说,我们不仅要考虑流量,还要考虑系统压力,特别是喷枪混料室的压力平衡。双组分配比要求精确的材料体积配比,而体积比又应该建立在压力相同的条件下。两种材料在喷枪混合室对喷混合,不同的喷出压力会影响配比精度和混合效果,所以两种材料供至喷枪处的压力应尽量相等。

两个 Z 泵是同轴驱动的,它们所受驱动力和行程是相同的,而当缸径不同时,泵的输出压力(指压强)必然不等。例如在 A∶B 为 2∶1 配比时,A 料缸活塞面积是 B 料缸两倍,B 泵输出压力(压强)为 A 泵的两倍。但是泵的输出压力不等于系统压力,同一流体系统中,不同管径的区段压力各不相同。系统区段压力主要由泵出口压力和各处管道直径以及背压阀等因素决定。

A、B 两供料系统压力平衡的主要手段是选择合适口径的涂料软管。对于喷出量不大、配比系数不大的系统,A、B 料应该选择相同口径的枪用软管,此时在软管中两种材料所受主泵推力相同、截面积相同、背压相同,压力基本是相等的。但由于流速不同管路压损会有所不同,流量较小的系统管路压损较小,终端压力会稍高些。实践观察,使用2∶1配比Z泵,两根12m长、3/4in口径的相同软管输送,A、B料在喷枪处的压差小于5%。这样的压差不会对配比和工艺产生很大影响。这也说明了采用循环到枪系统的必要性,它能维持系统压力平衡(静压不一定)。至于其他的大流量或大配比情况,系统、软管管径要仔细计算并通过实验确定。此外,软管的容积至少达到一次作业出料量的10~20倍,以保证开关枪切换时供料稳定。

7.4.4.2 双组分发泡枪

PU发泡枪是一种较为复杂的专用枪。它由枪身,扳机,(液压缸驱动的)枪针,枪嘴,混合室,节流阀,A、B料两组供回通道,两个过滤器和控制信号端子等组成,外形和流道结构见图7-33。A、B材料供给都接成循环到枪模式;两个供料口由枪用软管连接到歧管,连通两个Z泵出口;两个回流口由软管连接到原料桶,见图中红、蓝色通道所示。驱动扳机的供、回两根液压油管装在扳机驱动缸两端,连接液压站。

发泡枪各部分的功能如下:

① 扳机　扳机的作用是开关枪,即推拔枪针。枪针为棒状,顶端为平面,两侧开有凹槽。顶部端面用来封闭枪嘴流道;凹槽用在关枪时接通材料供回通道形成材料循环,此时枪针在混料室前方堵住节流阀出料口和喷嘴出口。开枪时枪针移向后方,露出两路节流阀出料口和喷嘴,接通双组分材料向喷枪混合室注料并喷出,同时由于枪针两侧的凹槽后移,断开了回流。注意扳机给出的只是电信号,所以为了方便,扳机也可以用踏板取代或并联使用。枪针的机械推拔动作是由装在枪身内部的液压缸完成的。开关枪的工作过程是扳机给出开关信号,液压站据此向驱动油缸前方或后方注入液压油,驱动活塞带动枪针运动,完成启闭动作。采用液压缸驱动扳机有两个原因:一是双组分材料黏度较大、压力较高,而且枪混合室有可能存在结晶固化残余,使得推拔枪针所需很大的推力;二是开枪持续时间很短(秒级),要求时间精准、开关枪动作快速响应,响应时间不得长于0.2s。而气动缸推力不够、存在弹性滞后效应,无法满足。液压缸驱动力大、响应时间短、体积小、工作可靠,所以更为适宜。为此,喷涂为喷枪扳机配置了单独的液压站。

② 混合室　混合室是枪身流道前部一截短直筒,内径与枪针紧密配合,顶端开孔连接喷嘴。

③ 节流阀　节流阀有两个,横向装在枪身混料室两侧,每侧开有两个节流阀安装孔,一用一备,见图7-34中921、923位置。根据聚氨酯发泡工艺要求,两个节流阀要相对安装,此时两种材料面对面对喷,混合发泡效果最好。节流阀很

第 7 章 胶、蜡、发泡系统的设计和集成

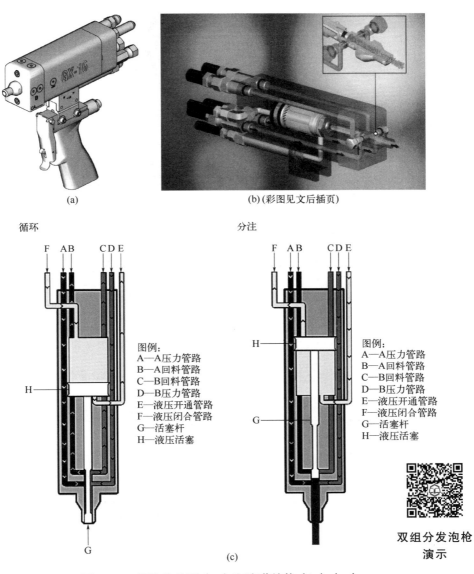

图 7-33 发泡枪外形（a）和流道结构（b）、（c）

像一个开孔螺栓，两侧开有进料孔，顶端开有一个出料细孔，三个孔都是相通的。安装后进料孔连接供料通道，顶端出料细孔顶住枪针。关枪时材料由软管通过供料通道、节流阀入口、节流阀出口注入枪针凹槽，通过凹槽连通回流通道，再经回流软管送回料桶，完成材料静态循环；开枪时枪针退后，打开混合室并阻断回流通道；节流阀出口直接向混合室注料；两种材料在混合室混合后经喷嘴喷出。

节流阀是控制配比的关键部件。材料的出料配比由 A、B 两个节流阀的开孔

面积比（孔径平方比）决定，要精确选配型号。它和比例泵共同决定材料的配比：比例泵提供持续的供料；节流阀对输出配比把关。节流阀外形和枪身安装位置见图 7-34。

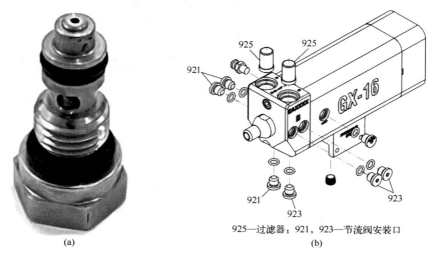

925—过滤器；921，923—节流阀安装口

图 7-34 节流阀外形（a）和枪身安装位置（b）

枪上过滤器安装在喷枪前端顶面，图 7-34（b）中 925 位置，配约 200μm 滤网，保护喷嘴不被堵塞。

7.4.4.3 扳机液压站

扳机液压站为喷枪扳机液压驱动缸提供中压液压油。它的结构与主机液压站基本相同，独立安放在喷枪附近，由带支架的软管和枪连接。

HFR 系统为喷枪扳机单独配置液压站而不与 Z 泵合用的主要原因：一是泵、枪所需液压油压力要求不同。前者需约 100bar 并可根据材料和工艺调整；后者约 150bar、定压无须调整。二是两路系统控制精度要求都很高，如果合用一套液压站会产生相互牵扯，开关枪时液压油短暂快速切换，会产生系统油压波动，影响 Z 泵工作的稳定性，也会影响扳机响应时间，从而影响整体加注量精度。

7.4.5 系统的循环状态

FOAM 系统正常生产作业时 PU 材料工作在大循环模式。这时由于原料桶、输送管道有全程加热，有利于系统温度控制。在大循环中，枪用软管的回流管直接回料桶；喷枪的两个节流阀流道通孔起着背压阀作用，维持系统压力以及双组分压力平衡。系统的循环流量通常设定为与开枪流量相同，这样在开枪作业时流量不变，不会影响 Z 泵的稳定运行。

另有一种小循环模式，是由歧管的回流/泄放口接软管返回主机料桶，通常只在作业间歇或主机清洗时使用。

7.4.6 干燥空气模组

盛放聚氨酯发泡材料的桶、罐需要干燥的空气进行气密保护。干燥空气模组见图 7-35，由吸附式干燥过滤模组和储气罐组成。干燥过滤器会除去空气中的水分，它的后端安装空气露点检测装置，露点应满足材料要求。

7.4.7 机器人加注的位置识别

采用机器人加注当然可以提高工作效率。一个自动聚氨酯加注站通常配置 2~4 台机器人同时工作。自动加注站要配备工件位置检测系统以及孔位识别定位系统，前者确定工件车身的空间位置，安装在加注室；后者安装在加注室和各机器人手腕上，确

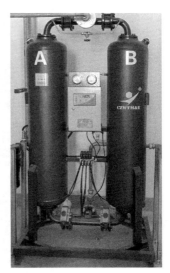

图 7-35　干燥空气模组

认加注孔的准确位置。此外，在工件定位前，加注线还要设置车型识别装置，这在汽车流水线上较为常用、简单和成熟，这里不再赘述。机器人发泡作业系统见图 7-36。

7.4.7.1　车身定位系统

机器人工作时需要 5 个基本的坐标系，除了机器人所需要的大地、基座（基座中点）、工具（第六轴法兰中心）坐标系之外，需要用户坐标系（定位车身）和工件坐标系（定位孔位）。

机器人作业前首先要将各作业车型工件的 3D 模型、工件和加注孔标准位置坐标输入机器人，机器人据此编出各孔位的加注程序。作业时根据车型识别信号调出该车型的标准模型坐标，当每一台工件车身的测量位置输入机器人后，机器人会得出与标准位置模型的偏差值，修正机器人手腕的作业位置。

目前工件位置检测大多采用视觉图形识别或激光扫描系统，定位精度要高于 1mm。视觉图形识别系统采用图形识别技术，技术成熟、使用较为广泛。它用光学摄像头或 CCD 等元件对工件车身停放位置进行拍照，图片的二维信息经过数字化、压缩后送入计算机，由多个二维图形信息经计算机处理合成三维图形位置信息。激光扫描系统通过激光扫描工件表面得到大量点距离信息，通过计算机处理生成图像，得到工件位置三维坐标信息。它的处理速度快、精度较高，造价也高些。

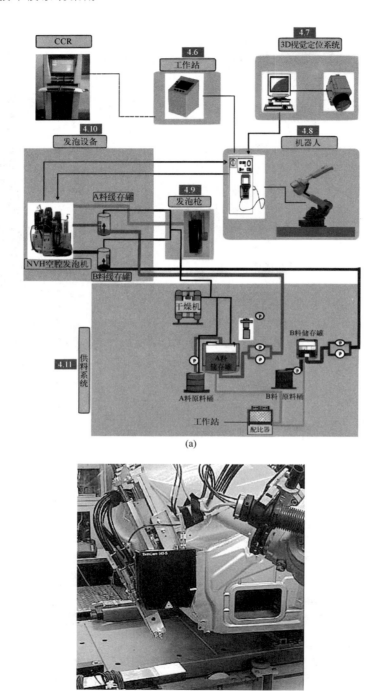

图 7-36 聚氨酯发泡系统机器人发泡作业系统（a）和机器人发泡材料加注（b）

光学图形的工件定位装置包括多组（通常为 4 组）摄像头、光源组成的采样传感器，安放在工位四周。它们采集车身停放位置不同侧面的图形信息，送入计算机处理后合成位置信息，精度可达 1mm。将位置信息送给作业的每一台机器人进行工件定位校正。光学车身定位系统见图 7-37。

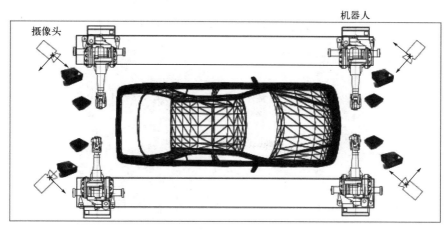

图 7-37 光学车身定位系统

7.4.7.2 孔位定位系统

工件车身作为刚性体，加注孔位置可用空间点位置信息 X、Y、Z 以及方向旋转角度 RX、RY、RZ 等六个自由度来描述，空间点位信息可以比对机器人手腕空间位置，方向角度信息可以比对机器人手腕的旋转角度。加注孔光学图形定位由双摄像头（twin cam）传感器完成。它安装在机器人手腕上，作业时摄取加注孔图像，用以精确校正定位，见图 7-38（a）。

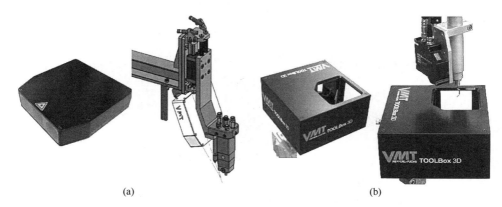

图 7-38 机器人用光学定位装置（a）和加注孔光学定位工具盒（b）

另有一种工具盒（tool box），见图 7-38（b）。它的内部配置摄像头、照明元件，每台机器人配置一套。在标定时，它安装在机器人手腕上，以触针代替加注枪，进行孔位标定；机器人运行作业时可以装在机器人附近固定位置参加加注孔位校正。

激光位置检测的系统结构与光学图像检测系统基本相似，只不过它的成像设备和处理软件有所不同。激光测距成像仪是激光传感器的一种类型，见图 7-39。

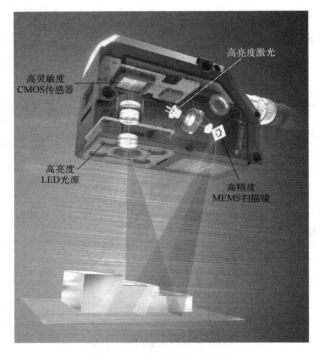

图 7-39　激光测距成像仪

7.5　焊装线和总装线的涂胶

7.5.1　点焊胶涂胶系统

焊装线会有数十上百个点焊工位。每个工位（或几个工位）都要配置一台涂胶机，由机器人携带挤胶枪作业，见图 7-40（a）。涂胶机采用工位供胶方式；设备也非常简单；两台压盘式胶泵（通常为 5gal）和过滤器组成模组，交替使用。胶泵出口装有软管、调压器连接机器人，见图 7-40（b）。

(a) 机器人涂点焊胶　　　　　　　　(b) 点焊胶供胶单元

图 7-40　点焊胶涂胶系统

7.5.2　热熔胶涂胶系统

焊装线折边胶、总装线内饰胶黏剂等多个工艺使用热熔胶。热熔胶通常要加热至 100℃左右，所用胶泵、压盘、管路、枪以及流量控制齿轮泵等都要全程加热。热熔胶的主机通常和压盘泵（两台，一用一备）一起安装在线边，主机可以对 10～20 个加热区段分别加热和控温。热熔胶涂胶设备外观和结构见图 7-41。

7.5.3　窗玻璃胶涂胶系统

总装线玻璃胶黏剂系统主要由线边两台胶泵和齿轮泵定量单元组成。两台压盘泵通常采用 5gal 单立柱式，一用一备。由于玻璃胶胶型要求严格，供胶量必须与机器人速度即时、准确同步。齿轮泵由伺服电动机驱动，实时响应快，定量准确。它按照机器人 0～10V 速度信号调整转速，从而控制流量和机器人速度同步。

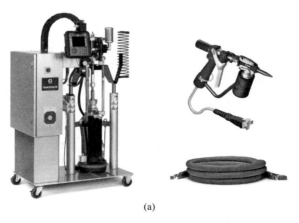

(a)

图 7-41

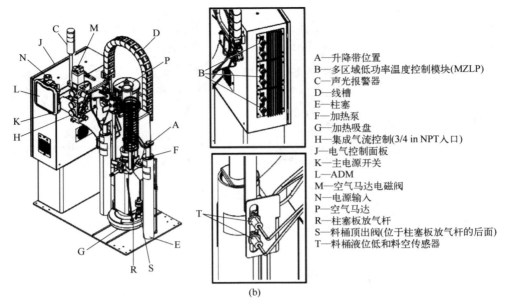

图 7-41 热熔胶涂胶设备外观（a）和结构（b）

由于胶体材料对湿气敏感，软管要使用特氟龙材质。所有流体通道要严格密封，齿轮泵要采用特殊密封和防固化设计，枪嘴打胶后要插入油杯隔离空气保护。玻璃胶要使用专用平台定位夹紧。玻璃胶定位平台和定量齿轮泵见图 7-42（a）和（b）。

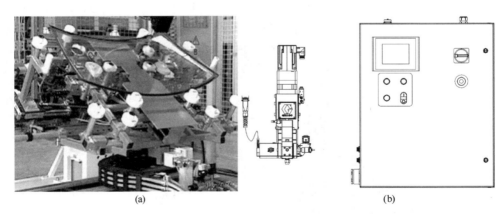

图 7-42 玻璃胶定位平台（a）和定量齿轮泵（b）

第 8 章
电气控制系统的设计和集成

8.1 工业现场的 PLC 控制系统

现代汽车厂的生产线控制都采用基于 PLC 的工业控制系统。PLC 是小型化的专用工业控制器，它处理速度快、有相当高的可靠性和抗工业干扰能力。配备各种高性能的 I/O 接口以及功能模块、人机界面 HMI 等就可以组成控制主站。它采用高速、开放式的现场总线和多样化的网络通信方式和外部系统、设备连接，功能强大、使用方便，非常适用于工业环境流水生产线的控制管理。

随着现场设备智能程度的不断提高以及技术进步，工业控制也早已由集散式自动化模式进入分布式自动化模式。目前广泛采用的第五代过程控制系统，是以开放性、分散性与数字通信为特征的 FCS（fieldbus control system）分布式现场总线控制系统。较之相对封闭的第四代集散控制系统 DCS（distributed control system），增加了开放性和分散性。它将工厂中相关的机械电气设备、部件和应用软件等具有独立工作能力的工艺模块抽象成为一个封装组件，用可视图形化组态的方式实现组件间的通信配置而不需要另外编程，大大简化了系统的编程、通信配置及调试过程。在使用分布式智能系统或可编程现场设备驱动系统和 I/O 时，可以将生产线的单台设备作为生产线或过程中的一个标准模块进行定义，以对不同的客户要求作出更快、更具灵活性的响应，也可以对系统进行预先测试、调试，极大地缩短了上线调试时间，对现有系统进行扩展也变得更为容易。

8.1.1 工业现场总线

现代工业控制系统，众多现场设备以及传感器、调节器、执行器等元件都是通过总线与 PLC 连接的。现场总线是具有多种结构的开放、数字化、双向传输信息网络。大量分散的物理设备作为网络节点，用通信电缆、网线互联，实现信息交换或共享，现场设备的运行状态、运行参数以及故障信息等可以通过总线传送到 PLC 控制中心，而控制中心可以将处理好的各种过程状态、运行参数、维护指令等送往相关设备，从而建立起具有自动功能的实时控制系统，通过可视人机交互界面 HMI 进行生产流程管理。参加现场网络连接的设备要具备数字化接口，采用总线供电，有信号隔离，所以是本质安全的。

总线系统采用的通信协议并不统一，例如美国采用 AB 公司开发的 DeviceNet，欧洲采用 SIMENS 参与开发的 PRIFIBUS、PROFINET 等。当下国内主流控制系统采用 PROFINET 总线协议，它是由 PROFIBUS 升级而来的新一代基于工业以太网技术的自动化总线。它将工厂自动化和企业信息管理层 IT 技术有机地融为一体，使用 TCP/IP 协议和 IT 标准，支持星形、总线形和环形拓扑结构。它也是适用于不同需求的完整解决方案，包括实时通信、分布式现场设备、运动控制、分布式自动化、网络安装、IT 标准和信息安全、故障安全和过程自动化等 8 个主要功能模块。它可以完全兼容工业以太网和现场总线，如 PROFIBUS 等技术，应用也较为成熟。

8.1.2　PLC 主控单元硬件结构

工业控制所采用的 PLC 控制系统，硬软件标准目前没有统一。汽车制造业常用的 PLC 系统主要有 Rockwell Allen-Bradley（洛克威尔 AB）、SIEMENS（西门子）、MITSUBISHI（三菱）等厂牌系列。这也反映出 PLC 的主要缺点：各品牌硬软件没有统一的标准；自成体系、互不兼容。以目前的应用态势看，SIEMENS PLC 系统硬软件功能强大、体系完整、技术先进、更新换代快，在汽车生产线采用率较高。本章的叙述以它为例。

PLC 以规模（I/O 点位数）和功能、处理速度等分为小、中、大型。汽车厂目前广泛采用 SIEMENS S7-1500 系列中大型系列产品构造控制系统，以它的 CPU 和各种通信模块、PROFINET 总线、人机交互界面（HMI）等组成控制主站，通过总线、分布式接口模块或底层连接网络进行现场设备层的实时管控，并与上位机及周边相关系统进行信息数据通信，实现远程监控管理。

西门子 SIMATIC S7-1500 PLC 工控系统由 CPU、总线模块、数据模块、功能模块、接口模块、电源模块、网络交换机、网关、触摸屏等组成。它们的类型、型号非常多，是一个很大的家族。其中 CPU 模块可分为以下几种。

① 标准型 CPU　1511-1PN、1513-1PN、1515-2PN、1516-3PN、1517-3PN、1518-4PN、1518-4PN/DP ODK 等。前三种只集成了 PROFINET 或 ETHERNET 通信口，但可以拓展 PROFIBAS 通信模块，其余都带有 PROFIBAS 通信口。

② 紧凑型 CPU　1511C-1PN、1512C-1PN 等。它们基于标准型控制器，有离散量、模拟量 I/O 和高速计数器功能。它们可以像标准型一样扩展 I/O 模块。

③ 分布型 CPU 1510SP-1PN、1512SP-1PN 等。这是一款具有 1500PLC 性能和 DT-200ST 功能的紧凑型控制器。它可以直接扩展 ET200SP 的 I/O 模块。

④ 开放式 CPU 1515 SP PC 是将 PC-based（一种基于 PC 技术的控制系统）平台与 ET200SP 控制器功能结合的控制系统，可用于某些特定设备以及工厂的分布式控制。它使用 AMD G 系列 APU 双核的处理器，2G/4G 内存，使用 C fast 卡作为硬盘，WINDOWS 嵌入版操作系统。

⑤ 故障安全 CPU 在 CPU 型号后加 "F"。故障安全（F）系统用于危险性高的现场。它要和安全型模块配合使用，利用硬件冗余、软件保护和安全通信（PROFIsafe 协议），以便在现场发生事故时能采取应急措施，避免环境破坏或人身伤害。

⑥ 软控制器 CPU 1505S、1507S 等。它采用 HYPERVISOR（虚拟机管理程序）技术，安装到工控机后会将它的硬件资源虚拟成两套，分别运行 WINDOWS 和 SIMATIC S7-1500，并通过 SIMATIC 通信方式交换数据。此方式也代表了 PLC 系统的一个发展方向。

⑦ ET200 CPU 具有与 1510 CPU 或 1512 CPU 相同的功能，只是没有显示屏。ET200 由电源、通信接口模块、扩展 I/O 或功能模块组成，可以在小型系统作为 PLC 使用。

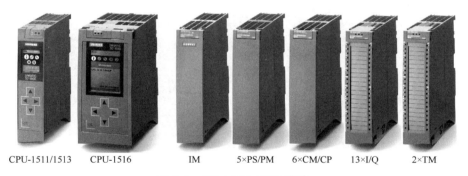

图 8-1 S7-1500 CPU 模块

S7-1500 系列的 CPU 模块（图 8-1）主要分类如下：

① 数据模块 数据模块分为数字量输入输出和模拟量输入输出模块，它们的数据通道都有光电隔离。

a. 数字量输入输出模块 DI、DO，按点数分为 8 点、16 点、32 点等。DI 有直流输入（PNP 型）、交流输入两种类型；DO 有继电器输出（DC24V/AC230V、5A/点、10ms）、晶体管输出（DC 5～30V、2A/点、0.2ms）和晶闸管输出（AC230V、2A/点、1ms）三种类型。如果需要更大的负载驱动能力，可在模块外配置固态或线圈继电器扩展。

b. 模拟量输入输出模块 AI、AO，可接受或输出 0～5V 或 0～20mA 信号，精度为 16 位（误差 1/2^15），按通道数可分为 2、4、8 通道等；AI 转换时间约 30ms/通道，高速型可达 62.5ns/通道。

② 功能模块　有高速计数器、位置检测器等。

③ 电源模块　分为系统电源和负载单元。系统电源 PS 通过 U 型连接器接到背板总线，为背板和指示灯供电；负载电源 PM 与背板没有连接，它为各种扩展模块和系统电源供电。

④ 通信接口模块　用于和各类总线接口通信。

⑤ ET200 分布式接口模块　分为接口模块和扩展模块两部分。接口模块用于总线连接；扩展模块可连接 32 个或 64 个各种数据、功能模块，在大中型 PLC 系统中组成分布式节点单元。ET200 有 MP、SP 两种类型，MP 可扩展与 1500 主站相同的标准模块，ET200SP 可扩展 SP 系列的小型模块。SP 系列小型模块包括 I/O 模块、功能模块、接口模块等，它们与 MP 模块功能相同，但体积小、成本也较低，所以被广泛采用，见图 8-2。

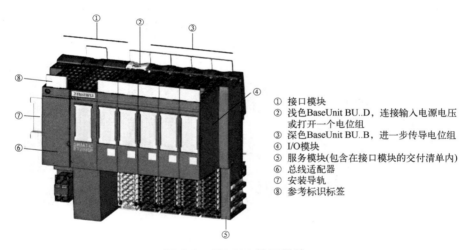

① 接口模块
② 浅色BaseUnit BU..D，连接输入电源电压或打开一个电位组
③ 深色BaseUnit BU..B，进一步传导电位组
④ I/O模块
⑤ 服务模块(包含在接口模块的交付清单内)
⑥ 总线适配器
⑦ 安装导轨
⑧ 参考标识标签

图 8-2　ET-200 接口模块

PLC 主机由 CPU、存储器、输入输出接口三部分组成，结构见图 8-3。CPU 为中央处理器，由控制器、运算器和寄存器组成，通过数据总线、地址总线、控制总线与存储器、输入输出接口与外部连接。存储器分为程序存储器（ROM）、系统存储器（RAM）、I/O 状态存储器（RAM）、数据存储器（RAM）、用户存储器（RAM/EPROM）等 5 个区域，分别储存用户程序、系统程序、I/O 信息及中间运算结果、I/O 接口数据等。1500 系列 PLC 存储器的容量为数百 K（b）或数 M（b），如果不够，可以外加扩展存储卡。输入输出接口分为开关量和模拟量两类，是 PLC

第 8 章 电气控制系统的设计和集成

和外部设备连接的桥梁，它们有隔离保护和信号整形两个功能。PLC 的系统电源负责给 PLC 控制器供电；负载电源给各输入输出或功能模块以及系统电源供电，需要外部引入。

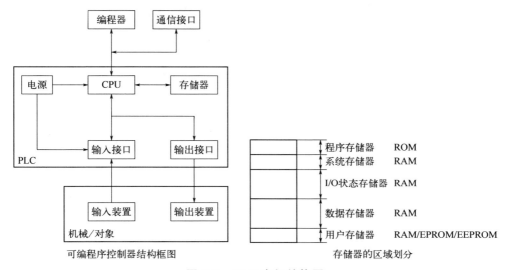

图 8-3　PLC 主机结构图

8.1.3　PLC 工控系统的总线网络结构

SIMATIC S7-1500 中大型系统采用现场分布式三层总线网络结构：第一层为现场设备层，有数字接口的设备可采用 PROFIBUS 或 MODBUS 协议组成现场局域网，与 PROFINET 总线通信；有 I/O 接口的设备可通过 ET200 分布式接口模块与 PROFINET 总线直接连接。第二层为 PROFINET 控制层，它以 CPU 主站为中心，对 PROFINET 网络所有节点以扫描方式进行数据交换、执行用户程序、完成系统控制，并和周边关联系统进行信息交换。第三层为 ETHERNET 信息层，主要是对总控室上位机进行通信连接。SIMATIC S7-1500 采用触摸屏 HMI 作为人机界面，对系统进行操控管理，见图 8-4。

8.1.3.1　现场设备链路层

现场设备层是网络物理底层。众多现场设备（电动机、仪表、传感器等）可以按照物理位置分组，使用 CAN 电缆连接起来组成局域网与主站 PROFINET 总线通信。参加现场总线连接的设备必须是有 RS-485 数字量接口（也称智能接口）的，它会将 4～20mA 或 0～10V 模拟信号转换成数字信号。

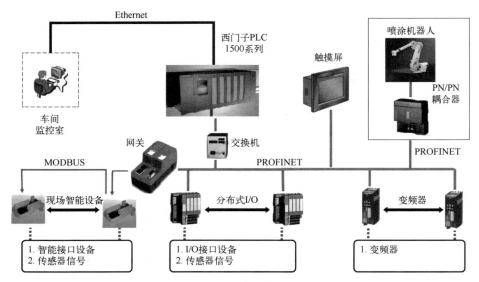

图 8-4　PLC 控制系统总线网络结构图

MODBUS-RS485 是目前广泛采用的工业现场底层局域网协议。它使用 RS-485 串行接口连接现场设备，采用半双工通信模式。MOTBUS 用差分信号（也称平衡传输）传输数据，它有 A、B 两个输出端子，以端子输出电压或电流信号 A-B>0 为逻辑 1，A-B<0 为逻辑 0。差分信号的辨识度和可靠性高于单极性（0～5V）信号，由于现场干扰都是共模信号，对传输线的干扰是同方向的，因此不会影响差模信号（信号 A、B 的差值），这使得 MODBUS 有更强的抗干扰能力。MODBUS 各站采用简单的手拉手方式链接，见图 8-5。它可以连接 32 个或 64 个节点，连

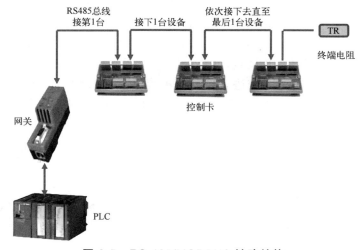

图 8-5　RS-485/MODBUS 链路结构

接距离可达数百米。这种结构布线少、连接简单，成本较低。

MODBUS-RS485 是一种主从（master-slave）结构。各个设备端口作为从站（slave station），由主站（master station）控制管理。主站向各从站顺序发出指令信号，采集数据，汇集、存储这些数据，上传给 PLC；再将 PLC 处理好的数据下载锁存，依次分发给各从站。MODBUS 可以用 485 集线器、中继器、PLC、工控机等作为主站，但是最适宜和常用的主站是网关（GET）。这是因为它不仅能收集数据，还能将数据从 MODBUS 协议格式转换成 PROFINET 协议格式，与 CPU 总线交换信息。

MODBUS 现场设备采用 CAN 电缆连接。这是一种双屏蔽双绞线，特征阻抗 $100\sim120\Omega$。对于高频信号的输送来说，导线呈现的阻抗是复数阻抗，而且以交流阻抗为主。这时导线的物理尺寸、屏蔽方式、介电常数、分布电容、电感等都会起作用。在高频范围使用时，长直导线直流电阻、电感可以忽略，其余各项参数不容忽视。它们对高频信号产生的阻力就是特征阻抗。对于 MODBUS-485 协议通信信号来说，它的传输波特率虽然通常只有 19kb/s 或 38kb/s，似乎并不很高，但它是方波，通过傅里叶分析可知方波是由正弦基波和一系列非常丰富的高次谐波组成，应该视为高频信号，其传导特性应以特征阻抗描述。高频导线原理上类似于波导，在一般条件下，导线特征阻抗仅与物理结构、材质有关，与导线长度、使用频率无关。但如果传输线特征阻抗发生变化，例如改变导线规格和物理形状、硬性弯折或终端开路，都会使信号反射或发射，产生衰减和干扰。所以一个链路的导线不得变换规格，不能缠绕、打结，屏蔽层要一端接地。链路终端应以终端电阻并联匹配。终端电阻非常重要，如果没有它，一方面开路终端会使传输信号反射，引起衰减、损耗；另一方面会产生高频电磁波发射，造成环境干扰。MODBUS 终端电阻应与传输线特征阻抗相同，通常为 $100\sim120\Omega$。此外，我们也知道当信号源输出阻抗和负载阻抗匹配（相同）时输出功率最大，所以与 RS-485 接口连接的智能设备输出阻抗也应是 120Ω。

MODBUS 协议有多种数据格式。工业现场常用 RTU 模式，这种模式的每个字节包括两个 4b 的十六进制字符，传输速率较高。RTU 以有地址码和校验码的帧包形式发送数据；常用的波特率为 9600、19200、38400 等；如果处理速度允许，采用低些的波特率有利于信息传输稳定。

MODBUS 的缺点主要有两个：一个是链路设备采用手拉手方式连接，一个节点出现问题会影响一串；另一个是数据以帧包方式传输，字节多、速度较慢。它的节点扫描速度根据数据帧包长短约为数十甚至数百毫秒，对于要求即时响应的设备常常不能适应。对此我们要尽量压缩帧包长度，提高设备和连接的可靠性，减短设备层链路长度，多设分支结构使各从站分组并列运行。

MODBUS 可以采用总线分支拓扑结构连接多个子链分支，此时需要在每个分支节点处配置 485 集线器、中继器或网关，各分支集线器之间仍需采用总线式手拉手连接。为了提高传输可靠性，各集线器之间可采用光纤连接，这时在网关主站之前要增加光电转换器（OEC），见图 8-6。

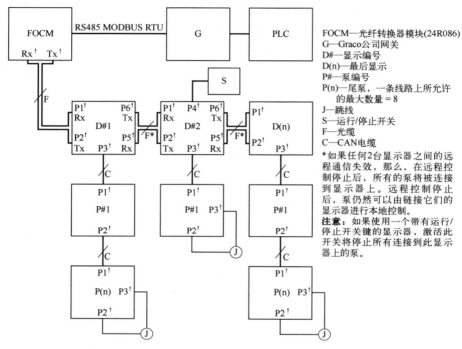

图 8-6 MODBUS 链路结构

图 8-6 中 G 是网关，是链路主站。它汇集各节点设备信息，将 MODBUS 协议的数据格式转为 PROFINET 协议格式与主站通信连接。FOCM 为光电转换器，F 为光缆，D#1～D#N 为 485 集线器，它们作为分支主站，各自连接若干现场设备 Pn。它们都带有光纤接口，以光纤进行手拉手连接。C 为 CAN 电缆，J 为终端匹配电阻，S 为运行/停止开关。

有些现场设备采用 PROFIBUS 通信协议。PROFIBUS 是过程现场总线（process field bus）的缩写，它由三个兼容部分组成，即 PROFIBUS-DP、PROFIBUS-PA、PROFIBUS-FMS。其中 PROFIBUS-DP 应用于现场设备级控制系统与分散式 I/O 之间的通信，总线周期一般小于 10ms，应用也很多。PROFIBUS-PA 适用于过程自动化，可使传感器和执行器接在一根共用的总线上，应用于本质安全领域。PROFIBUS-FMS 用于车间级监控网络，它是令牌结构的实时多主网络，用来完成控制器和智能现场设备之间的通信以及控制器之间的信息交换。PROFIBUS 链接也使用主从模式，使用 RS-485 接口或光纤接口。它的通信速度较快，最高可达 12Mbit/s，总线周期小于 10ms。它的性能优于 MODBUS 协议，只是当下市场采用的终端设备配置不如 MODBUS 多。

8.1.3.2　PROFINET 总线控制层

分布式现场总线的第二层是基于 PROFINET 总线的 PLC 控制层，它是整个控制系统的核心。PROFINET 是一种开放式的面向总线的分布式结构，CPU、触摸屏、交换机、各种接口或网络模块、分布式扩展数据模块、变频器等都可通过总线接口接挂在这一总线上，现场设备、关联系统、上位机等也都可以通过网络交换机、网关等与之接挂，我们统称为总线节点。如果其他地址的 PROFINET 局域网设备与 CPU 连接，由于网址不同，就需要配置 PN/PN 耦合器或网络交换机连接。

CPU 通过顺序扫描各总线节点方式连续运行。节点之间的总线连接，也有总线型、星形、环形等拓扑结构。其中环形结构较为常用，见图 8-7。环网必须使用环网交换机作为扫描主机（有些型号的 CPU 自带环网交换机），各节点采用手拉手方式连接，所以各节点接入设备都要有两个端口。如果节点设备只有一个端口，如网关等，就需要直接连挂到网络交换机上。环网节点可以多达 50 个，如果数目更多，就要另配一个网络扩展模块，再组一个环网。

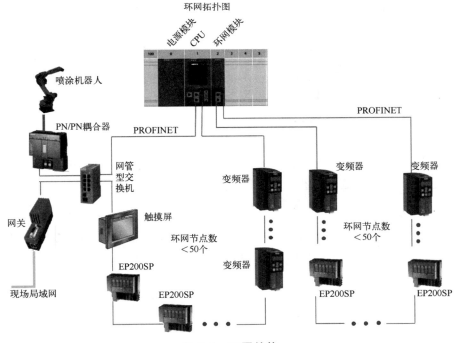

图 8-7　环网结构

环网是一种冗余模式，ROFINET 支持介质冗余 MRP 协议。介质冗余作为 PROFINET 协议的一部分，集成到所有 PROFINET 功能领域、控制或网络组件中。在 PLC 顺序扫描环路各节点时，如果某节点设备连接出现故障，MRP 冗余机制会立即重新编写节点地址表，启动备用路径（反向循环）继续运行，并开路故障节点、输出报警，见图 8-8。这样个别节点故障不会影响系统的整体运行。组态 MRP 环网的规则是：所有环节点设备必须支持 MRP 并且启用 MRP 协议；所有节点设备必须通过环网端口进行互连；环网中的所有节点设备属于同一冗余域。在一个环网中，最多可连接 50 台设备，否则重组时间会超过 200ms。环网中的某个设备可用作冗余管理器，其他设备均为冗余客户端；环内的所有伙伴端口具有相同的设置。

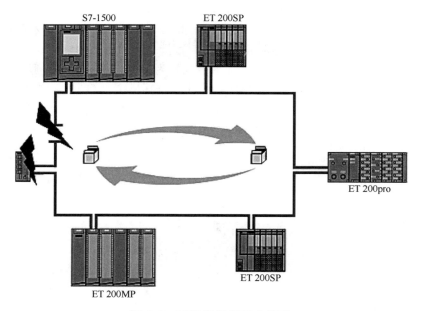

图 8-8　环网扫描的冗余处理

8.1.3.3　ETHERNET 信息层

信息层的主要作用是通过以太网向总控室的上位机传递现场系统的运行状态以及参数信息，用来观察监视；也可以传递后台资料数据，或与周边相关的局域网系统进行信息交换。有些型号的 CPU 自带 ETHERNET 端口，如果没有，就要配备网络交换机连接。

8.1.4　CPU 的工作方式

PLC 的 CPU 由随机存储器 RAM、只读存储器 ROM、控制器、运算器组成。

固化的系统程序和用户编写的程序存在 ROM 中，掉电时仍能保存；它们在系统上电运行时写入 CPU 运行工作区的高速 RAM 中，现场数据则会保存在映射区 RAM 中。PLC 的运行模式是对总线上的节点端子进行扫描采样、运算处理、输出，周而复始地连续运行。这种运行方式也是 PLC 与工控机（电脑）的重要区别之一；PLC 是连续循环扫描运行；工控机是以中断方式运行，没有中断指令时会自行停止。

CPU 的扫描运行周期可以分为三个节拍：第一步为输入扫描，它依次扫描总线各节点输入端子，将数据采入内部的输入映射寄存器 RAM；所有外部设备在 RAM 寄存器中都有地址编号。此后这些数据被锁存，直至下一个扫描周期刷新。第二步为运行用户程序，根据用户程序逐条对映射区采入的数据进行运算处理，并将结果存入输出映射寄存器 RAM，直至程序结束（END）。第三步是将输出映射寄存器的数据依次分送给总线节点各相应输出端子，对输出数据进行刷新。CPU 进行数据采集和输出刷新的周期都很短，取决于总线节点、采样设备的多少，大体上是毫秒级。用户程序运行周期取决于程序长短和复杂程度，大体上是每 K 程序字节长度 1~10ms。

但上述周期只是 CPU 的扫描周期。对于挂接在总线节点 ET200 上的扩展模块所连接的设备而言，它们的信号处理周期与 CPU 扫描周期相称。而对于 MODBUS 或 PROFIBUS 局域网络上挂接的设备，数据采集和刷新时间就要长得多，通常为数百毫秒或更长。但这并不影响 PLC 的运行，PLC 只扫描网关主站节点的锁存信息，不在意它是否被刷新。这些链接设备的信息处理周期会依据链路扫描刷新周期。

8.1.5　PLC 系统的人机界面

PLC 系统的人机界面（human machine interface）简称 HMI，俗称触摸屏。它安装在控制柜面板上，直观地显示过程界面和数据，操作员可以触摸屏幕直接操作。注意 HMI 不仅是一个屏幕，它的功能非常强大，它作为 PLC 工控系统的界面，显示受控过程以及现场设备的实时运行状态、运行参数；可以调用程序菜单、操作管理设备、设定/修改工艺参数；有报警、故障记录统计等功能；几乎涵盖了 PLC 全部的人机交互功能。HMI 是目前最为简单方便、自然高效的人机交互方式，非常适用于工业现场管理。这也是 PLC 工控系统的突出优点之一。

HMI 由硬件和软件两部分组成，硬件部分包括处理器、显示单元、输入单元、通信接口、数据存储单元等；软件一般分为两部分，即运行于 HMI 硬件中的系统软件和运行于 PC 机 Windows 操作系统下的画面组态软件。程序员要使用 PC 机画面组态软件制作工程文件（用户软件），再通过接口把编制好的工程文件下载到

HMI 的处理器中存储、运行。所以 HMI 并不只等同于触摸屏，而是一个带有 CPU 的处理器，双向触摸面板仅是它的一个组成部分。

HMI 不仅可以与 PLC、PC 相连，还可以与许多有串联接口的现场设备相连。它的基本接口是 RS-422/485 接口，可以通过转接器与 PC 相连；许多高级型号的 HMI 有 USB 或 ETHERNET 接口，连接更为方便。

HMI 的图形编程使用 TIA（博途）的组态软件，在电脑上制作和编译，再通过通信电缆下载到 HMI。SIMATIC WINCC 的画面组态形式很多，有按钮、I/O 域、开关、图形输入、时钟、符号 I/O 域、图形 I/O 域等多种方式。通过画面组态，现场设备、PLC、HMI 形成信息数据关联，所有现场设备的动态信息可以在画面显示；触屏操作可以操控现场设备，也可以对设备的工艺参数规范进行设定和修改。

HMI 的菜单版面通常都按照受控过程的工艺流程做成画面模式；设备都按实物照片或 3D 图形制作，用不同颜色或图形表示状态。可视变量如液位、泵频、搅拌器转数等可使用棒状、指针表、时钟图、曲线、旋转扇叶以及其他动画方式组态，做成动态画面，这样整个系统的过程状态非常直观，一目了然。对于一个过程系统，需要很多不同的页面来描述以及操作，所以在 HMI 版面的下方都设有许多菜单按钮，选择进入相应页面。在制作画面时，可以使用软件工具库中的图形元素，也可导入 EPLAN 等软件制作的图形，见图 8-9。

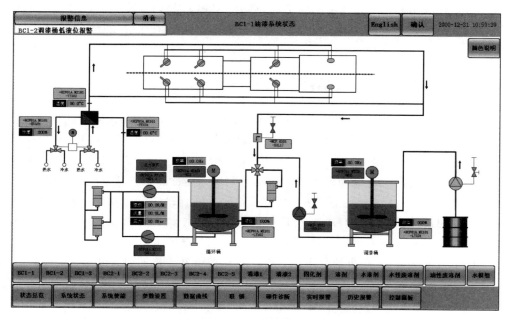

图 8-9　HMI 的图形界面

HMI 可以采用多屏技术以及远程控制操作。多屏技术指一个控制设备（PLC）连接多个触摸屏，所有的触摸屏都可以实现操作和显示。连接方式有两种：一种是将主机 HMI 设定为主屏、其余 HMI 作为从屏，以串口连接，从屏通过主屏和 PLC 连接。另一种是将多屏通过网线接入 PLC 的网络交换机直接连接。

远程控制泛指不同的电脑或 PLC 之间，或它们与设备之间通过网络实现互相连接，实现互动显示、操作，与现场距离无关。它是现场控制中常用的管理手段。异地远程控制时，操作员可以使用电脑、笔记本、手机，通过计算机网络或手机无线拨号等方式与异地现场的电脑或网关连通，将它们的网线接入 PLC 网络交换机，就可以实现操作员与现场 HMI 的联通。此时 HMI 的屏幕会显示到操作员的计算机上，操作员可直接对其进行系统检查、故障排除、软件修改等工作。这会大幅缩短故障处理时间，也降低了人工成本。

8.1.6 变量控制

过程控制的变量分为数字量和模拟量。数字量也称开关量，是位信号，有 0 和 1 两种状态。模拟量主要是压力、流量、温度、液位、转速等，它们经过变送器处理转化成 4～20mA 或 0～10V 电信号，进入 CPU 前要经过 AD 或 DA 转换变成数字信号。

数字量的处理较为简单，主要是处理一些逻辑关系，在满足给定条件时继电器动作。也有一些位信号传递状态信息，通过位编码识别完成开关动作或程序切换。

模拟量处理主要是对过程进行闭环反馈控制，闭环控制有 PID 控制和回差控制两种方式。PID 控制响应速度快、控制精度高，但参数设置要得当，否则可能适得其反。PID 参数中微分环节 D 是为了提高对变量误差信号响应速度，缩短调整时间，它的参数是时间常数 τ，相当于调功器调整幅度从 0 达到 100%所需的时间，所以数值越小持续时间也越短、调整越激烈。微分环节作用太强（时间常数过小）会导致系统不稳甚至引起震荡，除非要求响应时间严格的过程，可以弱化其作用（加长时间）或不设。积分环节 I 的作用是消除误差，提高控制精度。它的参数也是时间常数，定义和微分相同，都是调整幅度从 0 达到 100% 所需的时间。此参数设置长些，会使变量达到设定值、消除误差的时间加长，但调整过程更为平稳。比例环 P 也称比例增益（KP），对应调功器的平均能力（功率），比例增益大系统调整能力强。比例参数有时也用比例带（δ）表示，它与比例增益互为倒数。PID 控制可通过 PLC 或智能仪表实现。PLC 处理是通过算法软件实现的，现代许多软件为自适应式，可以根据使用条件自行设定 PID 参数。

对于响应速度和控制精度要求不高的场合，模拟量可以采用回差控制方式。

这是一种双限开关控制方式，例如加热控制，设定好温度控制带的上下限，在温度达到上限时关断加热器，待其自然降温回返下限时再接通加热器。上下限的间隔称为回差，与控制精度对应。回差设置大些会使系统稳定，但精度差；设置过小会使执行器频繁启闭造成系统不稳甚至引起震荡。回差控制方式的硬件简单，一个传感器、一个双限继电器即可实现，喷涂系统控制中一些要求不太严格的过程量，如媒质温度等，可以采用回差控制。

变量的采集和控制是由传感器、控制器、执行器实现的。常用的开关量设备有开关、电动机、位置传感器（如干簧管、摩尔元件、光电元件、接触开关、音叉等）、敏感开关等；模拟量设备有传感器（温度、压力、流量、液位等）、变频器、模拟电动机、加热器、调功器等。模拟量的输出分为模拟信号输出和数字信号输出两种，模拟信号输出为 4~20mA 或 0~10V 电信号，精度为 16 位（$1/2^{16}$）。其中电流信号抗干扰能力强、有自检功能，应用更多。

8.1.7 系统软件和用户程序

西门子 PLC 硬件结构搭建完成后，要在 CPU 装入系统软件才能运行。西门子 PLC 采用的系统软件是 TIA PORTAL（TIA 博途）；TIA 是全集成自动化 totally integrated automation 的缩写。博途是西门子工业自动化集团发布的一款全集成自动化软件，是业内首个采用统一的工程组态和软件项目环境的自动化软件。借助这个软件平台，用户能够快速、直观地开发和调试自动化系统，适用于几乎所有的自动化任务。

TIA 博途可对西门子全集成自动化系统中所涉及的所有自动化和驱动产品进行组态、编程和调试。它包括三个组成部分：SIMATIC STEP7、SIMATIC WINCC 和 SIMATIC STARTDRIVE。其中 SIMATIC STEP7 是用于组态 S7-1500 等系统的工程组态软件；SIMATIC WINCC 是可视化软件，可以组态 SIMATIC 面板，支持所有设备级人机界面操作面板，包括所有当前的 SIMATIC 触摸型和多功能面板、新型 SIMATIC 人机界面精简及精致系列面板，也支持基于 PC 的 SCADA（监控控制和数据采集）过程可视化系统；SIMATIC STARTDRIVE 能直观地将变频器集成到自动化环境中，并对它们进行调试。

TIA 博途可以安装在 64 位操作系统、8G 内存、有 SSD 固态硬盘的笔记本上，进行编程和调试。TIA 博途支持梯形图、语句表、功能块图、顺序功能图以及结构文本等五种常用编程语言。

用户程序主要用来对现场设备进行流程、参数或操作管理，要使系统满足用户目标要求，需要编写用户程序软件。用户软件使用博途编写，有多种编程方式。其中图形组态编程最为常用，它通过直观图形直接定义和显示运行状态和参数，将现场设备的运行参数通过图形上的特征点与 CPU 关联,可以非常方便地在 HMI 上显示设备运行状态和工作参数,并进行参数设定和修改,使编程和使用非常方便,也使编程时间大为缩短。用户程序写完后可在笔记本上编译,连接 PLC 预调试,成功后再下载到 PLC 上运行。

有关具体项目的编程方法较为烦琐,脱离本书内容,故不作描述。本书只给出喷涂各工艺流程的控制目标要求、控制系统结构和主要图形界面。

8.2 油漆喷涂系统的控制单元

涂料喷涂系统使用大量机具设备、电动机、控制元件、传感器。它们的运行操控管理、运行状态监测报警、参数设定采集以及系统单元的流程控制、信息通信、人机界面,数据统计等都属于电气控制系统的控制管理范围。

电气控制系统的设计任务是确定控制模式、编制各系统控制结构原理图、控制变量表,设计、构造各系统的控制硬件环境,制作人机界面,编写用户软件,程序调试等。

油漆供给系统通常采用西门子 1500 系列 PLC 工控系统控制管理。油漆喷涂的系统和设备数量较多,控制变量 I/O 点位常在数百至千个以上,属于中大型系统。主控柜组安放在设备间;现场设备主要安装在调漆间(供漆系统)、设备间(温控系统)、喷室(废溶剂系统)等处。各主要的操控工位都配有控制盒,配装主要设备的操作按钮、应急开关、指示灯、报警器等,便于现场即时控制。

8.2.1 油漆供给单元的控制

油漆供给系统的控制功能表也称变量表,内容见表 8-1。

表 8-1 油漆供给系统主要控制功能(变量表)

设备	控制项目	控制参数	变量	采样点	控制机构	执行机构	备注
主泵、搅拌器、媒质泵、加热器等	启停	开关	DI/DO	开关	工位盒/泵控制器/PLC	工位盒/泵控制器	
主泵/背压阀/搅拌器	运行模式切换	程序调用	程序调用/DO	HMI、机器人 PN/PN	机器人/HMI/泵控制器	变频器/泵控制器/背压器	运行模式须编程
主泵	压力平衡	压力	AI/AO 或泵控器帧包	压力传感器	泵控制器或 PLC	变频器/泵控制器	
主泵	流量平衡	流量(cycle 数)	计数器/变频器设定或泵控器帧包	计数器/程序设定	泵控制器/PLC	变频器/泵控器	状态参数由用户程序设定
漆桶	温度显示					表头	

续表

设备	控制项目	控制参数	变量	采样点	控制机构	执行机构	备注
搅拌器	转速调整	变频器（Hz）	AI	液位传感器	PLC	变频器	由液位同步
转移泵	补漆启停	液位	AI/DO	液位传感器	PLC	动力空气阀	低位开高位停
液位计	液位	液位	AO	油漆桶	PLC	转移泵、搅拌器、报警器	
流量计	定流量加注	流量	AI/DO	流量计	PLC	开关阀	
管中管温控器	温度/媒质控制	温度	AI/AO	温度传感器	PLC	电动执行器/模拟阀	
媒质水箱	补水	液位	DI/DO	液位计（点式）	PLC	补水器	
媒质	温度	温度	AI/DO	温度传感器	PLC	加热器	回差控制
废溶剂中转站	转移/反冲洗切换	切换	AI/DO	液位传感器	PLC	气动三通阀、转移泵	
废溶剂接收大桶	满位报警	液位	DO		PLC	报警器	
废溶剂接收双桶	双桶切换	液位开关	DI/DO		PLC	切换三通阀	
PLC	数据上传	过程数据	程序		PLC	PLC	数据上传总控

8.2.1.1 主泵的流量控制

一条油漆线常有多达20套不同漆种和颜色的油漆、固化剂和溶剂供给系统。油漆在同一时间只有少数几套被选用处于作业模式，其余处于休眠模式，它们的流量设定是不同的。这就需要给系统设定模式切换，并进行相应的过程控制。我们通常给主泵设置工作/休眠两种状态模式。工作模式采用压力平衡模式，它以静态循环流量为基础，采用与之对应的系统压力作为平衡参数，通过压力传感器采样系统压力进行闭环控制，作业系统和常用备选颜色系统采用这种工作模式。休眠模式是流量平衡模式，将流量锁定在设定值。如果有些涂料在长期不用时允许间歇停止循环，可以另设出一种周期性的启动/关闭休眠模式，称为长假模式。这样油漆系统的工作状态就有3种选择模式。

系统模式设定和转换主要是切换主泵工作状态，也涉及背压器、搅拌器的运行状态。休眠时主泵减速，背压器可以全部打开、降低系统压力，搅拌器也可低速或间歇运行。直流泵自带控制盒，自身可以进行状态设定、切换和状态过程控制；控制系统只需下传切换指令、上传状态信息即可。交流泵变频器安装在主控柜内，要经过PLC参与控制。无论主泵有没有控制器，状态信息都应该可以在中控界面显示并设定、切换。事实上状态切换信号通常来自机器人，这时主控系统应能接收机器人信号并下行传递给主泵。状态切换并不需要严格的即时控制，稍有秒级延时并无大碍。

在系统处于压力平衡模式时，通过闭环反馈控制调整主泵流量（cycle 数）取得压力平衡。这一控制要求实时控制，不能有秒级延时。反馈检测元件是安装在主泵出口的压力传感器，它可连至电动泵自带的控制盒，如果需要 PLC 管理，则连至 PLC。

在压力平衡模式下，CPU 在接到系统压力误差信号后要经过 PID 处理。由于要求快速响应，编程中在设置参数时，微分比重要适当加强（缩短微分时间常数）。

休眠状态的流量模式的过程控制较为简单，只要设定流量参数，在运行中维持即可。由于柱塞泵的流量输出与 cycle 数关联，主泵的流量控制是对泵频（cycle/min）的控制。交流泵泵频由变频器控制；直流泵由直流电源电压控制。将它们与控制信号或程序设定关联即可。

状态模式切换以及系统状态显示信号可以通过现场连接网络与 PLC 通信。如果需要采用 MODBUS 链路控制，要采用多链路并联以加快通信速度。此外，GRACO 高级版直流泵的智能控制器 ADCM 采集的状态信息有近百种之多，多数用于现场参数设定，但并非都需要与 CPU 实时通信。我们在制作信息菜单时只需选用必要的几种，通常 4~6 个数据即可。这样它的帧包很短，会有效缩短通信周期。

8.2.1.2　变频器控制

交流主泵变频器受压力传感器控制，需要即时响应；压力传感器最好直连 PLC。搅拌器变频器由液位信号控制，但无须即时响应，可由设备层网络传输。所有变频器的输出都是功率输出，需要直接连线至电动机。

在硬件配置上变频器多采用西门子型号。为了和 CPU 总线连接，每台需要配置一个 PROFINET 接口。除了变频控制外，它还有热保护和报警等功能。为了参数设定、调整方便，变频器还需配置可视界面，可以每台配置一个，也可以只配置少数几个在设置参数时轮流使用。

8.2.1.3　液位控制

每个油漆桶都装有液位计。它的作用有三个：低高位补漆、停止；超高或超低液位报警、停泵；中液位同步搅拌器转数。这些都不是必须即时相应的参数，允许秒级的延迟（高速大流量转移泵例外）；可以采用现场链路传递信息。

液位计有许多种类、厂家、型号可供选择。我们通常可优先选择重力式液位计，因其准确、稳定、简单、使用寿命长。在充气桶上要配置压差式液位计。在需换用料桶场合，只能在移动式桶盖上加装非接触式液位计，通常可选超声波或雷达式。特殊场合可根据需要选配。液位计安装后，要对每个使用环境进行定标。

液位控制关联点较多。它的控制功能如表 8-2。

表 8-2　油漆桶液位计控制功能

设备	控制项目	控制参数	控制变量	输出变量	控制机构	执行机构	备注
循环桶/调漆桶	0 液位	0 %	4mA	用户程序	HMI		定标
	满液位	100 %	20mA	用户程序	HMI		定标
循环桶	超低	<10 %	5.6mA	用户程序/DO	PLC	报警器/主泵	
	低低	<30 %	8.8mA	用户程序/DO	PLC	报警器/搅拌器	
	低	<50 %	12mA	用户程序/DO	PLC	启动转移泵	补漆
	正常	50%~80%	13~16mA	用户程序	PLC	变频器	
	高	>80 %	16.8mA	用户程序/DO	PLC	停止转移泵	
	超高	>90 %	18.4mA	用户程序/DO	PLC	报警器、停主泵	
调漆桶	低	<30 %	7.2mA	用户程序/DO	报警、停止转移泵、停搅拌器	报警器、搅拌器	
	高	>90 %	18.4mA	用户程序/DO	报警	报警器	

8.2.2　油漆温控单元的控制

油漆温控单元的控制管理目标是通过管中管换热器控制油漆温度，以及媒质单元的运行状态。

8.2.2.1　管中管换热器的温度控制

管中管的温度控制可以使用仪表控制，但多数由主控 PLC 控制管理。

涂料温度控制是由管中管式换热器完成的，它的冷热媒质切换和流量控制由两个三通模拟阀进行，其冷热媒质的接入切换和开度由电动执行器驱动，使用前要先进行定标。

油漆温控是一个闭环反馈过程控制，由温度传感器、CPU、电动执行器总成组成反馈、控制、执行环路。安装在管中管换热器出口的温度传感器将油漆温度信号送给 PLC，与设定温度值比较得出误差信号 ΔT，经 PID 运算后得出控制信号，送给电动执行器总成执行调整。

SIMATIC 1500PLC 对于温度的控制是由 FB58 专用函数软件模块进行的。FB58 的功能十分强大，它是一种自适应式软件，会根据不同的过程情况自行设定 PID 参数，所以使用方便。它还可以实现连续调节及比例调节元件的两极调节；平时使用 PID 连续调节，而当温度出现大偏差或偏差长时间持续时，FB58 会自动切换成最大调整状态，以加速恢复平衡。

FB58 可选 PI 或 PID 控制方式。管中管温控系统是一个惯性较大的过程系统，涂料在换热区通过时间约为 20s，电动执行器角位移响应时间也很长，所以微分环节作用不大。PI 或 PID 两种调节方式都可选用。

对于切换式单通道式温控器，同一时间段只采用一种媒质调温。它要测定环境参考温度与油漆设定温度比较，以确定哪种媒质接入。环境参考温度主要与漆桶漆温和调漆间室温相关，但应以漆桶温度为主，综合评估定义。简单的做法是选用漆桶漆温，使用这个参数来比较油漆设定温度，确定哪种媒质接入，再进入过程控制流程。

管中管温控如果采用温控仪表，温控数据要上传主控柜 PLC 在 HMI 显示。

温度信号对即时性要求不高，可以直连，也可用 MODBUS-485 总线连接。

8.2.2.2 媒质系统的控制

媒质系统的控制包括水泵启停、备用泵的切换和定期轮换、补水装置以及媒质温度控制。

媒质温度与涂料设定温度之差为媒质温差，涂料通过管中管时两端的温差为换热温差。媒质温差应大于涂料换热温差。媒质温差大有利于涂料温度快速调整，但过大时容易引起震荡使漆温不稳；媒质温差过小则会使调整时间加长，在环境温差过大时甚至调不过来。对于三层式管中管，由于涂料换热面积大、流层薄，媒质温差可选小些。总的看来，较小的温差有利于温控系统的稳定并提高控制精度。由于涂料在管中管换热器停留时间只有十几秒或几十秒，设置适宜的媒质温差是重要的。根据多数现场经验，通常习惯使用的媒质温差为 8~15℃。

媒质热源可以使用动力热媒、换热器进行变温，也可采用加热水箱，生成适当温度的媒质（俗称中水）。油漆的设定温度通常为 22~25℃，水性溶剂设定温度为 32~35℃，它们相差约 10~15℃，可以共用一套 40~45℃左右的热媒单元；也可采用两个单元分别供给。此时两种热媒温度可设定为 32~35℃和 42~45℃。

动力冷媒约为 7~10℃，可以只加换热器隔离而无须变温。

媒质系统的温度控制不必太精细，采用简单的回差（双限开关）控制完全可以满足。

媒质系统的控制比较简单，除媒质温度外，主要是设备开关、水泵切换等，可由主控 PLC 直接管理，也可在媒质工位控制箱直接控制，但要将状态信号上传主控。

8.2.3 废溶剂回收单元的控制

废溶剂系统的控制分为喷室中转站和调漆间回收站两部分。中转站控制内容为主泵、搅拌器启停、液位检测、反冲洗/转移泵控制、报警控制等，每个中转站都要配置一个工位控制箱。中转桶液位正常时反冲洗泵将废液抽出打送至重力回收管路顶端以及清洗盒进行反冲洗；满桶时启动转移泵送至调漆间回收桶。如果使用一台泵，要切换出入口通道。中转站由PLC主站控制管理。

回收站安放在调漆间，作为废溶剂接收终端。回收站有两种收集模式，一种是双回收桶切换式，另一种是大桶收集式。

双桶切换模式是在回收站位配置两个空桶切换使用；废溶剂由气控三通阀引入，切换接入空回收桶，由气控切换器或液位开关控制切换。气控切换器有两个微压探头，插入两个空桶内的顶部，持续释放微压压缩空气。当满液位时，微压探头没入废溶剂液面，空气排放受阻而改变流道、触发微压放大器工作，切换气动三通阀，使废溶剂流至另一个空桶，同时发出报警信号提示换桶。气动切换控制器原理见图8-10。

液位开关是在两个回收桶顶部插入音叉液位开关，当废溶剂加满时发出信号，控制气动三通阀切换通道，将废溶剂引入空桶。

大桶收集模式是在调漆间配置大型收集桶回收废溶剂，满位时运走。它配有搅拌器和液位计，由主控系统控制管理。废溶剂系统控制功能如表8-3。

表 8-3 废溶剂系统控制功能

设备	控制项目	控制参数	控制变量	输出变量	控制机构	执行机构	备注
中转站							
中转桶液位计	转移废溶剂至回收桶	80%高液位	AI	DO	PLC	启动转移泵，关闭反冲洗泵	
中转桶液位计	停止转移	40%低液位	AI	DO	PLC	关闭转移泵，启动反冲洗泵	
搅拌器	启停	开关	DI/DO		工位盒/PLC	电动机/变频器	
回收站							
双桶切换器	满桶切换	液位	DI	DO	气动控制器或PLC	三通阀/报警器	
大收集桶/液位计	高液位	报警	AI	DO	PLC	报警器	80%液位
	满液位	关断转移阀	AI	DO	PLC	转移泵	90%液位
大桶音叉液位计	满液位保护	关断转移阀，报警	DI	DO	PLC	报警器	>90%液位
搅拌器	启停	开关	DI/DO		PLC	开关	

第8章 电气控制系统的设计和集成

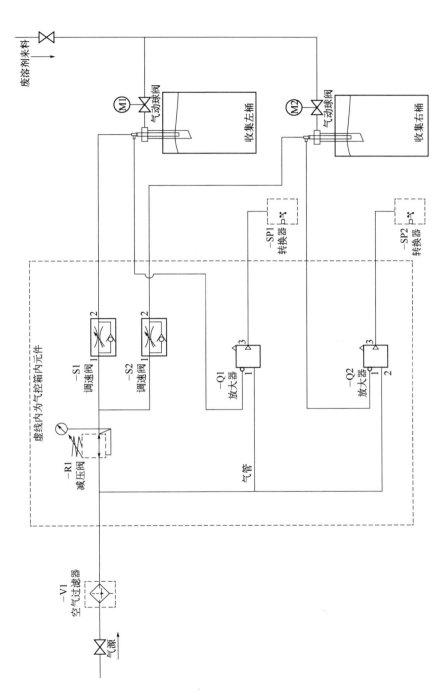

图 8-10 废溶剂回收的双桶切换装置

8.2.4 走珠式换色系统的控制

走珠式换色系统的供漆单元结构简单，只有主泵、单桶、搅拌器等。如果是只有2~3套小颜色系统的简单系统，控制内容不多，主要是作业流程（退漆、清洗、换色、注漆等）管理、走珠发射接收模块和各种功能模块的动作和时序管理等。大型的定量系统要配备油漆配送中心，它由许多控制阀门组成控制矩阵，按编程执行逻辑时序控制。这些控制阀大多为电磁气控阀驱动，定量供漆要由中压空气驱动，所以还要单独配置一个中压气控柜。

走珠系统需要由单独的PLC单元控制管理，控制功能如表8-4。它设有HMI人机界面，由画面菜单界面进行设定和操作。主控柜和气控柜安装在调漆间近旁，调漆间内各工位旁以及喷室枪站要另设工位操作盒。

表 8-4 走珠系统控制功能

类别	控制项目	摘要	输入变量	输出变量	设定/控制方式	执行机构	备注
准备	开工条件	安全、环境、动力、链条、机器人就绪	总线		以太网	PLC	
关联	机器人实时关联	系统要根据机器人信号排序，执行作业和换色流程	总线、DIDO		以太网或PROFINET总线	PLC/气控柜	
批次参数设定	作业批次参数	批次号、作业次序、漆种、工件数量、油漆定量	窗口赋值	用户程序块	组态界面	PLC	矩阵模式
流程参数设定	作业流程	注漆、退漆、清洗微流程	窗口赋值	用户程序块	用户程序/组态界面	PLC	
过程参数设定	实时控制变量参数	涂料压力、搅拌器转数、液位、油漆定量	窗口赋值	用户程序块	组态界面设定、调整	PLC	
操作	启停设备	手/自动切换；主泵、搅拌器、走珠收发、清洗模块、Dump阀等启停	DI	DO	按钮、开关、界面按钮	PLC	
操作	启动过程	启动过程流程	界面菜单按钮	DO	组态界面菜单	相关设备、气控阀	
故障	处理	调用处理程序；除外故障单元其余运行			PLC、编程		
界面	界面	现场控制箱或HMI，控制柜HMI			PLC、编程		
后台	故障记录	界面菜单			PLC	界面	
后台	统计	材料消耗等			PLC	界面	

8.2.5 油漆供给系统的中控界面

油漆主控系统采用 HMI 人机交互界面进行参数设定、显示和操作。HMI 以画面组态菜单操作，菜单分为登录进入菜单、主功能选择菜单、设备使能界面、分系统运行状态显示画面、分系统参数显示和设定界画面、出错报警画面等多层次、多功能、多系统，可以直接触摸屏幕按钮进入。油漆主控系统采用的主要画面菜单格式如下：

用户登录界面见图 8-11，可根据授权密码级别进入不同层级。

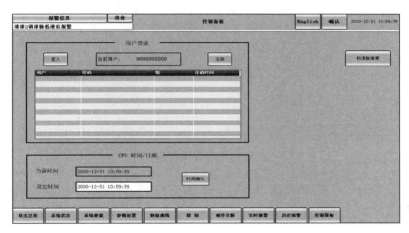

图 8-11 用户登录界面

状态总览界面见图 8-12，可综览系统运行状态。

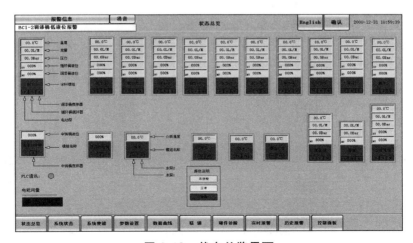

图 8-12 状态总览界面

系统使能界面见图 8-13，可选择系统启用/退出。

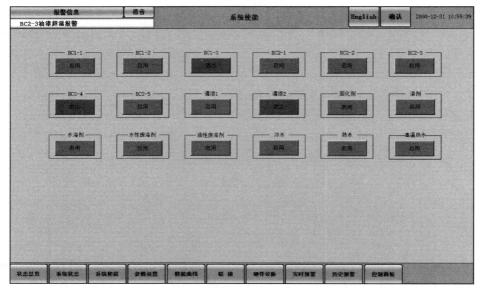

图 8-13　系统使能界面

油漆供给系统状态界面见图 8-14（a）～（f）。选择按钮快速查看调漆各系统的运行状态、运行参数（压力、流量、温度、液位、转速等）、参数设定等。

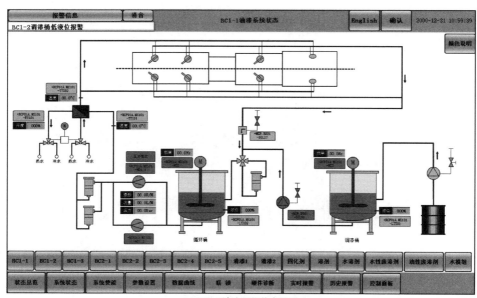

(a) BC1-1 油漆系统状态界面

第8章 电气控制系统的设计和集成

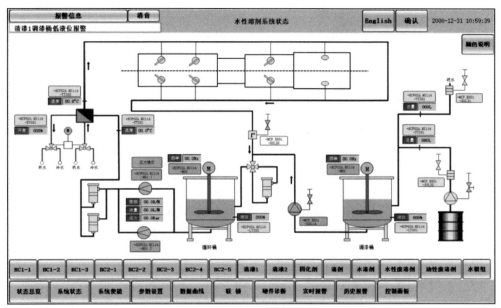

(b) 水性溶剂系统状态界面

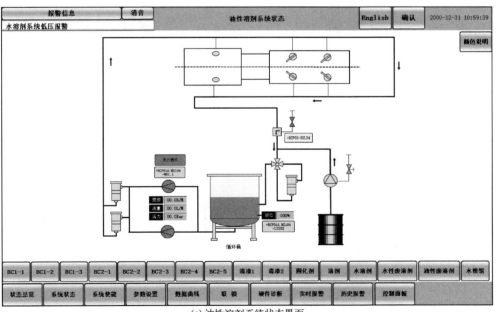

(c) 油性溶剂系统状态界面

图 8-14

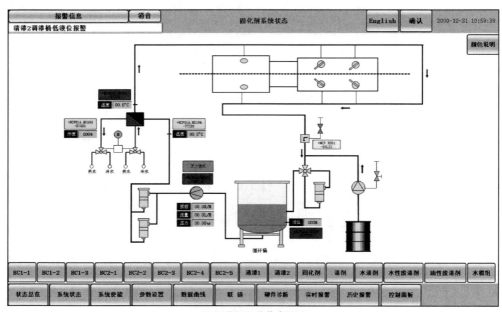

(d) 固化剂系统状态界面

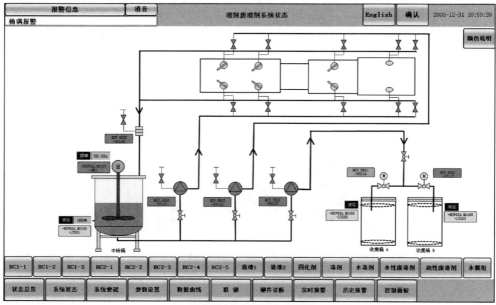

(e) 溶剂废溶剂系统状态界面

第8章 电气控制系统的设计和集成

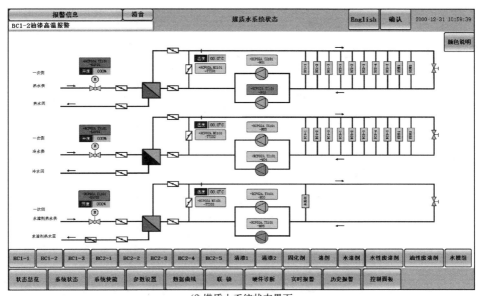

(f) 媒质水系统状态界面

图 8-14 油漆供给系统状态界面

油漆供给系统参数设定界面见图 8-15（a）～（d），可按工艺规范进行相关参数设定。

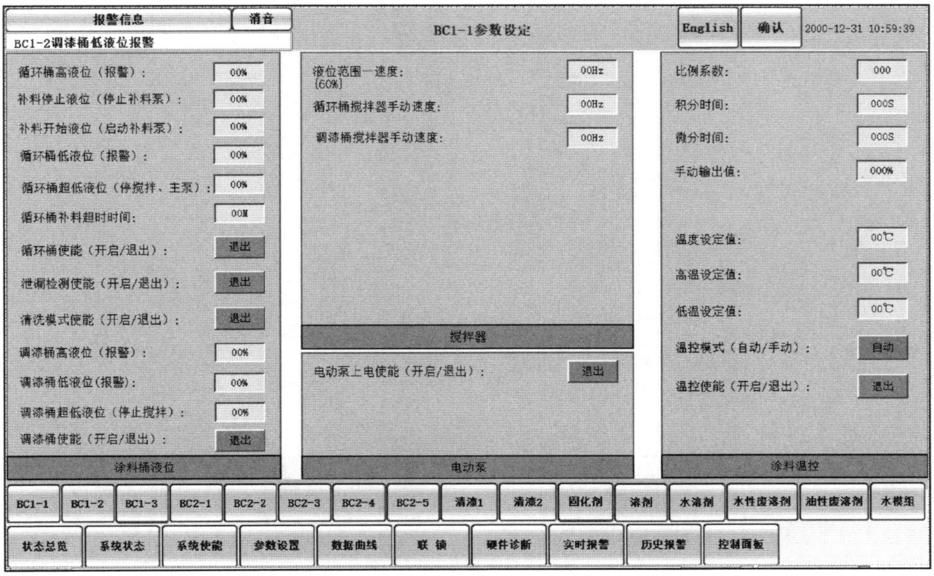

(a) BC1-1参数设定界面

图 8-15

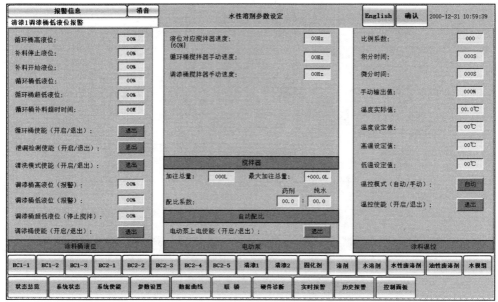

(b) 水性溶剂参数设定界面

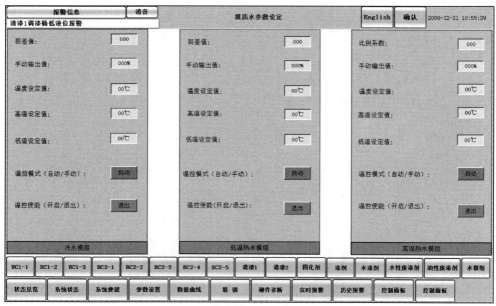

(c) 媒质水参数设定界面

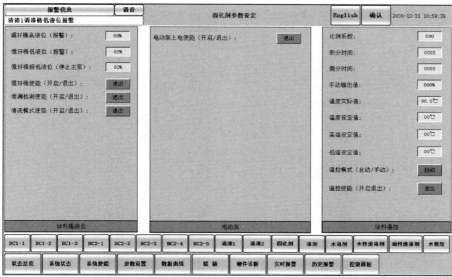

(d) 固化剂参数设定界面

图 8-15 油漆供给系统参数设定界面

油漆供给系统数据曲线界面见图 8-16，可查看各系统压力、温度、液位的历史数据、波动情况。

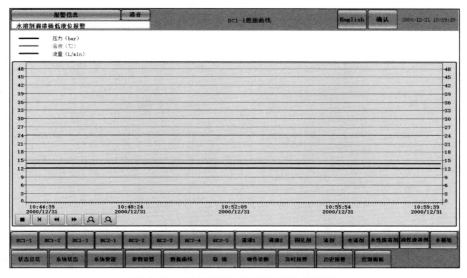

图 8-16 油漆供给系统数据曲线界面

油漆供给系统联锁信号界面见图 8-17，可显示机器人和电动泵之间的信号交互状态。

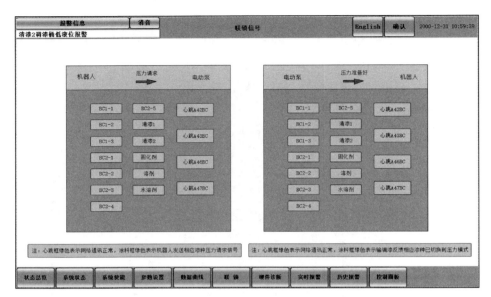

图 8-17 油漆供给系统联锁信号界面

油漆供给系统硬件诊断界面见图 8-18，可显示网络通信的结构及状态，如出现通信中断、通信断点红色报警等。

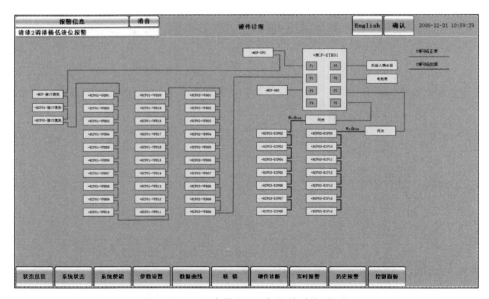

图 8-18 油漆供给系统硬件诊断界面

油漆供给系统历史报警记录界面见图 8-19，可查看已经发生的报警信息。

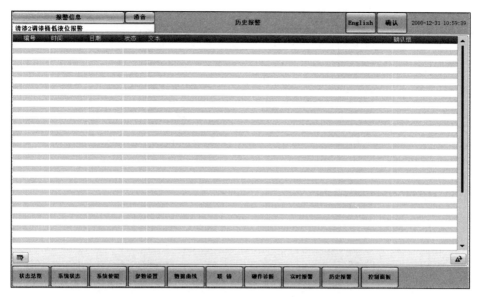

图 8-19 油漆供给系统历史报警记录界面

8.3 打胶系统的控制单元

虽然打胶系统胶种较多，但线体结构基本相同、结构也较简单，大体上只有主泵开关、模式切换控制、系统压力监测和保护、管路伴热带温度控制等。如果配有级间中转桶，还会有一些搅拌器和液位控制。打胶系统控制功能如表 8-5。

表 8-5 打胶系统控制功能

设备	控制项目	控制参数	控制变量	输出变量	控制机构	执行机构
气动主泵	启停	开关	DI	DI	工位盒、泵频开关	电磁阀
电动主泵	启停	开关	DI	DO	泵控制盒/PLC	泵控制盒
主泵空打保护	泵频	cycle	DI	DO	PLC	泵动力开关
主泵压力传感器	超压	压力	AI	DO	泵控制盒/PLC	停主泵/开泄放阀/报警
主泵运行	过程控制	压力	AI		泵控制盒/PLC	泵控制盒
原料桶液位	高/低位	位置信号	DI	DO	工位盒/泵控制盒	报警
伴热带	加热	开关	DI	DO	PLC	伴热带电源
温度传感器	伴热带启停	温度	AI	DO	PLC	伴热带电源
中转桶液位计	高低液位	液位	AI	DO	PLC	一级泵启停、补料阀开关

续表

设备	控制项目	控制参数	控制变量	输出变量	控制机构	执行机构
中转桶搅拌器	启停	开关	DI	DO	PLC	电源
中转桶搅拌器	转速	变频器频率	HMI界面设定	HMI	PLC	变频器

一级供胶系统集中在供胶间，二级供胶单元都分散在工位，所以供胶间和各二级站要分别设控制箱就近控制。全部涂胶系统共设一个主控柜组，负责全面管控和与上位机通信。

8.3.1 供胶单元的控制

供胶单元控制各供胶泵启停切换、料桶切换、系统压力、温度等。一级供胶单元的主泵多采用带 RAM 架的气动压盘泵；RAM 架上装有压盘位置（液位）切换、报警装置，所以泵和 RAM 架的启停运行、料桶和备用泵的切换等都可在现场管理并调整设定，无须另设控制环节。一些新建线已开始采用 GRACO E-FLO SP Check-mAte 电动泵，它自带控制器，所有参数均可设定并自行管理，所以一级泵站通常只将状态信号上传主控即可。

二级泵站的控制管理主泵运行、级间耦合、高压限压保护等。二级供胶泵是虹吸泵，常为多台并联，气动泵都可以现场直接管理；GRACO E-FLO SP Dura-FLow 电动泵则自带 ADM 控制盒和界面，它可以通过 CAN 电缆、集线器、网关将多台主泵连接成环网，由网关与胶体中控站通信。如果采用中转桶进行级间耦合，要增加液位和搅拌器控制，与油漆基本相同。

8.3.2 供胶系统的温度控制

胶体黏度对温度敏感，低温时会很大，流动性极差。正常工作温度应维持在 30~35℃，由于输送管路内充满胶体，热容量大，需要全程管路加热。通常采用伴热带缠绕加热。

对于较长的管路，可以分为多个加热区段，分段控温。注意每段都要配置温度传感器，位置应在加热区段胶体出口附近、管路外侧伴热带空隙处。

胶体温控精度要求不像油漆那样高。伴热带可以采用回差控制模式，由温控仪或 PLC 控制。

8.3.3 供胶系统的主控单元

一条涂胶线有许多胶种，可共设一个主控站控制管理，安放在各胶种二级泵中心位置。它可以管理各胶种供给单元的启停运行、压力流量控制、管路温度控制，汇集状态信息与上位机通信。主控站也由 PLC、模块、HMI 等组成，通常使用西门子 S7-1500 系列产品构建。它的结构模式与油漆基本相同，只是功能较为简单、控制点位较少。主控站采用 HMI 人机界面，进行画面菜单组态管理。胶体种类、系统较多，举例说明常用菜单画面：菜单分为状态总览、参数设定、历史报警记录等几类，参看图 8-20～图 8-23。

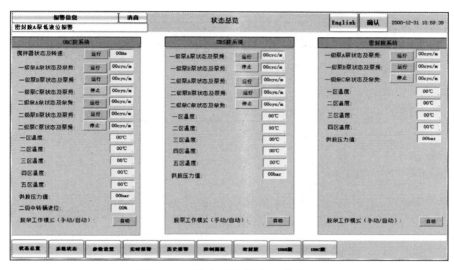

图 8-20　供胶系统状态总览界面

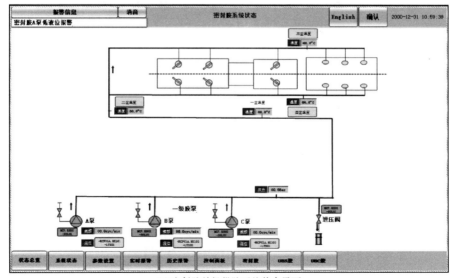

(a) 密封胶单级供胶系统状态界面

图 8-21

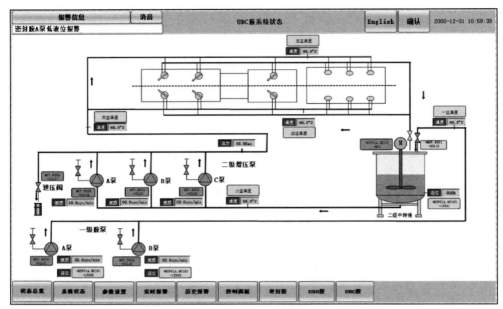

(b) UBC供胶系统(两级供胶，中转桶级联)状态界面

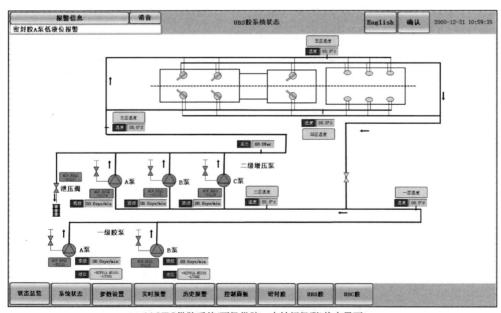

(c) UBS供胶系统(两级供胶，中转桶级联)状态界面

图 8-21 供胶系统状态界面

第 8 章 电气控制系统的设计和集成

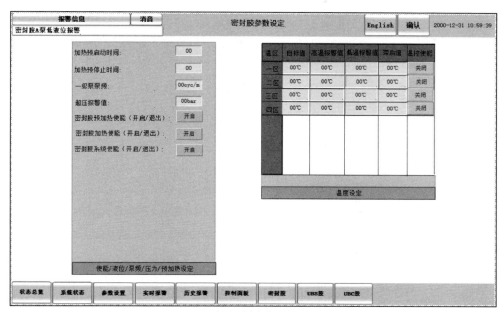

(a) 密封胶系统参数设定界面

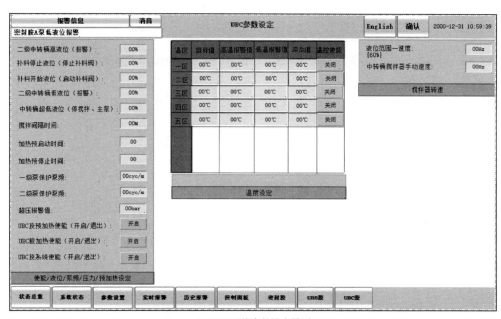

(b) UBC系统参数设定界面

图 8-22

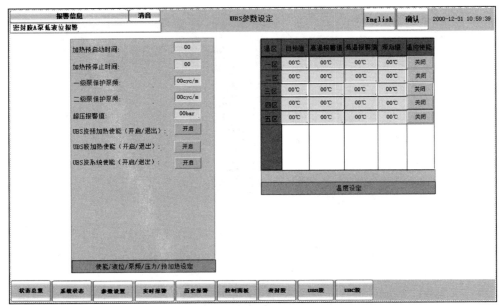

(c) UBS系统参数设定界面

图 8-22 供胶系统参数设定界面

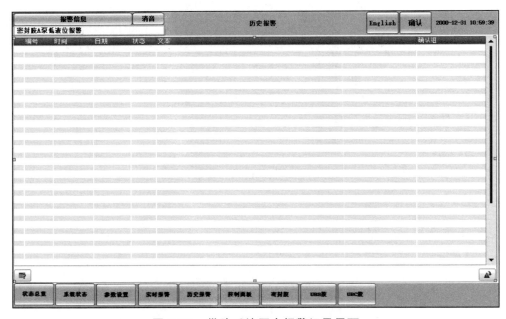

图 8-23 供胶系统历史报警记录界面

8.4 注蜡系统的控制单元

注蜡系统有手动注蜡和定量注蜡之分,在系统中常组合使用。它们由一个供蜡单元供蜡,但枪站、喷具结构和喷涂工艺有很大差别。

8.4.1 供蜡单元的控制

供蜡单元由料桶、主泵、搅拌器、过滤器、液位计等组成,通过管路连至各枪站。它们的控制方式与供漆单元基本相同,只是采用中压主泵,料桶为水套加热式。这些都属于简单控制,前面已有较多描述,此处不再赘述。

8.4.2 定量注蜡的控制

定量注蜡又称精准注蜡。它和手动注蜡完全不同,要复杂得多,需要单独配置控制站管理。定量注蜡系统要为每种车型的每个加注孔配备专用枪嘴,编制相应的工艺程序。控制站的任务和控制过程是:

① 为每一种车型、每一个加注孔的专用枪嘴编号,进行工艺编程。

② 在工件车身到位前核对车型;在枪站显示屏显示;调用该车型工艺程序单元。

③ 在枪嘴和枪身上配置枪嘴编码识别装置,在枪嘴插入枪身时即时完成识别,并上传给控制站,控制站调出该工艺程序,并在枪站显示屏显示枪嘴编号、加注孔位供核对。

④ 在喷枪扳机扣动时触发开枪信号,上传控制站启动工艺程序。

⑤ 相应枪站执行工艺流程程序。

⑥ 开启枪站流体盘蜡阀开始注蜡,在流量计(或计时器)定量完成时关闭蜡阀。

⑦ 开启空气阀、开始计时,计时完成关闭空气阀,完成注蜡程序。

如果由机器人操作,要增加孔位识别和喷枪定位功能。控制站的功能(变量)如表 8-6。

表 8-6 注蜡系统控制功能

设备	控制项目	控制参数	控制变量	输出变量	控制机构	执行机构	备注
供蜡间工位箱	设备启停	开关	DI	DO	工位箱	主泵/搅拌器	
搅拌器	转速设定	变频器(Hz)	HMI 设定		PLC	变频器	
料桶/液位计	补蜡	液位	AI	DO	PLC	转移泵	

续表

设备	控制项目	控制参数	控制变量	输出变量	控制机构	执行机构	备注
料桶/温度传感器	蜡温度控制	温度/热水媒流量	AI	AO	PLC	热水模拟阀	
加热水箱/温度传感器	媒质温度控制	加热电流	AI	DO	PLC	加热器	
加热水箱	补水	液位	DI	DO	PLC	报警/补水	
媒质水泵	启停/切换	开关	DI	DO	PLC	断路器	
管路	温控	开关	DI	DO	PLC	伴热带	
车型识别光栅	车型识别	特征点位信号	DI		PLC	HMI/枪站屏	
枪嘴识别	编码识别	编码	DI	用户程序	PLC	程序调用/显示	
枪扳机信号	位信号	DI	DI	用户程序	PLC	枪站控制盘流体盘	
注蜡枪喷蜡	定量注蜡	注蜡量	DI	用户程序	PLC	流量计/定时器/注蜡阀	
注蜡枪吹扫	定时吹扫	时间	HMI 设定	用户程序	PLC	定时器/空气阀	

定量注蜡系统控制流程见图 8-24。

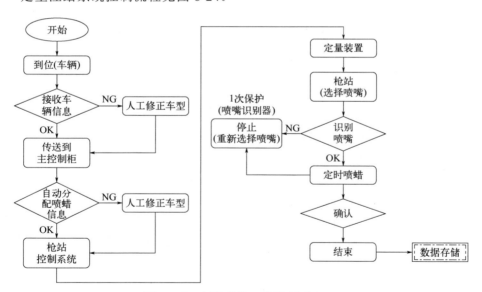

图 8-24 定量注蜡系统控制流程图

喷蜡系统控制站采用 PLC 工控系统,用西门子 S7-1500 CPU 和各类模块构建。它的任务是车型识别、管理供蜡单元、识别孔位枪嘴编号及调用程序,执行注蜡工艺。控制站配有 HDM 人机界面,枪站配有显示屏。

各定量注蜡枪站要配置控制盘、流体盘、显示界面。流体盘装有注蜡流量计、控制阀、空气吹扫时间继电器和开关阀；显示器显示车型、孔位等复核提示信息。它们与 PLC 主控站连接，互动作业。

定量注蜡控制器主要界面如图 8-25。

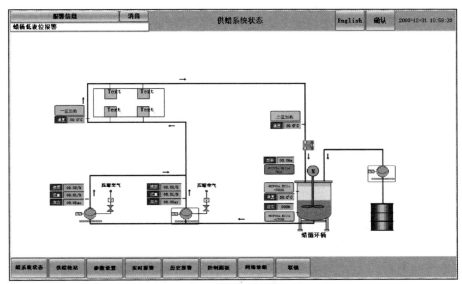

(a) 供蜡系统状态界面

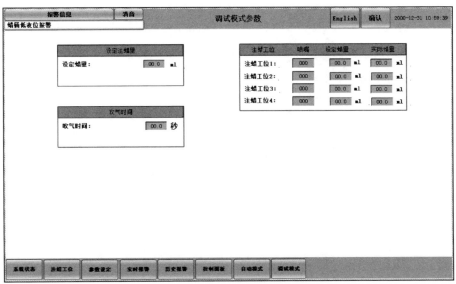

(b) 调试模式参数界面

图 8-25

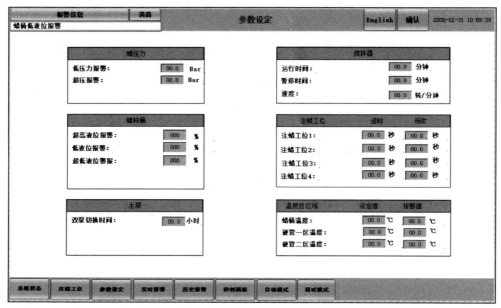

(c) 参数设定界面1

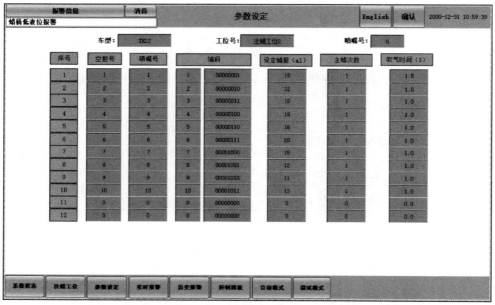

(d) 参数设定界面2

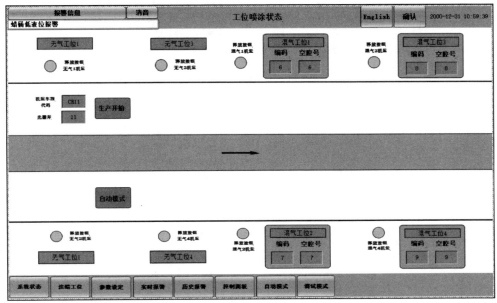

(e) 工位喷涂状态界面

图 8-25 定量注蜡控制器主要界面

8.5 聚氨酯双组分发泡系统的控制单元

空腔加注聚氨酯双组分发泡系统由 A、B 材料供给单元，各工位主机料桶，主机单元，枪单元等组成。材料供给单元安放在供料间，包括 A、B 两套水套式加热料桶，液位计，主泵，上料泵，媒质单元等。其余设备安放在工位，每工位一套。发泡主机通常采用 GRACO HFR 单元，它自带 ADM 管理界面，可以对自身所配的 Z 泵、双组分加注枪、主液压站、扳机液压泵、加热器、加注孔工艺编程等以及主机料罐液位进行管理，但所有状态数据要上传主控系统。发泡系统的其余部分由主控系统控制管理。主控系统在每枪站配置一个工位盒并配有显示界面，如果采用机器人加注，每台机器人要配置车型识别、定位装置等，需要另行配置机器人控制站。

双组分发泡的主控系统采用西门子 S7-1500CPU、HMI 等构建，它的控制功能如表 8-7。

表 8-7 双组分发泡系统的控制功能

设备	控制项目	控制参数	控制变量	输出变量	控制机构	执行机构	备注
材料间工位箱	设备启停	开关	DI	DO	工位箱/PLC	工位箱	
料桶/液位计	液位控制	液位	AI	DO	PLC	补料泵	
主泵	cycle	Hz/直流电压	HMI 设定		泵控制器/PLC	变频器/泵控制器	
料桶/温度传感器	材料温度控制	温度	AI	AO	PLC	水套热水模拟阀	
加热水箱/温度传感器	温度控制	温度	AI	DO	PLC	加热器	
加热水箱/液位计	液位	液位	AI	DO	PLC	补水装置	
媒质水泵	启停/切换	开关	DI	DO	工位箱/PLC	空开/断路器	
管路温控/温度传感器	温控	开关	AI	DO	PLC	伴热带	
主机	启停	开关	DI	DO	主机控制器/ADM	主机控制器/ADM	
主机料桶/液位计	液位控制	液位	AI	DO	PLC	开关阀	
主机料桶/输料泵	启停	开关	DI	DO	工位盒	空开	
主机加热器	加热	电流	ADM 设定		ADM	加热器	ADM 为主机控制器
Z 泵驱动器	泵频	液压油压	ADM 设定		ADM	液压油阀	
软管加热器	温度控制	温度	ADM 设定		ADM	加热器	
加注枪扳机	加注量	时间	ADM 设定		ADM	扳机液压阀	
液压站	参数设定控制	压力/流量	ADM 设定		ADM	泄流阀	
机器人作业	同步开枪信号	开关	网络信号		ADM/机器人	扳机	扳机信号
孔位识别	图形识别	图形			图像识别器	机器人	
车型识别器	车型识别				机器人控制柜	机器人	

发泡系统主要人机界面见图 8-26。

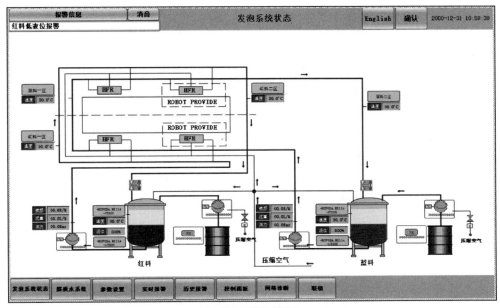

(a) 发泡系统状态界面

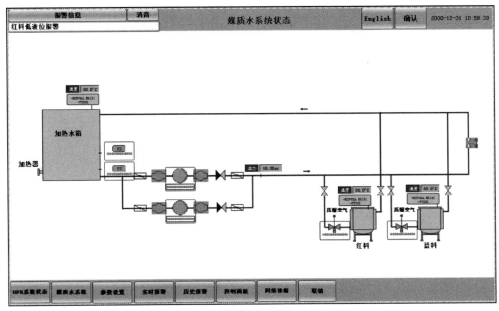

(b) 媒质水系统状态

图 8-26

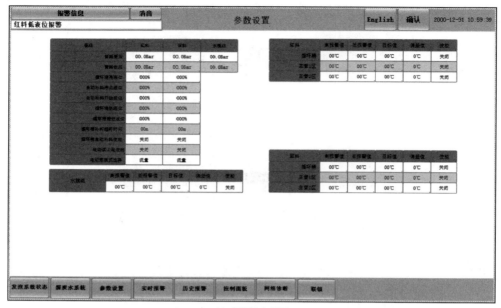

(c) 参数设定界面

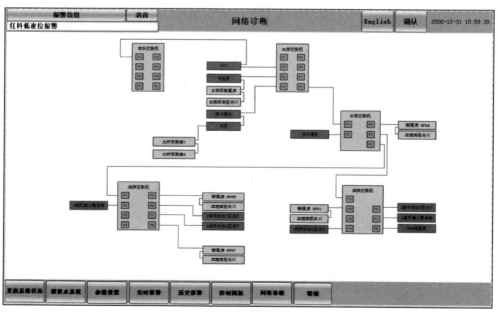

(d) 网络诊断界面

第 8 章 电气控制系统的设计和集成

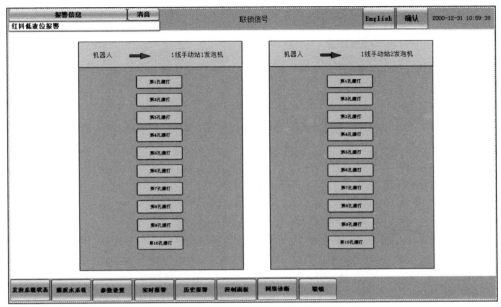

(e) 联锁信号界面

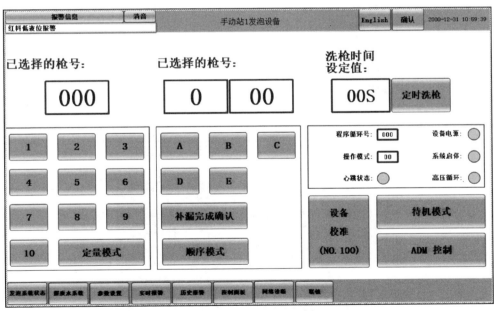

(f) 手动站1发泡设备信息界面

图 8-26 发泡系统主要人机界面

8.6 控制单元的制作

喷涂系统的电气控制分多个子系统,如油漆、胶、蜡、聚氨酯发泡等,每个系统都有中控和多个现场工位控制盒(箱),它们要和所有设备连接。所有系统油漆规模最大,我们以它为例。油漆控制系统硬件分布在调漆间、设备间、喷室等,统一由油漆控制主站管理。

8.6.1 主站中控柜

主站包括 PLC 主机、I/O 及功能模块、通信模块、扩展接口、变频器、HMI、电源等,安装在主控柜组内,见图 8-27。主控柜分为电源柜、PLC 主站柜、变频器柜、温控柜等,可以横排连成柜组。汽车涂装线通常选用威图标准 PS (power supply) 控制柜,柜组各柜子间不加横隔板;根据柜组大小、发热元件散热量配装空调。电控柜的设计、安装要符合国标电气控制柜制作的相关标准,见图 8-27。

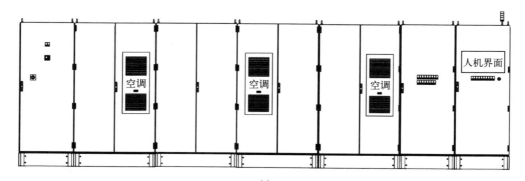

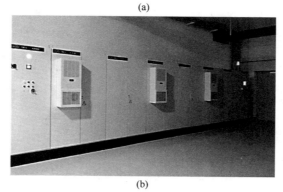

图 8-27 中控柜组设计图(a)和外形图(b)

电源柜安装主电源开关、断路器、电能表、变压器、直流电源等，见图8-28。

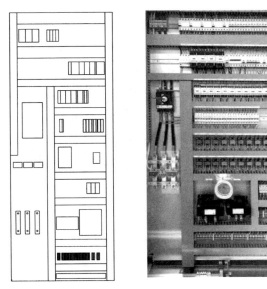

图 8-28 电源柜

变频器柜通常要配用2～3个安装交流泵、搅拌器电动机的变频器。变频器工作时发热，安装不可过密，见图8-29。

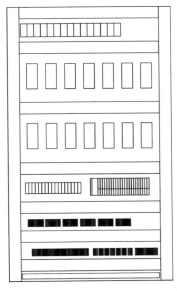 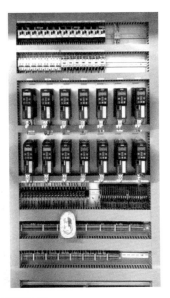

图 8-29 变频器柜

主站控制柜安装 PLC 主站模块、HMI 等，见图 8-30。

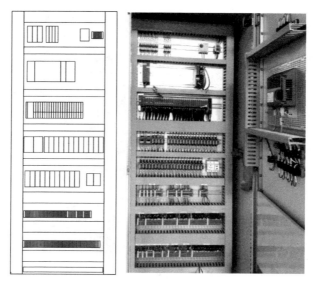

图 8-30　主站控制柜

8.6.2　工位控制箱

油漆控制系统为每个工位设置一个控制箱。调漆间供漆单元控制箱为防爆型，安装工位电源、表头和应急开关、报警器等，见图 8-31。

图 8-31　工位控制箱

第 9 章
喷涂系统的安装施工、流道处理、系统调试

9.1 设备安装和管路架设

9.1.1 设备安装

喷涂系统使用大量工艺设备，要精心安装。安装人员要经过安全和技术培训。

调漆间所有主泵、过滤器模组、桶模组等要预排列；调整整齐、测量误差达标后定位安装。所有设备要保证水平度误差小于 1%（可加钢片或紫铜片找平），再与地面牢固固定。所有设备要按照设计规范可靠接地；漆桶要尽量避免处于涂料管线正下方。

一些设备如管中管、中控柜等是分段发货的，一些高值件和易损件也须单独发货，要在现场组装，要精心组装并检查设备的完整性。

有可能发生泄漏或有冷凝水的模组，如媒质、管中管模组等，要加装水盘；电气设备上方如果有管路，也要加装接水盘；接水盘由管路连至下水口。

9.1.2 管路架设

9.1.2.1 管材的检验、准备

涂料输送管路的管材特殊，规格多、要求严格，要选择有一定生产规模和资质的、质量稳定可靠的制造厂定点制作。定制产品应有合格证、材质证明、炉号和工艺处理证明。

涂料管路应选用不锈钢或 20、20G 等流体管材，符合 GB/T 3087（中压流体管材）或 GB/T 5310（高压流体管材）国家标准。不锈钢应选用精拔管或轧管，

并经固溶退火和酸洗钝化等处理。固溶退火的目的是使管材生成结构均匀的马氏体结构，以增加管材的韧性（以方便打弯）和抗蚀性能；酸洗钝化的目的是在管材表面生成氧化膜，以增加抗蚀性。管材还应做到内壁无拉痕、疵点，光滑、干净。碳钢管要选用无锈蚀的无缝轧管，经过磷化处理、表面涂漆。高压管材要经过全程探伤检查。管材在制成后要加头盖、有防尘包装。

管材在架设前要逐根检查平直度、外圆、厚度（偏向度）、疵点、洁净度，切去不规范端头，视内壁洁净情况进行吹扫或擦拭（使用丝绸擦拭后吹净）处理，并进行去毛刺、清洁、打弯等处理。管材切口要使用锯床以保证切口垂直；$\phi 10mm$左右细管可用专用切管器切割。去毛刺对管材损害不得大于 $0.2mm\times 45°$。

9.1.2.2 涂料管路架设

涂料管路应按照经过并图核对证明无空间干涉的3D设计图安装。管路安装在支架上，由于支架承载的重量不仅是管路和承载涂料的重量，还要承载涂料压力周期变化引起的振动，所以应有足够机械强度，并与厂房结构可靠连接。支架的间隔通常为2m，安装细管（易弯）或管路过多时应适当加密。支架与厂房结构的连接方式可用焊接、螺栓、卡具等，事先要得到甲方确认。

管路的架设要横平竖直；排管的水平和直线精度应不大于千分之三。管路穿过墙壁、钢板时应加护套，墙壁两侧用钢板遮封，穿越厚墙时要两侧加支板。

油漆管路用塑料卡块与支架固定。管路可以多层排布，两管间距通常为80～100mm。胶体管路较粗、较少，可用小支架、U型卡固定。

空气管路主管应按输送方向倾斜安装，端口配有排水阀；向下分出的支管必须从主管上面或侧面引出。废溶剂系统的重力式回收干管，安装坡度通常应不小于1.5%，水性、双组分废溶剂坡度应不小于2%。支管的斜度应更大。

9.1.3 管路连接

低中压涂料管路可采用焊接、卡套、螺纹、快装卡手等方式连接；高压管路采用高压焊接管件、焊接法兰或高压螺纹管件连接。连接处管路内壁应无台阶、无缝隙、平滑过渡，以防止接缝处积存涂料形成固化颗粒。

9.1.3.1 卡套连接

卡套连接是低中压管路最常用的连接方式。卡套管件本体必须使用与管材相同的材质，水性涂料螺母使用不锈钢材质，卡环应与管材型号相同。直通卡套应采用无台阶直通结构以减少接缝；三通或变径直通内壁有台阶，台阶高度与管材壁厚相同，以形成平滑过渡。卡套内径应精细加工、平滑变径。卡环应经淬火处理以增加硬度。卡套本体应有足够长度，以保证常用规格$\phi 16\sim 42mm$管材插入卡套深度不少于 8～15mm（单侧）。

卡套安装时要先进行预装，大规格应使用预装机。将螺母、卡环套在管材端头处，卡环涂抹少量乐泰 569 密封胶。直通式卡套要使两根管接缝在卡套中央；有内台的卡套管材要插到根底，插好后拧紧螺母，螺母挤压卡圈使其受力变形，其尖牙（2～3 道）会刺入管壁，从而将管材牢固固定，如图 9-1 所示。

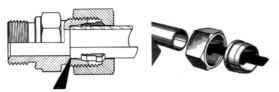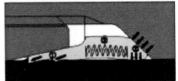

图 9-1　卡套

拧螺母应用适当力矩，以使卡环、管材有足够的变形，受力不脱落。应使用扭矩或定力加长扳手，按不同材质和管径的力矩规范拧紧预装。通常要在拧紧到力矩激增点（吃力点）后再加力拧紧 $1\frac{1}{4}$～$1\frac{1}{2}$ 圈，使卡圈刺入管材一定深度，以形成永久性连接。拧紧前可在螺母和卡套上画线参考。

预装后拆下螺母查看，检查确认卡环是否已刺入管壁并有适当变形，再将螺母完全拧紧。拧紧时通常是在拧到吃力点后再加力拧紧 1/4～1/2 圈，以加固卡圈刺入深度并锁死螺母，形成永久性连接。卡套连接见图 9-2。如果使用定力加长扳手，注意图 9-2（b）中扳手长度 H，对于不同的管材规格是不同的，规格越大 H 越长。例如使用 50kg 力时，对应常见规格 ϕ16～42mm，H 约为 300～1200mm，并随管材壁厚有所不同。

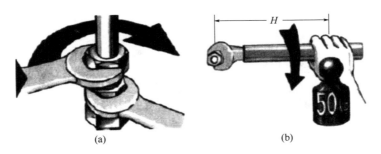

图 9-2　卡套连接

9.1.3.2　焊接

管路焊接时必须严格遵守工艺标准，确保焊接质量。低压管路可直接对焊，但应使用自动氩弧焊机；要在管内充微正压氩气进行保护，做到单面焊双面成型。

自动焊机要对不同管径和连接姿态分别编程,并经仔细调整、试焊。

中高压厚壁管路通常使用焊接管件连接,也可以使用电焊焊接。焊前做好30°坡口,用氩弧焊打底,再用电弧焊满焊。氩弧焊打底的作用是使用熔融均匀的连弧焊焊接底层,避免透焊不充分等缺陷,提高焊接质量和效率。焊接工艺包括设备参数(电流、速度、起弧方式等)、焊条选用、切口要求、焊接手法等,要根据管材管件类别型号进行优化编制。焊条和焊丝通常要高于被焊物型号;夏季或高湿环境,要经烘烤去湿后使用,用干燥箱保存。

焊接时要保证管材端面切口垂直,可靠定位。要尽量使用定位夹具。焊接管件,如焊接卡套、快装片、由任、法兰等,要事先拆除垫片装配好,两端插入管材、调好平直,点焊定位,再拆开焊接。这样会保证管路连接的平直,避免轴心错位密封不严。焊接管件安装时要再装入垫片。

法兰连接时要注意螺栓对角平衡拧紧;充分拧紧后两片法兰之间还应有适当的垫片变形距离,以保证密封;拧紧的两片法兰不能直接相碰。

焊接管路必须在关键节点处留有适当数量的可拆卸接口,不可全程焊死。

9.1.4 管路加热

胶蜡管路需要全程缠绕伴热带加热。伴热带缠绕要在系统检漏、打压试验完成后进行。缠绕前要先在管路外包裹黄蜡布绝缘。伴热带通常采用3∶1长度比缠绕,有缠绕、折绕、平铺三种方式,加热效果相同。缠绕方式牢固,但小空间时操作不便;平铺方式施工较为简单。伴热带铺设要适当松弛不可拉紧,以留有伸缩裕量。折绕方式从管路一侧施工,也较为方便,见图 9-3。注意伴热带在经过管件、传感器等处时要留有余量,以便它们万一拆卸、更换时方便。铺好的伴热带要用耐热铝胶带固定,外套保温管。

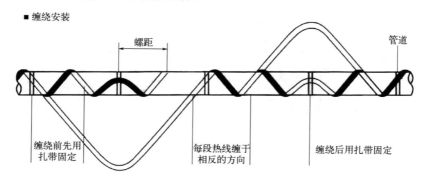

图 9-3 伴热带折绕安装

加热管路通常按系统或区段(一级系统、二级系统、主管、枝管等)划分温区,而不必每根伴热带设一个温区。每温区需要配置一个控制器和传感器。注意传感器探头要装在管路出口侧；可装在伴热带间隙处。探头引线根部应打宽松 S 弯，使用耐热胶带固定。伴热带全部铺好后外加保温管保温。

9.1.5 管路保温

室内涂料管路要用保温管保温。油漆保温管应在管路连接前穿套，试压完成后粘接接口。接口应用福乐斯胶对口粘接，外面用黑色保温管胶带封粘。同排管路封口应尽量（斜向）对齐。为避免保温管时效缩短，穿套时不能拉紧，要留有 5%以上裕量。

卡套、接头、阀门等处要用保温板包覆，并用胶粘好。保温板接口处要背在外缝在里，粘好后用胶带粘封。

蒸汽、制冷机或其他保温管道，室外部分可用保温板或岩棉板包覆，外面用玻璃丝布包裹、铝箔带缠紧，再用镀锌铁皮密封包封。

9.1.6 电气设备布线

电气控制系统的控制单元之间、控制单元与设备之间的连接介质为导线或网线；所用线材的材质、规格、安装方式等，依工作区域（防爆区和非防爆区）有不同国家标准，必须严格遵守。以下是工业走线必须遵守的基本要求：

① 导线要安装在防爆穿线管或桥架内，强弱电分开；如必须在一个桥架内，中间要有隔板分开。

② 所有导线要使用铜芯材质，包裹介质必须阻燃。

③ 导线线径电力线不得小于 $2.5mm^2$；载流量按连续运行规范，通常载流量为 $3\sim5A/mm^2$，大功率酌减。信号线不得小于 $1.5mm^2$；导线不得有接头；导线颜色要符合规定。

④ 桥架、穿线管的架设位置应安全、可靠、合理，要有可靠接地。

调漆间布线示意见图 9-4，接地图见图 9-5。

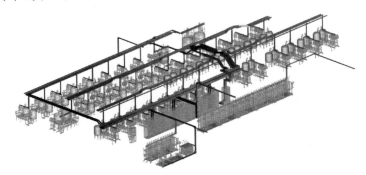

图 9-4　调漆间布线图

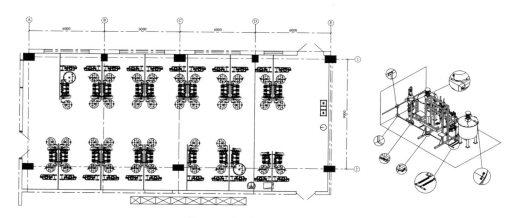

图 9-5 调漆间设备接地图

9.2 涂料管路的检漏和耐压试验

涂料管路架设完成后，要对全系统进行检漏、保压和耐压试验。试验要包括系统全部设备、管路、元件。

9.2.1 气体检漏和保压试验

已安装完成的涂料输送管路，检漏前应检查安装是否完整、正确；用扭矩扳手检查卡套、法兰紧固螺钉和其他连接件的紧固度。检漏前要关闭主泵，循环到枪的系统要用短路软管连接各枪站供回出口以形成供回通路；盲端管路出口关闭。检漏可按下列程序进行：

首先使用压缩空气检漏。可关闭系统主泵和回流阀门，在系统过滤器排污阀处引入压缩空气；低压系统可使用 6bar 压缩空气；高压系统可使用 30～40bar 中压空气。充气后关断气源，看系统压力下降情况，确定有无大漏。发现大漏立即关气源泄压处理。

确认无大漏后，在所有管路连接处刷涂低碱性皂液，观察是否有气泡逸出；各点观察时间不得少于 20s。漏点处要做上标记，待检查完泄压后一并处理。注意不要在系统带压时进行紧固处理。处理过的系统要重新检漏。

气体检漏、处理完成后要进行保压试验，目的在于检查微漏。由于球阀等元件可能存在微量内漏，保压期间系统压力会有些许下降，但只要在范围以内，可视为合格。通常低压系统保压压力为 18～20bar，高压系统保压压力为 30～40bar（使用瓶装气体时可更高，有利于检漏），保压 24h。如果低压系统压降不大于 0.5bar，高压系统不大于 1bar，可视为合格。

如果保压期间压力降落过大，说明存在漏点，要重新用皂液检漏。不仅要检查全部接头，还要检查全部球阀、管件。如果再找不出漏点，要检查全部管壁，此时要撕开保温管、非常麻烦。所以施工前认真检查管材非常重要。气体保压也可以使用氮气、惰性气体等，但在任何情况下绝对禁止使用易燃、易爆、助燃、有毒气体，如氢气、氧气等。气体保压后高压气体的排放要缓慢、多口进行。禁止单口急速排放，那样会使出口出现很大温升，可能造成损坏或引燃周边易燃物。

9.2.2 液体保压和耐压试验

液体保压要在空气保压合格之后、清洗前进行。保压液体可使用溶剂、纯水等，用系统主泵进行。液体保压压力应为系统设计压力，即系统最高工作压力；保压 24h，低压系统压降不大于 0.5bar，高压系统不大于 1bar，视为合格。如果压降超标，要关闭主泵、排出液体，使用空气、皂液重新检漏。

注意设计压力指正常使用时系统可能达到的最高值，绝非主泵压力可能达到的最高值。例如最高工作压力为 250bar 的系统如果配置 68∶1 气动胶泵，它在 6bar 动力空气时输出压力可达 400bar，这是根本使用不到的。所以主泵应安装限压阀，对动力空气入口以及系统限压。限压压力不得高于设计压力的 110%。通常低压油漆系统的工作压力为 18bar；中压系统或一级胶系统的工作压力约为 60～100bar；高压系统的工作压力为 200～240bar。很少有系统工作压力在 300bar 以上，实际保压时要根据本系统设计压力进行。

液体保压时操作人员不得少于 2 人，其中 1 人巡视系统、1 人操作主泵；出现问题时应即时关泵泄压。保压压力要渐次升高；无明显压降后再升下一个台阶，直至满压。在任何一个台阶，如发现压降较大，而又找不到漏点，应立即关泵泄压、排出介质，用空气重新检漏，直至找到漏点。

注意气动泵开泵前应先将动力空气调压器关至最小，再小开度打开空气阀门，缓慢调整泵压至设计压力值；调好后锁死调压器。系统过压保护装置也要事先调好至系统设计压力的 110%，并测试动作可靠性。

保压合格的系统要进行耐压（俗称打压）试验。实验目的是保证系统承压强度和密封性。耐压试验要按照国标要求进行，试验压力应为设计压力的 150%。打压要使用液体，由系统主泵进行。打压压力要逐次升高；达到标准的 50%后按每次 10%一个台阶逐次升高，直至试验压力；每台阶保持时间不少于 10min。高压系统打压前可根据需要调高气动泵的动力空气限压值和高压保护泄压阀的泄放值；打压完成后再予恢复。

注意管路保压、打压过程一定要严禁带压紧固、修补等校正操作。一切管路校正操作必须先停泵泄压。

9.3 管路的酸洗钝化和系统的清洗

所有涂料系统使用前必须进行认真、反复的清洗，以去污染物和杂质。油漆系统要求更为严格。水性油漆使用的不锈钢管路，在清洗前还要进行酸洗钝化处理。

9.3.1 不锈钢管路的酸洗钝化

输送水性涂料的不锈钢管路使用前要经过酸洗钝化处理。不锈钢材质具有良好的耐腐蚀性，但水性溶剂、水性涂料中含有纯水，它化学性质活泼、具有较强的氧化腐蚀性，纯度越高腐蚀性越强。所以接触到水性涂料的管材、连接件以及其他流体元件都要使用304L、316L等低碳不锈钢，并经过酸洗钝化处理。

不锈钢制管中的加热、开孔、轧拔、切割等工艺有可能使表面存在单质铁，从而容易产生锈蚀，所以不锈钢管制成后要进行表面钝化处理。钝化处理能在不锈钢表面生成一层致密的、覆盖完整结合牢固的氧化物钝化膜，它将腐蚀性介质与不锈钢隔离，从而增强不锈钢的耐蚀性。但是即使经过钝化处理的不锈钢管材、管件，在现场架设时经过切割、弯曲、紧固、连接、焊接等加工，都会使钝化膜受到破坏。特别是焊接点，尽管焊接时在管路内充氩气保护，但材料熔融再结晶时仍可能破坏材料成分的均匀分布，使铁、碳等元素析出到表面，容易被锈蚀。所以架设完成的管道还要进行全程酸洗钝化。

管道的钝化工艺是使用钝化液浸泡，并使之循环流动。钝化液通常使用一定浓度的硝酸、柠檬酸等。不同的管路材质要使用不同的配方和工艺，应由涂料商提供，甲方确认。最好使用材料厂配置好的专用钝化液。

钝化要逐系统进行。钝化的范围是全部输送管路、管中管、过滤器。钝化前应将主泵和稳压塔断开除外，过滤袋取出，传感器、表头等拆下，用丝堵封口。枪站供回出口用短路软管连通。

系统钝化时钝化液要在管路中循环流动，应使用耐酸碱隔膜泵和耐蚀料桶、软管进行。钝化液可由供漆模组过滤器口接入，此前要关断过滤器与主泵的连接阀门，断开背压器上方的回流管端口，将回流管用软管连至钝化料桶。这样整个涂料管路系统构成循环回路，见图9-6。

钝化时要在系统内放置样件以备检测。可将同批管路和焊接接口样件做斜向45°切口，放在空过滤器内一起进行钝化处理。钝化结束后取出，用纯水洗净、棉纱擦干，每件选取3~5个点，用蓝点试剂进行检测，检测方法见蓝点试剂说明书。不达标要继续钝化，直至合格。

第 9 章 喷涂系统的安装施工、流道处理、系统调试

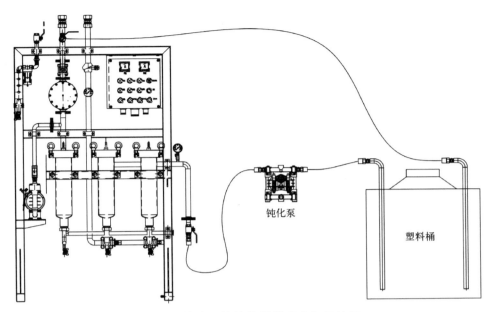

图 9-6 管路系统钝化的循环出入口连接

钝化的操作人员应经过充分、严格的培训，着安全装，准备好钝化材料、工具、防护用品。

钝化操作规范如表 9-1。

表 9-1 不锈钢管路钝化操作规范

项目	子项	操作	要求
安全	人身安全	操作人员经严格培训考核	至少两人操作；关键节点请甲方参与
		着安全装	穿戴耐酸工作服、手套、皮鞋、面罩
		预案	准备洗眼水、中和剂、5%硼酸或碳酸氢钠油膏、2%碳酸氢钠溶液、冲眼杯、水杯、脱脂棉等
	环境安全	地面铺耐酸碱塑料布保护，停止其他工作，备好灭火器	通风良好、无明火
钝化范围		全部主管路、管中管、支路、过滤器	
钝化液、工艺		使用规范的专用钝化液；使用涂料商提供的工艺	经涂料商和甲方书面确认
设备保护	区域隔离	关闭过滤器入口阀门	除外主泵、稳压塔、过滤器滤芯
	拆除元件	拆卸所有表头传感器，拧上丝堵	
装入样件		将同批管材、焊接接口样件，斜向45°切口，装入系统过滤器	接受同样钝化处理

续表

项目	子项	操作	要求
准备	工具、物料	200~500L 耐酸碱桶 3 个、电子 pH 计、100L/min 耐酸隔膜泵、软管、接口、球阀、丝堵、短路软管、耐酸塑料膜、钝化剂、中和材料	
	接通管道回路	拆下管路入口,接入耐酸隔膜泵;拆下背压阀上方回流管路,安装球阀,用软管引至回收桶;系统各枪站出口用短路软管接通	覆盖全部管道、形成回路
	检漏		打入压缩空气保压 30min 系统压降 < 0.5bar 合格,泄压
钝化操作	清洗	将隔膜泵接入纯水,回流接地漏	至回水干净
		开泵循环冲洗管路 15min,流量为系统涂料设计流量 3~5 倍	观察回水清澈,用空气吹净管路
	钝化	隔膜泵吸管、回流管接入钝化剂桶;向管路打入钝化剂,直到看到回流;按工艺要求调小(循环)或关闭回流阀(保液)进行钝化	计时,现场巡视
	打出钝化液	钝化完成后全开回流球阀、用隔膜泵打入空气驱净钝化液	
	一遍循环清洗	将隔膜泵和回流管接入纯水桶,循环清洗 10~15min	废水要中和后排放
	二遍循环清洗	换新鲜纯净水桶循环清洗 10min	可多遍循环清洗直到回流 pH 值到 6
	纯水冲洗	接入管道纯水直接冲洗,回流接下水道	测 pH 值到 7
废液处理	中和	在废液桶中加入氢氧化钠等中和剂	直到 pH 值到 7,由甲方确定并指定排放点排放
测试	检测	在样件上取 3~5 点用蓝点试剂测试	不合格继续钝化至合格
报告		填写报告	甲方签字

9.3.2 系统的清洗

涂料系统清洗的目的是清洗系统全部管路、接口、阀门、元件,去除它们表面及接缝处的杂质、污渍,以获得清洁的涂料流道。这是保证喷涂质量的前提。所有涂料系统投料前都需要清洗,水性涂料系统在酸洗钝化后也需要清洗。

油漆系统清洗通常由涂料供应商进行,不同厂家有各自不同的清洗材料和工艺。清洗液一般使用清洗溶剂、树脂、工作溶剂;有机溶剂漆和水性漆配方有所不同。清洗剂有时需要加温。系统清洗时间较长,通常要数天以上。清洗可用涂料主泵进行；如果为了取得更好的清洗效果而要求高流速冲洗，也可另接大流量隔膜泵。

油漆管路清洗完成后要进行缩孔实验。通常采用 3 张 A4 大小样件喷涂，无缩孔疵点者合格。

常用水性漆系统清洗流程如表 9-2，油性漆系统稍有不同。

表 9-2 水性漆系统参考清洗工艺

序号	清洗遍数	工艺阶段	操作	备注
1	准备	检查系统	检查系统连接完整正确，支路供回出口用软管连接	
2		系统检漏	充气保压两小时，压降小于 0.5bar 合格	
3		清洗供给单元	用清洗剂将供漆供给单元主泵、转移泵、各油漆桶、搅拌器清洗干净，安装 5μm 过滤袋	
4		除油	将除油剂倒入罐内，开启系统循环 2h 进行除油。如果过滤袋过脏，要换液清洗；此时要先对泵进行单独小循环除油	
	钝化	钝化	见上节流程	
5	第一遍 清洗剂清洗	循环清洗	在循环中桶加入清洗剂，打开背压器，启动主泵清洗。观察回流正常；检查远端出口流量；如果过小，增加主泵压力、适当调整背压器使各支路流量尽量平衡。注意主泵 cycle 数不超过 20。循环 12h，检查滤袋，如果滤渣较多，更换滤袋，全部或部分更换清洗剂继续清洗，直至滤袋目视干净。清洗流量为循环量的 3～5 倍，如果主泵较小可使用大流量隔膜泵并入系统清洗	废液分别收集
6	第二遍 清洗剂清洗	换新清洗剂	排出清洗液，用空气吹扫管路至干净，换入 5μm 过滤袋，打入新清洗液，循环清洗 12h。检查滤袋，如果滤渣较多或变色严重，更换滤袋，全部或部分更换清洗剂继续清洗，直至滤袋目视无残渣、无变色，排掉废清洗剂，用空气吹净	
7	第三遍 清洗剂清洗	循环清洗	更换 5μm 过滤袋，打入新清洗液，循环清洗 12h。检查滤袋，如果滤渣较多或变色严重，更换滤袋，全部或部分更换清洗剂继续清洗，直至滤袋目视无残渣、无变色	
8		缩孔试验	做缩孔试验，不合格重洗；合格后排掉清洗剂，用空气吹净	
9	第四遍 树脂清洗	循环清洗	更换 100μm 滤袋，加入与涂料同类树脂、用溶剂调至正常黏度，启动主泵循环清洗 12h，检查滤袋，应滤渣较少、无变色。否则重洗，至滤袋干净	管路干净、无特别需要可不做
10		缩孔试验	做缩孔试验，不合格重洗；合格后排掉清洗剂，用空气吹净	

续表

序号	清洗遍数	工艺阶段	操作	备注
11	第五遍 纯水清洗	循环清洗	更换 5μm 滤袋,加入纯水循环清洗 12h。检查滤袋,应滤渣较少、无变色。否则重洗,至滤袋干净	溶剂型漆用配套溶剂
		缩孔试验	进行缩孔试验,不合格重洗;合格后排掉废清洗剂,用空气吹净	
12	投漆			

胶体、蜡、聚氨酯发泡等材料的管路清洗较为简单;水性材料管路可用纯水冲洗;其他材料可用相应的溶剂、增塑剂等清洗。

9.4 喷涂系统的调试

喷涂系统相关设备、传感器、控制器以及系统使用前要定标、初始化和调试。常用的流程如表 9-3。

表 9-3 油漆喷涂系统的定标、初始化、调试流程

项目	子项	操作	操作步骤	操作要求
一、检查确认	安全	检查	调漆间、厂房、喷室防火系统正常工作、送排风开启,附近有灭火器,无关易燃物	
	环境	检查	调漆间环境温湿度正常	
	系统	确认	管路保压打压合格、酸洗钝化以及清洗完成	
	系统	检查	全线设备、管路、出口、控制系统安装完整正确无损坏;检查去除枪站出口短路环;表头、传感器、出口软管安装完整正确	
	动力	检查	设备动力、接地正确,完整规范;水、电、气、热动力供应到位,参数正常	
	调试人员	资格确认	由制造方委派有经验调试机、电工程师各两人;熟悉本项目内容及安全要求	喷室和调漆间两地要同时有人有通信联系
二、系统预置	预置	充气	稳压塔/储能器/气动调压器等充气至设定值	准备中压空气或氮气源
	配置	滤袋滤芯	安装过滤器滤袋、滤芯	
三、单机空载上电检查	控制柜	上电检查	所有设备开关关闭,接通总电源;置手动调试模式	
	所有电动机	上电检查	所有电动泵、搅拌器电动机逐一开启试动;检查转动方向;泵、搅拌器运行平稳、可调、温升正常后关闭	空载时间不可过长
	所有气动泵	通气检查	应能平缓启动、调速、运行;检查、设定空打保护器动作阈值(可设为 30~40cycle 保护)。正常后关闭	气压从零逐步增加

第 9 章　喷涂系统的安装施工、流道处理、系统调试

续表

项目	子项	操作	操作步骤	操作要求
三、单机空载上电检查	所有气动搅拌器、气动支架	通气检查	平缓启动、调速、运行；正常后关闭	气压从零逐步增加
	其他所有单机设备上电检查		确认运行正常	
四、定标	液位计	定标	用和涂料密度相近的树脂或水定标；以桶底定标为 0 位，顶盖下 2cm 定标为 100%；通常以 50%（不露桨叶）、80% 为自动补料停启液位；90%、10% 为超位报警液位；以 5% 为停泵液位	
	压差液位计定标（固化剂）	定标	在含液桶内充入 0.1bar 氮气定标。定标原则同上。检查充气压力对读数影响（应很小可忽略）	
	搅拌器	定标	以液位 70% 处定标，调至涂料厂提供或现场观测的理想转数作为标定转数。观察转数是否随液位做线性随动	
	管中管电动执行器单元	定标	以温度输出信号（用电源模拟）12mA 为原点；此时电动执行器、L 型模拟阀应在 180 开度的中点，球口在三通盲点；4mA、20mA 时开度为 0、100%。	
	空打保护器		按主泵 30 cycle 定标	
五、带载试运行	加料	料桶加料	每漆种可选择一套系统进行。在调漆桶加入涂料、溶剂等调漆，搅拌 30min 后测试黏度。合格后转移至循环桶，开搅拌器	如果油漆黏度与设计资料有较大出入（>15%），调试数据将有较大偏差；要与双方设计人员沟通
		加入溶剂、固化剂	在溶剂、固化剂桶加料，固化剂桶充氮气	
	管路注入涂料	管路排气	小幅打开背压器；人工逐一打开管中管以及管路高点排气口排气，用较低 cycle 数启动主泵向管路注料；排气孔出料后关闭。观察回流正常（通常开泵数十秒会有回流）	所有枪站供回支管要连通
	启动循环	涂料正常循环	增加主泵 cycle 数至正常；调整背压阀至系统设定压力，观察泵的运行是否平稳，涂料压力、回流是否正常	
		检查泄漏	自调漆间至喷室沿线检查有无泄漏。此时保持通信联系，一人在调漆间以备随时关机	
	启动媒质系统	准备	检查确认管路清洗完成；冷热水/蒸汽已供应；储能器已充气；控制柜已上电正常，在媒质系统、水箱注满纯水；冷热水源/蒸汽阀打开；控制柜启动	储能器充空气至 2bar
		启动	关闭所有管中管支路供回阀；全部打开背压阀，分别启动冷热水主泵；打开管路高点排气阀排气、有无泄漏，观察媒质流动，切换启动冷热水备用主泵；观察正常后切回	

续表

项目	子项	操作	操作步骤	操作要求
五、带载试运行	启动媒质系统	启动	打开一次侧冷、热源（或加热水箱），启动媒质温度控制至设定值，观察系统运行稳定性	
		操作	逐根打开所有管中管支路阀门将媒质接入管中管；打开排气阀排气，观察有无泄漏，待全部完成后关闭70%背压阀	
六、系统参数调试	PCS	设定	将主泵流量（静态流量）、背压器调至设计值	
		检查	远端、中端、近端各取1个枪站，记录出口流量压力	出口流量直接用量杯计量
		调整	在远端出口满足流量时，调整背压阀，使出口压力达到设计值（通常6~7bar）。此时观察近端枪站出口压力；与远端压差应不大于3bar。如果过高要检查确认涂料黏度。观察记录许多出口同时打开时主泵泵频以及系统压力变化情况	系统压力、出口流量要通过泵的cycle数和背压阀反复调整
		设定	出口参数调好后，主泵参数应设为整定值。工作时电动泵通常采用压力模式；此时的压力应设为整定压力。系统调好后设为自动状态；进行2h以上连续运行观察循环稳定	
	涂料温控	调试	在媒质温控系统上设定涂料设定温度；观察涂料温度调整误差、调整时间和稳定性，调整PID参数	
	废溶剂系统调试	调试	检查调整中转桶收集桶液位控制、搅拌器转数、反冲洗/转移泵功能、收集桶搅拌/液位检测功能、双桶切换装置	
七、运行观察	全系统	观察记录	主泵运行参数、漆温控制、自动补漆及搅拌器调速、系统及出口压力流量参数、温控以及废溶剂收集单元功能	
八、试喷	试喷	按规范	试喷工件做缩孔实验，按缩孔实验和试生产情况调整	
九、报告	各记录、报告	按规范	整理记录报告	

9.4.1 设备、传感器、仪表的定标

9.4.1.1 液位计定标

液位计定标时要在料桶内加入油漆、溶剂或水等液体，按液面定标。一些油漆挥发性较强，如果对非接触式液位计产生干扰使其测不准，应在料桶空气出口加排风管道或更换它种液位计。

液位计定标通常选定容器高低位两点作为 100% 和 0%，对标液位计输出的 20mA 和 4mA，用作划分工作区的基准点。这两个定标点可在桶身的顶位（顶盖下 2cm）和底位，但都要在液位计覆盖范围内；重力式液位计低位应在安装口之上。非接触式液位计都是偏心安装，低液位应在波束中心与弧形桶底交界处之上，高液位应在盲区之外，都在有效量程内。定标方式要在调试资料中说明。

如果未使用实际涂料定标，投料后要进行再校正。

9.4.1.2 搅拌器调试定标

油漆涂料搅拌器的效果应是使涂料产生自下而上的循环流动；搅拌良好的油漆中心处应有凹陷漩涡，可以通过目视观察确定。应在低中高选多个液位点观察搅拌效果。首先要确定搅拌器旋转方向是否使涂料向下压，此时液面中心应有向下漩涡，否则要将电动机电源换相使扇叶反转。调整搅拌器转速观察搅拌效果；可在 70% 液位选出优化转速以及变频器频率作为转速基准。当液位变化时搅拌器应随动调速，只要简单线性同步即可。

9.4.1.3 管中管温度控制器定标

双通道温控器的电动执行器和两个模拟三通阀的转角都是 0°～180°；定标时调整它们的机械连接，要使模拟阀的转角在 0°～180°对标控制信号 4～20mA。先调整两个三通阀使它们的转角与电动执行器同步；再使它们的转角在 0°～180°与控制信号 4～20mA 同步。这样，控制信号 4～20mA 同步三通阀的 0°～180°转角；12mA 时三通阀转角为 90°。此时电动执行器和模拟阀位置都在转角 90°，模拟阀中孔与冷热媒流道都断开，可视为温度平衡状态。如果油漆温度偏低，控制信号小于 12mA；电动执行器应驱动模拟阀向左旋转接通热媒，转角由温差决定，使油漆温度回升，反之则反。这样温差信号驱动电动执行器、模拟阀不停切换媒质并调整流量，使油漆温度在设定值维持平衡。

其他许多专用设备、传感器、仪表等如果需要定标，要按照说明书进行，不赘述。

9.4.2 系统初始化

系统初始化指系统所有设备进入运行前的标准状态，设备运行参数，如主泵 cycle 数、背压器和系统压力、枪站压力流量、搅拌器转速、涂料温度、双组分配比等，要按照设计文件赋值。这些数据在系统调试时如果不合适，要进行调整修改。此外系统的一些功能部件，如稳压器和储能器的充气、安装滤芯滤袋等准备工作应该逐一完成。

9.4.3 系统调试

9.4.3.1 系统的流体调试

在定标和初始化完成后要进行系统调试。此时要在涂料桶中加注涂料，启动主泵运行，用工件进行试喷调试。调试的目的是使系统取得满意的喷涂效果，有时要根据不同工件反复进行。一些初始化参数可能要做适当调整；发现元件、设备运行不好或选型有问题，应进行调整更换。优化后的系统状态数据应写入调试报告，并在工位配置规范参数表。

油漆系统的调试主要是确定静态流量和工作压力。调整前要检查涂料黏度。根据设计参数将系统流量调整为静态循环流量；调整背压阀将系统压力调整在设定值，观察并记录所有枪站的流量和压力。如果首尾端枪站压差过大，可试着减少静态流量，方法是减少主泵 cycle 数或提高背压（拧紧）压力。

完成后要进行负载测试，可选取远端站测试。在枪站涂料供回口接入手动枪用软管（1/4in、7.5m 两根，中间有枪下调压器）和喷枪，用量杯计时或用料桶计时称重测量流量，应能满足设计要求；开枪时枪站出口压力也应在规范值范围内。

全负载的测试只能在试喷时进行。此时各站喷具基本同时打开，系统满负荷工作，主泵应工作在压力平衡模式，cycle 数应比静态循环时高出 20% 左右。如果系统满荷状态和静态循环状态都运行正常，可记录此时的系统压力和主泵 cycle 数作为整定值，给系统设定参数赋值。通常实测值与设计值偏差 5%~10%，可认为是正常的。系统的调整手段主要是主泵 cycle 数和背压阀，两者往往要反复调整。通常只要黏度相符，调试应是顺利的。

如果出现较大偏差、反复调整不理想，那首先要检查涂料黏度。如果使用流杯，要从料桶取料检测。黏度与设计值出入较大时是难以调出理想状态的。此时要和各方技术人员沟通。另一个常见的问题是有时机器人配置的涂料软管过细过长，这是不可能得到理想参数的，应沟通调换。

胶蜡系统的流体调试较为简单，基本上只要满足各出口压力流量参数即可，无须考虑系统平衡和静态循环参数。调试可参考上述油漆流程。但一些胶蜡系统在对系统初次注料、调试时有一些专门操作要求，要认真按照设备操作说明书操作。例如供胶系统首次启动压盘式主泵流程如下：

① 检查系统所有胶体出口是否处于关闭状态；过滤器模组输出阀门打开使系统处于接通状态。

② 关闭所有胶泵的动力空气阀；泵的空气调节器旋至最小。

③ 打开主空气阀,将气动支架立柱空气调节器设置为40psi(3bar),将导向阀手柄置于上升位置,抬升压盘泵至高位。

④ 检查原料胶桶有无磕碰压挤变形;放入原料胶桶,与压盘同心定位后固定夹紧;打开桶盖、撕去胶面锡纸;如果胶体由塑料袋包装,应将其上口打开、袋口翻到桶壁外用胶带固定;露出胶体后用直尺将胶面抹平,给压盘密封口(D)涂上与涂料适应的润滑脂。注意操作压盘升降时千万不要把灰尘、异物带入料桶,要小心手指不被切夹。

⑤ 开启压盘放气阀,启动气动架下降按钮,确认对正后缓慢下降压盘,使其准确压在料桶内胶面上。

⑥ 反复抬压压盘充分排出压盘底部与胶面之间的空气。最终使压盘准确压紧在胶面上方,此时应有少量胶体自压盘排气口排出。关闭压盘排气阀。

⑦ 准备好接料盒,置于泵体排料阀下,打开泵体排气阀(P)。

⑧ 将泵空气马达调节器压力调至最小并打开动力空气阀,缓慢调整调节器,直到泵开始运动。

⑨ 使泵慢慢运行,直到排出泵内所有空气、没有爆破的气泡并有胶体从泵排气阀排出为止。关闭泵体排气阀(P),见图9-7。

⑩ 关闭所有枪站出口球阀,打开管路末端高位排气阀并派人监视,打开主泵低速运行,向管道填充涂料,直到末端排气阀有涂料排出。在胶体到达后将其关闭,逐次打开枪站出口继续排气,直至有涂料排出时关闭。此时系统充满胶体并升压,泵在压力达到平衡状态下停止。

⑪ 调高马达动力空气压力,使系统胶压达到设定压力,锁死调压器。此时胶泵动力空气压力应在3~5bar,系统可以进入工作状态。

⑫ 调整气动RAM架的气压,使得它能流畅地提起和压紧胶面。若使用黏度较高的胶,泵抽吸不畅时,应增大气动支架立柱的下压气压,通常可调至4~5bar。反之若将胶体挤出压盘顶部密封或压盘周围,应该减小该气压。气动RAM架操作阀见图9-8。

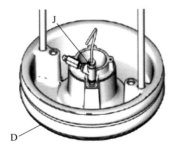

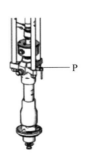

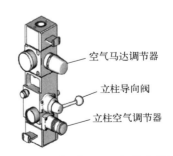

图9-7 压盘排气　　　　图9-8 气动RAM架操作阀

注意：

① 为减少流体喷射危险，在给泵填料时，不要将手或手指放在放气阀体下面的放气孔上。要使用手柄或月牙扳手打开或关闭放气螺塞。使用手柄时手要远离放气孔。

② 当管路已填料后，如果要更换胶桶时，要打开泵空气阀（P），以利于给泵填料并放出空气不使其进入管道。当消除所有空气后，关闭该阀。

③ 主泵抽不上料时会空打（高速运行）。请立即停机并检查胶体的供应情况。如果供胶桶空了或有空气进入管路，应及时更换胶桶并给管路填料排气。

9.4.3.2 电气控制单元调试

涂料系统的电气控制单元调试可在系统定标、初始化、流体调试后进行。电气调试应由有经验的电气工程师进行，并由两个助手陪同，能有编程工程师本人参与更好。电气控制系统调试流程如表 9-4。

表 9-4 电气控制系统调试流程

程序	项目	内容	要求/注意事项	备注
查线	主控柜、工位盒	连线正确可靠、线径/绝缘/颜色合规		
	设备	接地规范、单相电功率分配合理、元件规格正确、动力线径合规		
	传感器	安装、接线正确，屏蔽层一端接地		
	网络	设备齐套连线正确		
单机上电	所有电气设备	上电观察运行情况；指示灯显示正确；开关有效		
	变频器、电动机、搅拌器	变频器参数设置、转动方向是否正确、转数是否正常		
	加热器	打开后有温升		
打点	检查系统配置	插入全部模块		
	PLC 管理设备	输入变量进入 PLC 并在 HMI 显示；输出变量送达执行器		
	现场网	数据可上下传		
机器人联动	模式切换等	系统工作/休眠模式根据机器人信号切换		
连接中控	信息对接	上传信息测试		
程序调试	运行用户程序为手动状态，检查信息采集、设备控制	所有 HMI 画面都有显示；所有传感器、开关或状态信息都已采集并在界面正确显示，HMI 界面可控制所有设备		
	设定参数	在 HMI 界面输入所有设定参数		
运行调试	程序设置为自动状态	所有设备应在设定状态、参数下运行；运行状态在 HMI 界面以及上位机正确显示		

9.4.4 人员培训

业主方操作人员最终从事系统生产操作，因此要进行认真、有效、充分的培训。建线方应在系统调试前提供完整的设备、系统的结构原理、操作、维护手册，并提供首次培训。操作人员应参加调试过程，以便加深对系统的理解掌握。调试完成后建线方应整理、调整资料文件，再次提供培训。

9.5 试生产

系统调试完成后可以进行试生产。试生产应在各参建方、涂料商参与下，由业主方操作人员进行。建线方应提供陪产人员，应进行下列工作，如表9-5。

表9-5 陪产工作内容

项目	内容	要求	备注
陪同操作	陪同操作人员操作系统		
检查	巡检系统/设备运行情况、参数		
修改调整	根据运行情况以及生产需要调整工作状态、参数设定、修改程序	同甲方人员一起进行	
故障处置	参与所有故障处置	同甲方人员一起进行	
记录	每日记录运行情况、问题处置、调整变更；每周整理报告		
系统完善	完成遗留工作，如标识、工位参数表等		
改进建议	提出问题及整改建议		
培训	整理、完善资料，进行操作人员培训		

9.6 喷涂系统的停机和再开机

喷涂系统在大修时或长假一周以上可停线。停线、再启动要按表9-6流程进行。

表9-6 系统停线和再启动流程

项目	子项	操作	操作步骤	操作要求
一、退料	循环系统		关停搅拌器、加热器，关闭所有喷具，断开主泵吸料管，使主泵吸入空气推动涂料循环回料桶，排空过滤器	涂料完全退回
	盲端系统		主泵吸入空气推动涂料，由支管出口用小桶回收	涂料完全回收

续表

项目	子项	操作	操作步骤	操作要求
二、清洗管路			用主泵打入溶剂、空气清洗涂料管路、喷具；废溶剂移空、清洗管路	清洗干净
三、清洗料桶			长时间停线要移走桶内涂料；从油漆桶移至空桶并密封；清洗料桶、桶盖，压盘泵须抬起压盘、升降式桶盖、移走料桶、清洗压盘	清洗干净
四、关机			关停所有设备，关闭所有出口	
五、封存涂料			用塑料布、胶带密封料桶	
六、报告	各记录、报告	按规范	整理记录报告	
再开机				
一、检查恢复			检查全线，恢复到运行状态，用主泵向系统打入工作压力空气保持30min检漏；合格后排气，向桶内注漆	
二、胶蜡加热			胶、蜡、发泡系统先开加热系统	加热半小时
三、半压启动			主泵半压启动，检查全线有无泄漏；喷具可否喷出涂料	
四、启动全线			全线检查正常后启动全部设备	
五、活化涂料			油漆打开温控系统；开搅拌器搅拌涂料；半小时后测黏度，合格后可向管路注入涂料、循环半小时	
六、试喷			试喷样件做缩孔试验	
七、恢复生产			正常生产	
八、报告	各记录、报告	按规范	整理记录报告	

9.7 喷涂系统的操作和维护

系统的日常操作和维护应由业主方进行。主要内容有 3 点：按规范操作、随时检查运行状态参数、按周期及时更换备品备件。系统维护主要内容如表 9-7。

表 9-7 系统维护主要内容

项目	子项	操作	操作步骤	操作要求
一、人员	配备专职操作和维护人员	学习训练	人员要定岗，熟悉安全事项、系统原理、设备操作维护说明书、掌握操作和维护要领、定期培训考核	
二、操作流程、工艺规范	编制、培训		岗位作业流程和工艺参数要在工位悬挂；编制维护、小中修项目及周期	甲方和建线方共同编制
三、应急预案	编制、培训	培训	操作人员要熟悉	甲方和建线方共同编制

续表

项目	子项	操作	操作步骤	操作要求
四、定期维护	编制、培训		按设备维护项目、周期，定期更换、储存备件	
五、启停线体	培训		操作人员能启停和初始化系统	
六、报告			操作人员能编写维护、启停、故障处理报告，给出整改建议	

9.7.1 更换滤袋、滤芯

过滤器内滤出的沉渣会随着运行时间的加长而逐步增加，导致其内阻增加，可以通过观察比较安装在过滤器两端的压力表发现。通常油漆滤袋压差达到1bar，胶体滤芯压差为2～3bar时要进行更换，也可以定周期更换。一个系统内的滤袋、滤芯要同时更换。

并联配置的过滤器可轮流更换。单过滤器都配有旁通管路，更换时要将涂料切换到旁通管道保证不停止生产，短期的绕过过滤器不会对涂料品质产生影响。打开旁通管时注意先排气：打开排气阀，小开度缓慢打开进口球阀，使涂料缓慢进入旁通管路并赶走空气。空气排完后关闭排气阀，完全打开进出口球阀旁路涂料，再关闭过滤器球阀。观察压力表，此时数值应无变化。

更换滤袋、滤芯时要先行泄压。在过滤器下方放好空料桶，最好使用软管将过滤器上盖的排气孔也连接料桶。缓慢地打开排气阀泄压，再缓慢打开泄放阀将过滤器余料排至料桶，直至排放干净。千万不要未经泄压就猛然打开排污阀，那会造成涂料喷溅甚至伤人。排空涂料后，关闭排污阀，打开过滤器盖，更换滤袋或滤芯。

滤袋或滤芯换好后，盖好端盖，拧紧锁好。保持过滤器上盖排气阀开通，过滤器出口球阀仍在关闭状态；缓慢、小角度开启进口阀门，使涂料以小流量缓慢注入过滤器，这一点非常重要。这里有两个方面的考虑：一是不使空气进入涂料系统，刚打开过的过滤器是充满空气的，缓慢进入涂料可以使空气经排气口完全排出。二是如果一下子全通径打开球阀，由于过滤器是空的，相当于一个空腔（袋式过滤器约5L）突然并入涂料系统，会造成涂料供给系统短暂、大幅度地失压，这不仅会影响到喷具作业，对于压力平衡反馈系统，会使供漆泵骤然加速，造成泵频和压力的浪涌冲击反应，其瞬间压力升高甚至可能造成主泵过压停泵保护。所以必须缓慢注入涂料，注意观察排气和主泵状态，使其平稳运行。这样边充料边放气，直至放气阀有涂料溢出，说明过滤器涂料充满、空气排净。将排气阀关闭，缓慢完全打开入口球阀，此后才可以缓慢打开出口球阀，将过滤器并入系统。观察系统压力表，应无变化。此后再关断旁通管路两端阀门，打开泄压阀泄放涂料后关闭。此时过滤袋（芯）更换完成，系统恢复正常状态。

此外，在主泵等处也会使用一些 Y 型过滤器，都要经常检查清洗或更换滤网，但要在停机时更换，换前注意泄压。

9.7.2 稳压器和储能器充气

稳压器、储能器都是气室隔膜结构，在长期运行中难免有气体泄漏，要定期地检查补气，至少每半年一次。

稳压塔上部有个红色充气口，拧下它旁边的红色保护帽，即可用普通气针向稳压塔气室充气。可以使用空气、氮气。充气压力应为系统涂料压力的 2/3。缓冲器的充气口各不同，但充气压力都应是系统压力 2/3。

9.7.3 电动机和主泵维护

电动机、减速箱应定期检查、补充润滑油，可按说明书进行。主泵要定期进行易损件更换、补充密封脂。

第10章
汽车漆膜及外观检测

汽车油漆涂膜应有很好的防蚀性、耐候性、耐磨性、机械强度和寿命，可以对汽车进行长期有效的保护，也可以提高汽车整体外观效果。对于大规模的汽车工业化生产来说，漆膜的质量评价、质量管理是非常重要的。一方面必须有准确、快速、实用的检测手段进行生产质量把关，这是自动化流水生产线不可或缺的重要环节；另一方面，由质量评价理念和检测方法实现质量与材料、生产工艺交互促进的良性进程，更是引领汽车提高外观质量的动力。

漆膜检测评价手段很重要，但也很复杂。它的复杂性一部分在于涂膜检测，评价中有许多概念属于主观视觉印象部分，不同的人有不同的感觉认知，牵扯到许多较为抽象、模糊的领域，难以建立统一的量化规则和标准，建立物理模型、量化和检测手段就更难。例如橘皮等外观评价概念的提出、物理模型的建立、量化思路、检测方法、仪器设计制造、标准制定等，就是由 BYK 公司进行多年的研发改进，才成功推出的，又经过多年的实践改进，才形成如今广泛采用的检测产品和检测标准。BYK 公司还做了大量的数据分析引申工作，将检测数据与车身底材、涂料以及施工工艺关联，做到根据检测数据可以分析质量问题发生的原因并提出解决办法，使漆膜检测不仅起到质量把关，还起到促进质量提高的作用。由此，橘皮等外观评价概念、测试方法为许多国际标准化组织和汽车生产厂家接受，在业内得到广泛应用，使之成为当下重要的外观评价项目和生产检测手段。

漆膜质量检测有许多项目、规范和检测仪器，大体上可分为外观、颜色、物理等几大类，各自包括许多概念、仪器和标准。检测流程上，分为在线检测和实验室检测，在线检测要求仪器小型便携化、数字化、智能化；有些项目由机器人把持作业，更要求仪器有大容量存储、远程数据通信等手段。随着社会生活进步，人们对汽车外观装饰和多样化要求日益提高，检测项目、方法和仪器的发展更新很快，检测目标也不仅限于油漆，已延伸至内饰件、玻璃等部件，都逐渐建立了客观的评价手段和标准。

目前业内主要使用的漆膜检测仪器品牌有 BYK-Gardner（毕克）、X-Rite（爱色丽）、KONICA MINOLDA（柯尼卡美能达）等。其中 BYK 产品系列齐全、市场占有率高,本书以它为例。由于仪器品类繁多,本书只介绍其中汽车喷涂技术常用的产品。

10.1 外观检测

汽车油漆必须具备两大基本功能:保护车辆以防受到锈蚀、机械划伤和气候、环境损害(保护功能),使汽车外观看起来更有吸引力(装饰功能)。引人注目的漆面不仅应具有悦目的颜色,看起来也应像镜子一样高光泽、明亮光滑。视觉的一致性也非常重要,汽车车身与附加部件之间的任何颜色和外观差异将极易被发现,并常与总体档次印象相关。因此,外观评价项目、目标值以及允差范围相当重要。满足这些目标值对于生产工艺环节和涂料共应商来说都是一项极具挑战的任务,因为颜色和外观不仅是多维现象,而且会受到各种来自油漆、底材和施工条件的影响。和谐的外观是漆膜重要内容,见图10-1。

图 10-1 影响外观的因素

外观项目中,颜色的一致性最为明显,因此它是汽车漆面最重要的视觉质量标准。设计师不断寻找新颜色,让这些颜色不仅令人兴奋,而且风格突出,表现鲜活。如今50%以上的汽车颜色是效果色漆,它们在不同的光线场景和视角下,可以被观察到不同的明暗度或颜色变化,例如金属漆在阳光直射下可以产生闪光效果。这就更需要对总体颜色印象进行多维度的客观评价,使其与视觉印象一致。

汽车的外观检测概念上应主要基于人的主观感受。视觉评估包括以下要素:

① 表面条件。材料(如涂层、金属或塑料底材、饰物)的平整和粗糙度,表面结构的光滑度、纹理等。

② 照明。外观评价的前提条件是直射照明。直射照明和完全的反射会产生明锐的光泽效果;漫射照明会引起漫反射,从而降低光泽等效果。

③ 观察者。视觉在判定中起决定性的作用，眼睛聚焦在哪里很重要。评估一个样品表面时，我们会把眼睛聚焦在光源的反射影像上或样品表面上。当眼睛聚焦在反射影像上[图 10-2（a）]时，评估的是成像质量，即表面反射物体的能力。此时我们用光泽表示反射影像的明亮度，雾影表示影像的清晰或虚化程度，鲜映性、晦涩度表示影像细部、边缘部分的清晰或模糊度。当眼睛聚焦在样品表面[图 10-2（b）]时，我们会得到关于表面不规则结构的大小和组成信息，例如，在平行灯管的照射下，汽车漆膜会呈现亮暗区域交替出现的平行条纹；而结构的微小缺陷会使条纹的边缘模糊不清，呈现波浪变化。这看上去像橘皮，所以称为橘皮印象，见图 10-3。

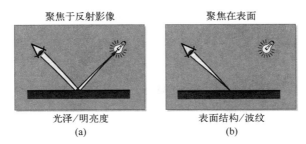

图 10-2　眼睛聚焦在样品表面（a）和反射影像（b）

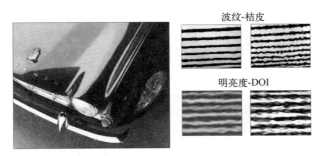

图 10-3　外观印象的影响因素

聚焦在反射影像和样品表面这两种评估方式各有其意义，它们综合起来得到总体外观评估。但用视觉来进行表面外观评估显然是不够的，因为它没有明确的评估标准，不同的人观察和判断结果也会不同。为了得到恰当、客观、可靠的评价数据，需要用明确的、可测量的标准来定义外观参数。我们将视觉量化成颜色、光泽、雾影、橘皮、云雾、透明度、纹理等概念，通过检测光线与样品表面物理状态相互作用的结果，得出符合物理规则的相应参数，由此产生了分光色差仪、光泽仪、雾影仪、橘皮仪、云雾仪、透明度仪、纹理仪等实用检测仪器。从概念上讲，所有外观检测项目都是光泽检测的细化、补充和延伸；从测试手段上讲，也都以光泽测量手段为基础。

在分类上，我们将颜色和纹理之外的项目归类为外观，见图10-4。对于多数产品而言，外观的一致性是重要的质量判定标准。对外观准确的特征描述不仅能帮助控制质量，通过数据分析也可提高质量和改进制造工艺。

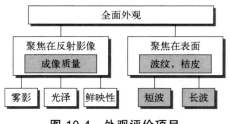

图 10-4　外观评价项目

10.1.1　光泽仪

光泽是评估样件表面光反射的视觉印象。直接反射的光越多，光泽的感觉越明显。光滑和高度抛光的表面能集中反射光线；入射光会直接在主反射方向上反射。当入射角与反射角相等时，图像反射清晰，属于高光泽反射。而在粗糙的表面上，光线会向各个方向漫反射，使成像质量降低，反射的物体模糊。被反射的光线越分散，在主反射方向上的光强度就越低，表面越显得晦涩，属于中光泽或低光泽表现。

光泽仪原理是测量镜向反射光的强度。它所测量的是反射角度上小范围内的光强度；量值与光源强度、样件材料和表面状态、入射角度相关。照明入射角（与被测件法线夹角）对结果的影响较大；入射角度越大，反射光越多。不同材料、不同光泽度有不同的适宜测量角度。为了清楚地区分从高光泽到低光泽的整个测量范围，我们定义了3个不同的角度（光路）。对于涂膜测试来说，哑光等低光泽宜用85°，中光泽用60°，光亮抛光表面的高光泽用20°的角度测量，见图10-5。标准的测量方法要求每个样品至少测量三个点，以获取均质性的光泽参数。光泽仪会根据算法统计分析测量数据，显示平均值、差值范围或标准偏差值。光泽仪及其操作规程必须按国际化标准制定以便比较测量结果。

漆膜检测使用的光泽仪可分为标准型、增强型 S 和多功能型 η 等三类。

标准型光泽仪有单角度光泽仪、三角度光泽仪等，它们可测得光泽的绝对值。三角度光泽仪集 20°、60°、85° 三种角度于一体，见图10-6（b）。它的适用范围更宽。

增强型微型光泽仪 60° S 提升了性能，在 60° 视角可测量 0～20GU（光泽单位）的低光泽范围。近年无光泽表面是新的流行趋势，但也为产品的一致性带来了挑战。为了确保各式各样的部件间外观和谐一致，需要设定非常小的允差限。只有极其精准的测量仪器才能对产品进行客观的光泽评价。S 型光泽仪具有专利的校准程序，确保了极佳的精度。它也可为机器人配用，见图10-6（a）。

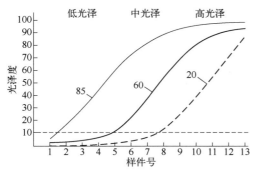
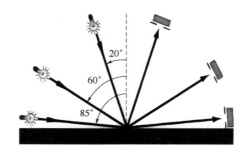

图 10-5 光泽测试

光泽仪的测量值常用标准板标定校正，见图 10-6（c）。标准板是已知折射率的黑色玻璃，指定它的测量值等于 100 个光泽单位（GU），检测值以此为单位。常见漆膜光泽度数值小于 100GU。光泽校准板放置在光泽仪一个特殊的导槽中，可定期对光泽仪进行快速自动校准，确保任何时候的精准测量。

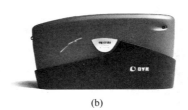

图 10-6　60°机器人用光泽仪（a）、三角度微型光泽仪（b）和标准板（c）

多功能光泽仪 η 可测三角度光泽和涂膜厚度。它配有磁性或非磁性探头，分别测量钢质或铝质底材。

10.1.2　雾影仪

雾影是高光泽表面所特有的现象。良好的漆膜表面应该有清晰而明亮的视觉印象。如果涂料中颜色母料分散不好，微小的乳状纹理会使主反射光产生低强度的散射光，使影像变得模糊，形成雾影效果。所以雾影是高光泽漆膜在光线照射下产生的漫反射现象。如果用光泽仪测量出两块涂装件的光泽度都很高、数值非常接近，但肉眼观察却感觉到有明显视觉差别，即一块能清晰地映射图像，而另一块有一定的晕轮包围，其原因就是肉眼不仅能够观察到反射光的强弱，还能观察到样件表面对光线散射的强弱，而光泽计只能测量反射光的强弱，无法衡量两者成像的质量差别。

雾影仪在光泽仪的探头附近增加两个接收传感器，见图10-7（a）。在测量主角度光泽度的同时，也能测出主反射光附近的散射光强度，量化成雾影值。涂膜的雾影值通常应在20以下，见图10-7（b）。如果过高，将严重影响高光泽度涂膜的外观质量，所以雾影值越低漆膜表面质量越好。雾影对浅颜色漆的影响更大。涂膜的雾影性能间接反映出涂料中颜料的分散、湿润、絮凝情况及底材的表面状况。

雾影光泽仪是为实验室设计的，它具有20°、60°、85°三个测量角度。一台仪器便可以测量从低到高光泽表面的光泽、雾影和镜面反射，见图10-7（b）。它的记忆量大，数据适用ISO 9000的要求，可传送至个人电脑。

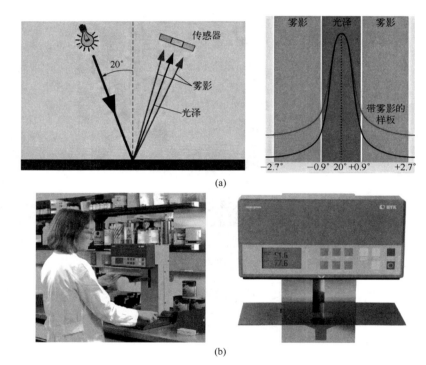

图10-7 雾影光泽仪原理（a）和外形（b）

10.1.3 橘皮仪

汽车油漆漆面的外观可通过其明亮度和光滑度加以描述，也被称为DOI（鲜映性）和橘皮。光泽度较高的涂膜，外观表现更容易受到油漆流平效果以及底材或油漆缺陷影响，产生表面波动、斑纹或乳化等视觉效果。用多个平行灯管照射样件表面，会形成条纹状光学效果，它并不随光泽的变化而改变，但条纹边缘会随微小缺陷呈现波动性凸凹，称作橘皮现象，见图10-8。

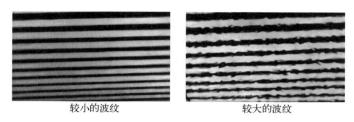

图 10-8 平行光照射下的橘皮现象

汽车漆波纹结构的波长指条纹边缘起伏的表面缺陷峰—峰距离,通常在 0.1～30mm 范围。波纹的可见度取决于观察距离。通常 3m 的距离可观察到大于 0.6mm 的波纹,0.1mm 的表面波纹只能在 0.4m 的距离内才可辨识,见图 10-9。我们通常将 0.12～1.2mm 波纹定义为短波,1.2～12mm 波纹定义为长波,见图 10-10。

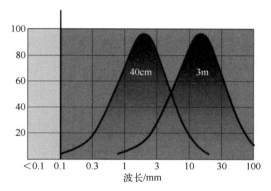

图 10-9 人眼的辨识距离

图 10-10 橘皮和波形

从物理角度看,油漆喷涂时引起的表面张力梯度是长波缺陷的主要原因,油漆成分和均匀性是短波缺陷的主要原因。

橘皮仪使用 60°的激光点光源照射被测表面,在光源对面同样角度通过狭缝滤波的方法测量反射光。激光源不停发出激光脉冲,接收端会得到一系列反射光的强度信号。由于被测表面存在波纹,当光线照在样件不规则表面相邻凸起部分的峰顶或谷底水平点位时反射光最强,仪器输出值最大;而在斜坡位置,由于反射角的变化,反射光会偏离 60°角,输出信号减小,呈现周期性波动变化。输出数据值的波动与被测件波纹光学轮廓相一致。

将橘皮仪在被测工件表面缓慢匀速推动时,它每隔 0.08mm 距离会发出一个激光脉冲,通常移动 10cm 距离,共发射 1250 个脉冲,得到 1250 个回波数据。这些数据经过数字滤波器分频处理,会得到不同频率区段的强度值,以数据或曲线等方式输出,见图 10-11。我们将波纹频率分成几个区段,以便于与工艺成因对照分析。区段划分如下:

Wa 波长 0.1～0.3mm

Wb 波长 0.3～1mm

Wc 波长 1～3mm

Wd 波长 3～10mm

We 波长 10～30mm

SW 波长 0.3～1.2mm

LW 波长 1.2～12mm

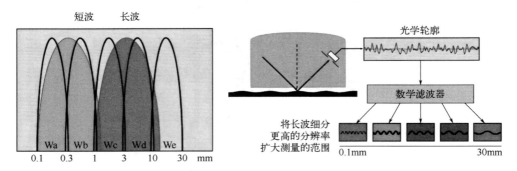

图 10-11　橘皮仪输出

另一方面,即使在很近的距离内,低于人眼分辨率极限(大约 0.1mm)的极微小波纹已不能用亮/暗区域来分辨,但这种微小波纹会影响成像质量和视觉感受,使图像边缘变得模糊不清。于是我们引入鲜映性(distinctness-of-image gloss,DOI)这个概念。鲜映性也可被描述为锐度、轮廓分明度或清晰度。晦涩度(dullness,DU)是与之对应的另一个概念,它定义为漫射值与最大值的比。橘皮仪通过一个 CCD 镜头对这些细微波纹所形成的漫反射光进行拍照测量,通过计算被测件中心明亮部分的反射光强度与包括周边散射光总强度之比得出 DU 值,来评估微小结构的成像质量,见图 10-12。DU 值通常采用 20°角测量;大于 65°角将测不出 DU 值。所以鲜映性 DOI 只是衡量短波段 Wa(0.1～0.3mm)、Wb(0.3～1mm)的一个概念,它定义为 Wa、Wb、DU 的函数,即 DOI = f(DU, Wa, Wb)。

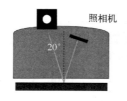

$$\frac{漫射值}{最大} = 晦涩度$$

图 10-12　DU 的测量

橘皮是漆膜外观主要缺陷。橘皮仪的应用除了生产检测质量把关外，更可用于缺陷分析，找出缺陷原因以改进涂料或工艺。生产中每道漆种作业中都要定期加入样件，烘干后检测分析。油漆中色漆对橘皮的影响最大，所以在一般情况下，在满足遮盖力的前提下要尽量减少色漆的膜厚，并进行两道喷涂以改善流平性能；喷室也要保证足够的通风流速以消除漆雾。油漆的添加剂成分、喷涂和烘烤工艺、底材粗糙度等都会对橘皮产生影响。它们对各波段影响也有所不同。

实际的橘皮仪都有鲜映度测试功能，也常称为 DOI 橘皮仪。常用的橘皮仪有：

① 微型橘皮仪：可测除 We 波段外的橘皮、DOI 参数；它可以测量工件曲率半径 300mm 以上的部位，如门把手、油箱盖、保险杠等。普通橘皮仪曲率半径要大于 500mm。

② 橘皮仪 DOI：可测 60°角橘皮、DOI。

③ 橘皮仪 DUAL：除 DOI 功能外，另外有一个高能量的红外发光二极管能够测量中光泽表面相同波纹（0.1～30mm）的结构谱线；使用最新 CCD 照相探测技术用于测量并记录晦涩度。它能提供在受到波长小于 0.1mm 的微细波纹影响的表面上的成像质量信息。机器人使用的橘皮仪属于此类。

橘皮仪外形见图 10-13（a）和（b），测量见图 10-13（c）。

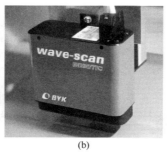

(a)　　　　　　　　　　　(b)　　　　　　　　　　　(c)

图 10-13　橘皮仪和橘皮测量

10.1.4　云雾仪

在一些高光泽漆膜表面，常出现一些较大斑块或发花，目视评估时让人联想起云雾感觉。云雾效果主要表现在金属闪光漆效果涂层,它破坏了效果涂料的颜色整体和谐。这主要是金属箔片闪光颗粒分布不匀或角度不适,以及色漆(清漆)厚度不匀等不一致的外观导致,见图10-14(a)。

云雾仪用来测量大面积斑块结构的视觉效果。它可以从不同的角度进行模拟视觉评估,并对云雾图形、斑块大小和可见度进行特征分析。为了客观地测量斑块,必须从不同的观测角度来测量在一个大面积的样板区域上的亮度变化。云雾仪以光学方法扫描样件表面、测量亮度的变化。它用白色发光二极管(LED)以15°的角度照射样板,从三个观测角度,即从镜向反射线算起的15°、45°和60°检测亮度,以模拟视觉在不同观察条件下的感觉,见图10-14(b)。云雾仪测试时要在工件表面上移动,移动的距离设定在0~100cm之间,然后逐点地测量亮度变化。

金属箔片排列引起的云雾图影
受润湿行为、流变添加剂或者涂装工艺影响的非定向排列

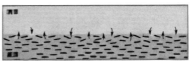
渗透效应:因清漆涂层和面漆涂层之间的相互作用而引起的非定向排列

面漆厚度/遮盖力引起的云雾图影
厚度的不一致造成不良的遮盖力

厚度不一致造成在一定斜角上的遮盖力下降

(a) 云雾图影

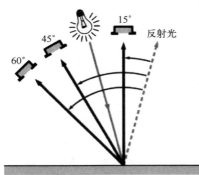

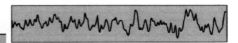

(b) 云雾的测量原理

图10-14 云雾图影(a)及云雾的测量原理(b)

云雾仪将斑块大小分成6个不同的尺寸范围,测量信号通过数字滤波器为每一个范围和角度计算出一个等级值。数值越大,斑块效应的可见度就越明显。测量的数据显示在一个图表上,X轴上显示斑块的尺寸,Y轴上显示等级值,见

图10-15。因此,对于小面积和大面积的斑块应该建立各自的目标等级值,用于涂料批次的审核,以及涂装工艺的控制。

斑块尺寸:Md 6～13mm;Me 11～24mm;Mf 19～42mm;Mg 33～72mm;Mh 57～126mm;Mi 100～200mm。

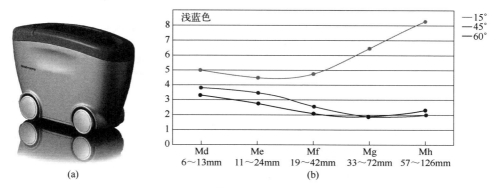

图10-15 云雾仪外形(a)及云雾测量曲线(b)

在图10-15中,观测角度的影响是十分明显的。从正面观察,样板看上去较明亮时,中等和较大面积的斑块最为明显,而从较平坦的斜面角度进行观察时,就看不到这些斑块了。

10.2 颜色检测

人类能感受或分辨一千万种不同颜色。颜色的一致性也会影响客户的视觉感受,所以颜色的质量判定对生产企业非常重要,终端产品的部件是在不同供应商生产时,就更为重要。

人的个性喜好以及对颜色的感觉差异造成对颜色敏感度的不同,环境背景、明亮度造成的颜色感觉变化,以及人们对颜色和色差概念上的认知不足,都会影响视觉上的颜色感受。我们对颜色的记忆能力还不足以鉴定出某个特定的色度,所以要建立客观的颜色检测标准和手段。颜色的感知与光源、目标物、观察者三个要素的相互作用相关,见图10-16。

讨论颜色,离不开以下三要素:

① 光源 颜色会随着光源的变化而改变,所以必须使用国际认同的标准光源,能发出覆盖整个可见光谱(400～700nm)连续能量的光源是颜色评估的前提。白色日光可分解成光谱颜色,见图10-17。CIE(国际照明委员会)以在每个光谱能量分布波段上发射的能量来将光源标准化。在实际应用中,常用的标准光源有:

日光	D65, C
白炽灯光	A
荧光灯光	F2, F11

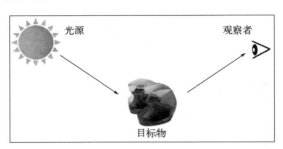

图 10-16 颜色的感知

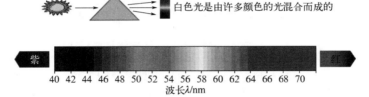

图 10-17 颜色的波长

② 观察者 没有观察者就不存在颜色。来自有色物体的反射光进入人眼后，视网膜上的红、绿、蓝光三种感受细胞会共同刺激大脑，产生颜色的感觉。为了确定感受细胞的灵敏度，CIE（国际照明委员会）在 1931 年和 1964 年做了系统的实验。根据该实验结果，将 2°和 10°作为标准观察角度，分别代表小的和大的观察范围。

③ 目标物 CIE 定义了光源和观察器，测试仪器储存了它们的光谱函数之后，目标物的光学特性是唯一需要测量的变量。测色仪器测量有色样品所反射的光的数量，在每一个光波长上的测量值称为光谱数据。例如，黑色目标物对整个光谱都不反射，反射率为 0%，相反，理想的白色样品反射几乎所有的光，反射率为 100%。所有其他的颜色只选择性地反射部分光谱中的光。因此，它们都有其不同形状或轨迹的曲线，这就是光谱曲线。观察样品时人眼睛会聚焦于大的范围，接近于 10°观察器。

10.2.1 颜色系统和检测原理

10.2.1.1 颜色模型

表示颜色的模型系统有多种，CIE 推荐且现已广泛应用的是 CIE Lab 系统。

它是一个直角三维坐标系统，见图10-18。Z轴以L表示颜色的明亮度，正数表示偏白，负数表示偏黑；X轴以a表示红绿值，正数表示偏红，负数表示偏绿；Y轴以b表示黄蓝值，正数表示偏黄，负数表示偏蓝。在这三根轴组成的坐标体系中，任何颜色均可用一组L、a、b坐标数值表示。此外，Lch也是一种常用模型，它以L表示颜色的明亮度，c表示色彩饱和度，h表示色相。这是一种三维极坐标体系。两种坐标系见图10-18。图中L^*、a^*、b^*色彩空间是由国际照明委员会（CIE）于1976年制定的一个具体、实用的标准，它是用L^*、a^*、b^*三个互相垂直的坐标轴来表示一个色彩空间，有相应的计量方法和算法。

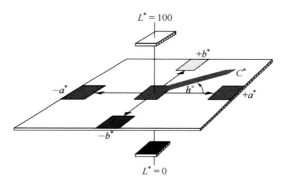

图 10-18　颜色的 Lab 和 Lch 坐标

为使颜色符合目标，必须建立一个标准或标准样件，并将产品与该标准件进行比较，这是客户与供应商通常使用的沟通方法。因此，颜色的沟通通常是以样件颜色与标准件或参比样件的差异（色差）进行，而并非绝对值。色差一般用总色差ΔE来表示。总色差是ΔL、Δa、Δb三个色差值的均方根值：

$$\Delta E = [(\Delta L)^2 + (\Delta a)^2 + (\Delta b)^2]^{1/2}$$

10.2.1.2　素色漆的颜色检测原理

在汽车涂装线，素色漆的检测常使用两种仪器：45/0光路色差仪和积分球光路色差仪。45/0光路是指以45°角圆周照明样件，并以垂直于样品平面的0°角观察。圆周照明是在有方向性和波纹的表面获得重复性较好测量结果的必要条件，它会使样件得到均匀的照明又可避免光泽直接进入检测探头。

在视觉上，人眼判断具有相同颜料成分而高光泽的样品，比粗糙或有纹理结构的低光泽样品要暗一些，见图10-19。这就是实际上45/0测色仪器所测量到的光泽/纹理的差异，即色差，用ΔE表示。例如在汽车同种颜色的内饰板上，两个不同纹理结构表面的测试数据会存在差异；生产批次之间和不同材料生产的部件产品之间都需要与视觉评估一致的比较。

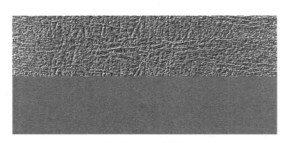

图 10-19　纹理

积分球测色仪器的右侧开有进光入口，下方开有测试口连接样件，上方偏离法线 8°位置开有观察口连接探头。积分球的白色光滑内壁可以多次折射入射光线，使其内部照明光通量均匀分布。通过观察口的方向选择可以观测样件的直射反光和漫射光，观测口面积可以计算光通量。积分球测色因为光照均匀，可以得到更为准确的结果。

积分球可在两种不同的测量条件下运作：包含镜向光泽 spin，不包含镜向光泽 spex。在 spin 模式中，测量的是全部反射光，即漫反射（颜色）与镜向反射（光泽）之和，测量的颜色与样品的光泽或表面结构无关。在 spex 模式中，用安装在与观测孔对称位置的光陷阱来排除镜向直接反射光（光泽）。屏蔽或打开光陷阱，可以进行 spin/spex 切换。spex 这种配置近似于 45/0 光路。但测量中到低光泽样品时，45/0 与积分球 spex 的结果会出现偏差，因为光泽陷阱并不能完全排除镜向部分光泽。

45/0、积分球色差仪的外观基本是相同的，型号中标有 D8 的是积分球光路，外形见图 10-20（a），两种光路见图 10-20（b）和（c）。

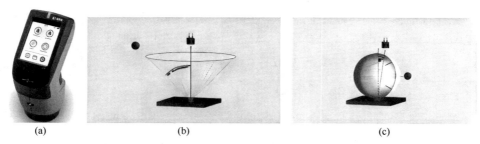

图 10-20　色差仪外形（a）、45/0 测色仪光路（b）和积分球光路（c）

涂料中有些物质具有荧光特性，它会通过吸光物质自行发光，发射的部分光转化为热量。因此，荧光通常具有较低能量，发射光的波长大于激发光，这一现象称为"斯托克斯迁移"。常见的是增光剂吸收紫外线波长范围内的光，之后在蓝色光波长段释放出荧光。荧光也可发生在可见光范围内，例如在蓝色光波长范围内激发的光能够迁移至绿色、黄色或红色光波长段。传统颜色测量仪的工作是由一个多色光照明（例如卤素灯、闪光氙灯等）和一个单色器（光栅，阵列滤光片等）构成。现有商品化的分光光度计使用不同的光源，在测量含有荧光成分的样品时结果会有不同。原因是不同的光源呈现出不同的光谱能量分布，照明光的数量不同也会对荧光成分激发产生差异。对于特定的激发波段，荧光成分会吸收激发光并在长波段释放出荧光。因此，释放出的荧光数量会因激发光数量的不同而不同，从而导致不同光源的分光光度计测量的结果不可比。现在通过两个全新指标 AFL 和 AEzero 量化荧光：AFL 指数（荧光差值）用于标示标准品和样品是否有和有多少荧光光线释放出来，这对于那些想禁止产品材料中含有任何荧光成分的客户尤为重要。AEzero（无荧光的色差值）用于预测荧光消减后颜色是如何变化的。在实践中，通常用荧光计对荧光样品进行评测。它由单色照明构成，因此，检测到的荧光数量与具体使用的光源无关。所有照明的单色光需要校准到同一水平；对于不同照明下的比色计算，必须对涉及的每种照明体都进行校准。

10.2.1.3　效果漆颜色检测原理

效果色漆能使物体看上去产生令人愉悦的效果，这一特色令它在现今很多实际应用中处于主导地位。和传统的单色漆不同，效果色漆的外观会随着人们的观察角度和照明条件的变化而变化。光干扰使色漆在不同的观察角度下不仅会呈现明亮度的变化，其色饱和度和色相也会发生改变。最新的发展成果是使用特殊效果颜料，当照明条件从太阳直射光转为阴天漫射光时，效果颜料可以创造出闪烁效果。

金属闪光漆是主要的效果漆，但它的视觉感受会随视角改变，需要为每个视角定义不同的允差。所以，国际标准组织根据视觉相关性研究编制了新的颜色公式 dE94，它包含亮度变化、dED1N 6175-2 和 dEAudi2000 标准。为了捕捉总体颜色印象，需要测量不同光照条件下的外观变化，从而会产生或多或少的闪烁和砂粒状外观。为了确保产品外观长期的一致性，并且在颜色或外观开始发生漂移时能够主动采取措施，需要对工艺的稳定性进行控制。在直射日光下，可以观察到闪烁或闪光涂层。这种效果通常用闪烁、微闪或闪光等描述，它们是由效果颜料独特的反射性生成的，所以受铝箔的形状和大小、密集程度、定向排列、施工方法等因素的影响，闪烁印象也随着照射角度的不同而变化。闪烁效果在阴天条件下还可以观察到另外一种砂粒效果，这种效果被描述为粗糙或盐和黑胡椒混合状的表面外观。这些外观效果受到铝箔的直径和排列方向的影响，造成不均匀和不规则的图案。但在评估砂粒状时，与观察角度的关联程度低。

研究显示：多角度测色至少需要有 3 个观察角度，以 5 个为最佳。多角度测色的测量角度以逆镜向反射角的大小来划分。逆镜向反射角是指在与光线的同一个平面中从光源的镜向反射方向开始计量的观测角度。从镜向反射方向往垂直方向的测量角度为正数的角度。之所以用具有方向性的照射替代环状圆周照射，是因为环状圆周照射会降低方向性反射光的效果，如同百叶窗效果，使表面出现不规则性。因此，对于视觉上并不匹配的一对样品，由于环状圆周照射的光线均匀性，会引起在测量上的颜色一致。但是传统的 5 角度色差仪将全部被照明区域的光谱反射值进行平均来计算颜色值，这种方法不能区分底漆的颜色和铝箔的反射力。结果就是，用 5 角度色差仪测量两种不同的效果色漆会得到一个相同的颜色值，而在人眼看来确实差别迥然。视觉差异就是由这种铝箔效果造成的。

人们通常使用颜色数据（L、a、b）或（L、c、h）和 AE 来做颜色质量指标。但是这些颜色数据的允差范围对于邻近镜向反射角的角度（15°、25°）和亮暗跃变角的角度（75°、110°）来说，都超过了 45°角的允差范围。为了取得一个独立于颜色的唯一的差参数，必须使用加权系数。因此，汽车制造公司会在 DIN 6175-2 的基础上用仪器取 3~5 个角度测量，并使用综合差值等指标。还有一个有用的指数为跃变指数，测量金属颜色在整个观察角范围内翻动时的亮暗变化。而要使整个测量程序在工业使用中可靠实用，并能以手提式仪器操作，必须增设一个光泽背后的角度，即-15°（110°）角来满足所有需要，见图 10-21。

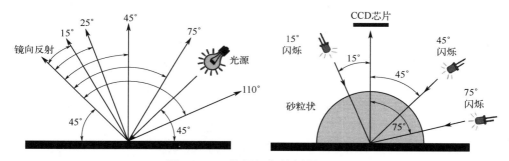

图 10-21 效果颜色的测量原理

BYK-mac i 6 角度测色仪见图 10-22。它用高分辨率 CCD 相机模拟直射太阳光和阴天散射光照明条件下的效果，清晰地描述了效果色漆的亮暗变化和颜色变幻轨迹，检测闪烁和砂粒状效果。

10.2.2 颜色的测量

颜色测量仪可以测量颜色数据，并以 Lab 或 Lch 模式输出结果。它可以得出样件表面颜色数据的绝对值，也可以得出它与标准、标准样件或参比样件的色差值。事实上它的显示屏幕分为两侧：一侧显示参比数据，一侧显示样件数据。

图 10-22 BYK-mac i 6 角度测色仪

分光色彩仪用于素色漆颜色检测。BYK 分光色彩精灵 2 是一款革命性的测色仪，它将颜色、光泽和荧光测试集于一身，代表颜色测量评估的一个新时代。它除具有颜色和 60°光泽同时测量的功能外，还集成了具有单色照明定量测量荧光的新功能；用彩色图表显示荧光测量结果，全新的荧光指数也使得计算分析更加便捷。它的照明光源是由一个全波段光谱的白色高能 LED 灯和 12 个单色 LED 灯构成。探头是由一个小型化的分光光度仪构成，能检测 300~700nm 范围内的光。通过对比白色高能 LED 灯和 12 个单色 LED 灯的特定光谱能量分布,它可以检测、分配和量化荧光光线，并预测出荧光样品在不同照明下的外观（荧光同色异谱）。此外，分光色彩精灵 2 能够评估出样品在不同照明下的外观。一体化的照相机实时显示预览测量点，确保精确的定位，避免在有缺陷或有划痕的区域测量时导致测量错误。测量结果的高精确度和极佳的仪器间的一致性确保数字标准的应用；绑定一个标准消除了差错的来源，不再需要交换物理标准；数字标准将整个供应链统一到一个目标上。它的界面采用 3.5in 彩色触摸屏,操作非常方便，见图 10-23。

多角效果测色仪用于金属闪光漆测色。BYK-mac i 多角效果测色仪可被用作便携设备或设定自动化版本安装在机器人上。它能够快速采集数据，非常适合工业现场在线应用。通过与机器人一起测量，始终能够检验相同的测量区域，并且消除可能会影响最终读数的任何人为操作错误，如错误的测量方向等。

为了描述在不同观察角度和照明条件下效果色漆的特征，BYK-mac i 分光色差仪客观地进行全面颜色印象的测量，它除传统的 15°、25°、45°、75°、110° 5 个颜色测量角度外，还增加了测量光泽反射角背面光干扰颜料变化轨迹的角度 −15°。测色仪清晰地描述了效果色漆的亮暗变化和颜色变幻轨迹，用高分辨率 CCD 相机模拟直射太阳光和阴天散射光照明条件，描述闪烁和砂粒状效果。BYK-mac i 的独特设计将多种功能置于一台手提式仪器中，既能测量多角度色差，又能检测涂料的铝箔特征。BYK-mac i 多角测色仪的加装探头用于侦测可见光范围内激发的荧光，外形见图 10-24。放射强度值用于量化荧光，可作为确定涂料耐光性的预判指示。

图 10-23　分光色彩仪

图 10-24　多角度效果测色仪

10.2.3　分光色彩纹理仪

随着社会进步，人们对汽车装饰的外观感受在总体评价中占比也日益大幅提高。人们的目光不仅限于漆膜，对内饰件外观的关注度提高，要求也日益苛刻。内饰件多为塑料、皮革和织物制成，它们的外表大都呈纹理状，见图 10-25。其色彩、光泽、纹理结构、一致性等都是重要的评价指标。

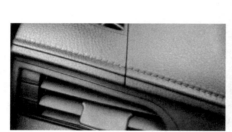 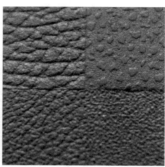

图 10-25　内饰件外观

分光色彩纹理仪是将光泽、色彩、纹理、3D 形貌等客观评价集于一体的新产品。分光色彩纹理仪将 45/0 颜色测量、60°光泽测量、2D 反射率测量、3D 形貌测量等功能整合在一起，通过对涂料类、皮革类、纹理类的不同算法分析，给出样件外观的全面客观评估。

BYK spectro2profiler 分光色彩纹理仪是纹理测试的创新产品。它有 3.5in 彩色触摸屏界面、图形菜单和彩色数据表，使用起来非常方便。通过内置一体化照相机实时预览放大测量点位，可以确保精确定位，不会有损伤和不均质的区域进行错误的读取。仪器底部有四个橡胶触点，确保在平面和有曲率的样品上稳定定位；倾斜式仪器设计通过阴影辨识图像。分光色彩纹理仪见图 10-26。

图 10-26　分光色彩纹理仪

BYK spectro2profiler 分光色彩纹理仪可与电脑相连，通过色彩、光泽、2D 和 3D 纹理数据，和数据库比对值进行综合评价、判定，见图 10-27。

图 10-27　分光色彩纹理仪的使用

10.3　物理测试仪器

漆膜/油漆的物理性能参数很多，如厚度、硬度、附着力、冲击/弹性、密度、电导率、黏度等。各种参数都有许多测试标准、方法和测试仪器。

10.3.1　漆膜测试仪器

10.3.1.1　附着力

通常采用三种不同的测试方法来评估涂层在底材上抗剥落的性能。

划格试验：用划格刀在涂层上划十字格并穿透涂层到底材，评估涂层在底材上抗剥落的能力，见图 10-28。这种测试方法可快速地测试合格/不合格。当此方法用在多涂层时，也可评估各涂层在其他涂层上抗剥落的能力。

刮杆附着力试验：这种试验方法包括了所有的有机涂料，如油漆、清漆、罩光漆在平滑表面的附着力的测试。它在对一系列存在明显的附着力差异的试板作相对分级的评价时是很有用的。试验的材料通常以一定的厚度涂在光滑的面板上，一般是有相同表面结构的铁板上。干燥后，将试板置于划针或划环下，通过不断增加重物的重量直至划破涂层露出底材来测量附着力。

附着力拉开法试验：油漆的单层或多涂层的附着力，是通过测量从底材垂直方向分离或剥落涂层所需要的最小拉脱力进行。相对于其他方法，如刮杆附着力等使用的剪切力,这种方法的拉脱力度最大,两种结果不可做比较。这种试验方法使用胶黏剂来固定与涂层表面垂直的胶黏柱块。胶黏剂固化后,在胶黏柱块上安装一个测试设备,调整位置,在被测试表面垂直方向施加拉力。实施的拉力逐渐加大并调整,直至小块涂料材料脱落或拉力达到某一规定的值。

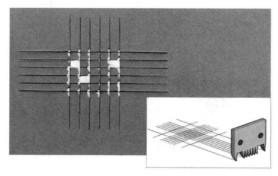

图 10-28　划格刀划十字格

10.3.1.2　硬度

漆膜硬度测试仪器很多,常见的有如下几种:

① 霍夫曼划痕硬度仪。霍夫曼划痕硬度仪的设计是为多种涂料的抗刮擦能力和附着力作比较评估,见图 10-29。它包括一个四轮滑座,刻度为 0~20 的刻度杆和一个刮划工具。刻度杆在支点转轴上以平衡的方式永久固定在底座上,刮划工具上锋利的轮缘与平整的测试表面呈 45°角。操作时,将游码放到刻度杆有数字刻度的位置,用手按紧滑座并向反方向移动,以产生拖动刮划。最大的游码每一格负载 100g,最小的游码每格为 25g。小的游码可在较低的硬度范围内测量,以慢慢增加压力的方式进行;或使用大游码作为游标尺,在中等硬度范围内做更精确的测量。此时划痕硬度为切开漆膜直至露出底材所需要的力度;附着力则为划针在未涂膜的面板上开始移动,通过漆膜刮划出一条通道所需要的力度。

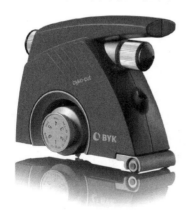

图 10-29　硬度测试

② 抗冲击试验-单冲击试验仪。多涂层体系的抗冲击能力是汽车色漆的重要指标。为了保护汽车车身部件,多涂层体系要求具有防腐蚀和抗机械压力。完整的涂层结构决定了涂层的抗冲击能力。涂料配方或施工工艺的改变可能对涂料受损程度造成影响。进行多冲击试验时,通过压缩空气将尖锐刃面的冷硬铸件抛向

测试板，尽量模拟实际压力。然而，多冲击试验很难再现。为了提高准确性，开发了单冲击试验仪，见图 10-30。

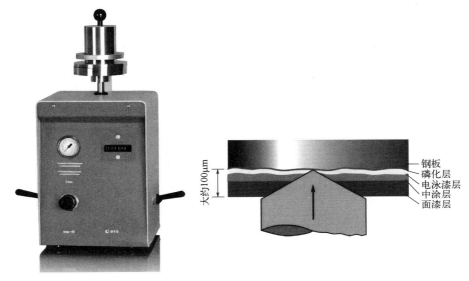

图 10-30　冲击硬度试验仪、试验原理

单冲击试验仪 ESp-10 被开发用于测试多涂层体系的冲击性能。它不仅可以评估受损区域的大小，还可评估受损深度，即所谓的"分离面"。

③ 杯凸仪。它用于检测单涂层涂料和多涂层涂料在金属底材上的延展和变形情况，见图 10-31。冲头在试板未涂层的一面施压，试板通过夹圈定位。两个测试程序可选："预定深度"（合格/不合格）和"最小引起破坏的深度"。

④ 铅笔硬度计。划痕硬度测试的目的是评估涂层材料或涂料表面抗划刮的能力。一般来说，划痕硬度是通过承受已知压力在测试表面上移动一尖锐物体来进行测量。在检测材料上划痕，如果使用固定硬度的划刮工具，得到的是划破检测材料所需的压力值；当施加恒压时，得到的是划刮工具的硬度值。用一个标准支架，使用硬度等级从 9B 到 9H 的二十支铅笔测试，见图 10-32。铅笔承受 750g 恒压，呈固定角度在表面上移动，确保操作者误差最小化。铅笔方便调换，可减少测试过程中的停顿时间。

⑤ 布氏硬度计。布氏硬度计的原理是用一定直径的钢球或硬质合金球，以规定的试验力压入试样表面，经规定保持时间后卸除试验力，测量试样表面的压痕直径，见图 10-33。布氏硬度值是以试验力除以压痕球形表面积所得的商。以 HBS（钢球）表示，单位为 N/mm^2（MPa）。布氏硬度的测定较为准确可靠。

图 10-31　杯凸仪　　　　　　图 10-32　铅笔硬度计

⑥ 摆杆硬度计。摆杆硬度测试是涂料行业测试涂膜硬度的一种国际通用方法，其原理是将摆杆硬度计上两个不锈钢的小球靠在干燥后的涂层并以一定周期摆动，见图 10-34。若涂层表面越软，则摆杆的摆幅衰减越快，摆幅从某一角度衰减至另一角度的摆动时间越短。

图 10-33　布氏硬度计　　　　　　图 10-34　摆杆硬度计

10.3.1.3　厚度

测厚仪可以算是涂料工业中最基本的测量仪器之一。一般认为大多数涂料的干膜厚度和湿膜厚度的关系是：干膜厚度 = 湿膜厚度×固体分含量（%）。

干膜测厚仪可以非破坏性测量多种产品。在磁性和非磁性底材进行转换的过程中不需要更换探头或重新校标。它有大屏幕 LCD 显示，可保留最近一次测量数值 10s，使用极为方便，见图 10-35（a）。

BYK PELT 分层测厚仪是另一种超声波测厚仪，它采用触摸屏显示，配有 USB 接口以方便数据交换，见图 10-35（b）。PELT 可以对任何基材（钢、铝、塑料、玻璃等）上的多道漆膜涂层进行非破坏性检测，同时测出多达 5 个涂层的分层膜厚，精度可达 0.5μm。这样，它可以对成品车身一次测出中涂漆、色漆、罩光漆各自的膜厚，以进行质量评估分析，并快速判定是否合格。分层测厚仪可以由机器人手臂握持，对工件进行快速自动检测，如图 10-35（c）。

(a) 干膜测厚仪　　(b) 分层测厚仪显示屏　　(c) 安装在机器手上的分层测厚仪

图 10-35　测厚仪

10.3.2　湿膜及油漆测试仪器

湿膜测试主要有厚度、流平/流挂性能测试等。

湿膜测厚仪有梳规和湿膜轮两种测试模式。梳规是齿状的测厚仪，四方形或六角形的梳规由耐腐蚀的不锈钢制成，在六个面的两端都有支撑点，每个面均有不同长度的齿，边缘标有刻度，见图 10-36。测量时将量程范围与漆膜估计厚度相近的那个面垂直地压入湿膜，碰到底材后移出。这样，湿膜厚度应是在被湿膜浸润的那个最短的齿及邻近的那个没有被浸润的齿之间的距离。

图 10-36　梳规

在实验室制备湿膜色漆最常用的方法是用涂膜器,也被称为"刮刀"。这种涂膜器可以涂出几乎所有的目标膜厚,从几微米到1000μm。一个典型的涂膜器包括一个单面或多面已知间隙深度的槽沟。将它放置在靠近一块平板的一端,如测试卡纸上。在涂膜器的前端放置足够多的涂料样料,然后用机械或手动的方式在底板/卡纸上拖拉涂膜器,在其后部会留下一层均匀的涂膜。机械的方式可获得更好的重复性及精度,使由操作者引起的偏差减到最小。由于防腐的要求,不锈钢、铝或者电镀铁是制作涂膜器的适宜材料,电镀铁和不锈钢更为坚硬并耐用。无论使用哪种材料,腐蚀都会损坏涂膜器控制膜厚的区域,从而影响到仪器的重复性。良好的实验室操作要求仪器在使用后立即清洗,以减少会影响今后测试结果的潜在腐蚀或残余物。涂膜要使用专业卡纸,以确保其具有最佳的颜色和光泽的一致性。测试卡纸使用简单,花费不多却可以做多种涂料特性测试卡,如遮盖力、涂布率、渗透力和流挂流平等。

涂膜刀是一种可调间隙的涂膜器,其可调节的端板在刮涂时限定了涂料样品的涂膜范围,公制微分器从0~6300μm以每10μm为单位调整刮刀的间隙。该涂膜器由一个桥连接两个端板,桥下面是可调的刮刀,两个微分器穿过桥接触在刮刀的上边缘,能上下方向调整刮刀以控制间隙,即最终涂层的厚度。刮刀和端板由6.4mm厚的铝材制成。在涂膜过程中,端板有效地容纳了样品池。简单的手动划膜刀见图10-37。

在多数情况下,流平是人们所期望的油漆的一种性能,它表现为干膜表面尽可能地平整以及尽量少的表面刷痕、喷点和其他不平整的现象;而流挂则被认为是一种油漆的缺陷,特别是发生在工件的垂直面、边缘和角落的部位。最常用的术语,如条痕或泪痕,就非常生动地描述了这种缺陷的外观。采用黏度计测量流平和流挂特性不能说不可能,但却非常困难。此时使用流平/流挂测试器,可以在涂膜和干燥之间的阶段,对油漆的流平和流挂特性做简单的比较试验。

用测试器涂布产生10对各种涂膜厚度的条纹,见图10-38。涂布后立即将试

图10-37 手动划膜刀

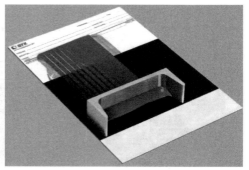

图10-38 流平流挂测试卡

板放于垂直位置，最薄的涂膜条纹位于上方，并避免震动。条纹的并拢取决于流挂的倾向，在试验中要保证以下条件：稳定的气候环境，涂膜的均一性，设定评估的时间。注意要重现试验的结果是非常困难的。

10.3.3 涂料参数测试

10.3.3.1 电导率测试仪

电导率测试仪用于测量静电喷涂用的溶剂和溶剂型油漆的电导率。测试时将探头插入涂料，通过探头的环状通道测量电导率，见图 10-39。探头由两个分离的部分组成，两个电极是同轴的（型号 1710）或平行的（型号 1712），因而形成一个环状的通路，它们相互绝缘。探头中的电极由不锈钢制成，表面抛光，因而易于清洗。只有一个绝对清洁的探头才能保证其表面的每一部分都参与测量。探头不会渗透，可以在较短时间内浸泡在溶剂中。电导仪的直读值是电阻值，可根据它的几何形状折成电阻率或电导率。

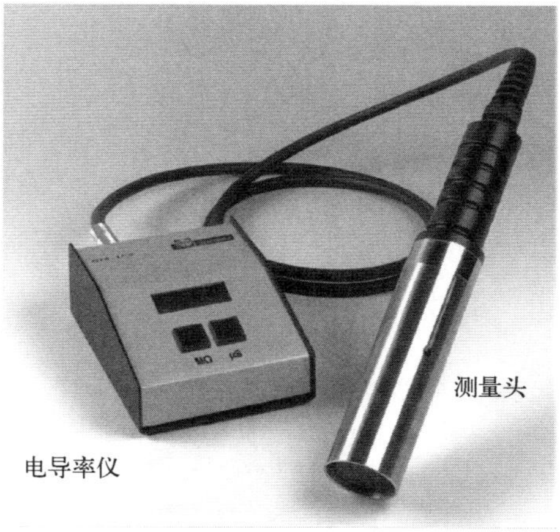

10.3.3.2 涂料黏度测试仪

旋转黏度计是用于测量黏度不高于 3.2 亿厘泊（cP）的各类液体的表观黏度的标准仪器，几乎应用于所有行业。它浸在被测液体中，以恒定速度转动的转子所需的扭矩来测量液体黏度。扭矩与转子受到的黏性阻力成正比，因此与样品黏度成正比。旋转黏度计具有以下优点：转子持续旋转，可在一定时间段内持续测量，从而可以时间为基础分析液体；剪切率不变，因此既适用于牛顿液体，又适用于非牛顿液体；转子可按不同速度转动，从而可分析液体行为与剪切力间的关系。

旋转黏度计有适用于低、中、高黏度液体的数字型，见图 10-40。各黏度计中的转子可按不同速度转动且可更换，使得黏度计的测量范围较广，增大了黏度计的应用灵活性。选择正确的黏度计是在黏度测量范围内获得最高的灵敏性和精确度的关键。选择黏度计时须考虑的因素包括样品的黏度范围、样品尺寸、是否须监控温度或是否须记录黏度值。有两种专用于涂料行业的黏度计，分别为克雷布斯（KREBs）黏度计和斯托默（STORMER）黏度计，这两种黏度计均装有恒

图 10-39 电导率测试仪

速电动机和桨状转子。其中克雷布斯黏度计专用于 ASTM D562 方法。如需测量高剪切黏度，推荐使用锥板黏度计（CAP 型号），样品固定在可运动的锥板状转子和产生高剪切力与剪切率的板之间。

黏度杯是一种简单的重力式黏度测量工具，有时被称为流杯。它有一定形状和容积，计算盛满的流体通过不同形状和大小的杯嘴所需要的时间。在理想的条件下，流出时间可以换算成运动黏度（斯托克或厘斯托克），这是一种条件黏度。黏度杯有支架式和浸式。常用黏度杯有涂 4 杯、福特 4 杯等多种规格，见图 10-41。使用时要注意选择合适的孔径。

图 10-40　旋转黏度计

图 10-41　黏度杯

10.3.4　烘烤测试

汽车油漆主要是热固性涂料，烘烤是油漆固化的主要手段，它最后决定漆膜的各项参数。烘烤温度、时间和流程工艺是固化的主要参数，可用固化曲线描述，见图 10-42。烘烤测试要使用炉温仪和梯度烤箱。

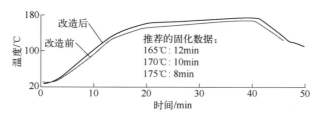

图 10-42　固化曲线

10.3.4.1 炉温仪

炉温仪可以记录样件在烘道的烘烤固化过程，见图 10-43。将炉温仪与测试工件放在一起，各探头固定在测试工件的各特征点位，随生产工件一起进入烘炉烘烤；炉温仪会将探头记录的模拟温度信号以数字形式储存。记录模块由不锈钢保温箱保护，可保证绝对安全的热隔离。每次测量都作为一个文件储存，数字数据可传输至计算机以进行进一步的过程分析。temp-gard 烘道温度记录仪记录固化过程并立即评价结果。所有有用的信息，包括测量点位、时间和日期、操作者、过程温度和时间、整体温度测量曲线图表等都可显示在屏幕上并可打印出来。这样，就可以通过对比漆膜测试数据，对烘炉区段温度进行调整改进。

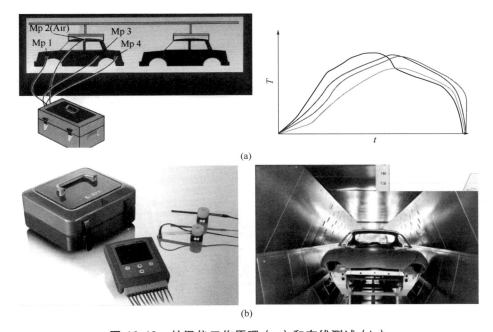

图 10-43　炉温仪工作原理（a）和在线测试（b）

10.3.4.2 梯度烤箱

在实验室中经常需要对一个新油漆系统的烘烤特性进行测试和优化。许多试板需在各种不同的温度下烘烤不同的时间。这是准确确定最佳温度和烘烤时间的唯一方法。如果用普通烤箱来完成，每次只能烘烤一个温度，将会是一个漫长的过程，会使研发过程非常费时费力。此外，使用多台普通烤箱时，难以准确再现相同的样品温度和加热速度。

梯度烤箱能在一个烤箱内实现多组不同的温区，甚至能在一个工件上实现不同温度。梯度烤箱外形见图 10-44。它能保证良好的可控性和高精确度,并可以模拟产品烘烤生产线的工艺效果。梯度烤箱内的加热器组由 45 个加热元件组成,使用微处理器控制,每个加热元件均带 PT-100 温度探头。加热元件之间相互热绝缘隔离,从而可在两个相邻单元上设置不同的温度。这样一个烤箱内可以同时实现多个等级的不同温度烘烤,大量节省了工艺摸索时间。

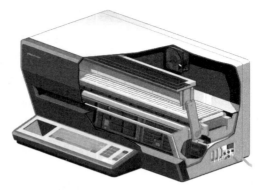

图 10-44　梯度烤箱

10.4　机器人检测

由于产量的加大和自动化程度的提高,机器人携带仪器自动检测已成为趋势。自动测试不仅可以节省人力,也使检测操作更为规范。BYK 也开发出许多可由机器人携带的仪器。机器人的检测应用需要光学、激光等位置识别系统配合,这和定量注蜡、双组分发泡工艺中机器人定位系统基本是一致的,见图 10-45。此处不多叙述。

图 10-45　外观项目机器人检测(彩图见文后插页)

参 考 文 献

[1] 王锡春，吴涛. 涂装车间设计手册[M]. 北京：化学工业出版社，2019.
[2] 归柯庭，汪军，王秋颖. 工程流体力学[M]. 北京：科学出版社，2003.
[3] 洪啸吟，冯汉保. 涂料化学[M]. 北京：科学出版社，2005.
[4] 户田纪三夫，亚伯拉罕·萨拉查，齐藤孝三. 汽车涂装技术[M]. 刘小刚，孙俊，向雪兵，等译. 北京：机械工业出版社，2016.
[5] 陈治良. 现代涂装手册[M]. 北京：化学工业出版社，2010.
[6] 向晓汉. 西门子 S7-1500 完全精通教程[M]. 北京：化学工业出版社，2018.
[7] 阳宪惠. 现场总线技术及其应用[M]. 北京：清华大学出版社，2008.
[8] GRACO 产品技术资料、维修手册、培训资料.
[9] BYK 2018 涂料和塑料品质管理的方法.
[10] ABB Atomizer 涂装机培训.
[11] FANUC 水性漆喷涂的解决方案.
[12] POMA Pig Technology 技术资料.
[13] LACTEC easy pig 技术资料.
[14] SCA 定量机手册.

附　录

附录1　常用喷涂术语简明汉英对照表

分类	中文	英文缩写	英文	注释
涂装				
	涂装		coating、painting	
	涂装车间		painting shop	
	流水线		assembly line	
	输送链		conveyor chain	
	工艺链速		process chain speed	
	工艺节拍		process beat	
	产能		capacity	
	环保		environmental protection	
	节能		energy conservation	
	乘用车舒适性指标	NVH	noise、vibration、harshness	噪声、振动与声振粗糙度
	喷涂系统		spray system	
	集中供漆		centralized paint supply	又称输调漆
	工位供给		station supply	
	循环供漆		paint circulating supply	
	两线制循环供漆		two pipe circulating paint supply	
	循环到枪		circulating to gun	
	集中供胶		central gluing	
	单级供胶		single stage sealer supply	
	双级供胶		two stage sealer supply	
	小系统		mini system	
	自动换色		automatic color change	
	走珠式换色系统		piggable paint supply system	
	喷室		spray booth	
	调漆间	MIXROOM	paint mixing room	
	储漆间		paint storage room	

续表

分类	中文	英文缩写	英文	注释
	设备间		equipment room	
	供胶间		sealer supply room	
	材料间		materials room	
	温控间		temperature control room	
	输送管路		conveying pipe	
	枪站		gun station	
	自动枪站		automatic gun station	
	手动枪站		manual gun station	
	枪站出口		gun station exit	
	出口组件		port module	
流体			fluid	
	黏度		viscosity	
	动力黏度		dynamic viscosity	
	运动黏度		kinematic viscosity	
	表观黏度		apparent viscosity	
	剪切		shear	
	触变性		thixotropism	
	流变特性		rheological behavior	
	流平		levelling	
	表面张力		surface tension	
	沉淀		sediment	
	流速		flow velocity	
	压力		pressure	
	压力损失		pressure loss	
工艺			technology, process	
	工艺流程		technological process flow	
	前处理		pretreatment	车身着漆前的清洁和磷化等预处理
	电泳	ED	electrophoresis	浸入式电化学着底漆
	湿碰湿		wet on wet	一遍漆不经烘干喷第二遍。之间可有流平闪干
	闪干		heated flash	湿碰湿两道漆之间的快干
	强冷		strong cooling	闪干后恢复常温
	喷涂		spraying	
	空气喷涂		air spraying	

续表

分类	中文	英文缩写	英文	注释
	无气喷涂		airless spraying	
	混气喷涂	AA	assisted airless	空气辅助式无气喷涂
	双组分喷涂		two-component spraying	
	雾化喷涂		atomizing spraying	涂料被分散成微粒喷出
	离心雾化		centrifugal atomization	
	静电喷涂		electrostatic spraying	喷具加高压静电喷涂
	粉末喷涂		powder spray	
	表面喷涂		finishing	表面精细喷涂、装饰性喷涂
	中涂漆		primer	电泳底漆和面漆之间的中间涂层
	色漆		color paint	
	罩光漆	CC	clear coat, varnish	
	喷覆、涂覆		coating spraying	包覆式喷涂、防蚀喷涂
	内腔喷涂		cavity spraying	
	内腔喷注		internal jet	
	喷胶		glue spraying	
	窄幅喷涂		narrow spraying	
	挤涂		extrusion coating	
	挤胶		glue extrusion	
	焊缝密封		weld seal	
	车身密封胶	IBS	inside body sealing	
	车身细密封胶	ISS	interior seam sealing	
	车底密封胶	UBS	under body sealing	
	抗石击减震胶	UBC	under body coating	
	裙边胶	RPP	rocker panel paint	车门下侧涂料
	液态隔音阻尼胶	LASD	liquid applied sound deadener	驾驶舱地面喷胶
	喷蜡	WAX	cavity wax injection	
	聚氨酯发泡灌注	FOAM	polyurethane foam	
	密封胶		sealant	
	点焊胶		spot adhesive	
	折边胶		hemming adhesive	
	结构胶		structural adhesive	
	减震胶		shock-absorbing adhesive	

续表

分类	中文	英文缩写	英文	注释
	玻璃胶		glass cement	
	热熔胶		hot melt	
	胶黏剂		adhesive	
	涂层		coat	
	涂膜		paint film	
	膜厚		film thickness	
涂料			materials	
	涂料		paint	
	油漆		paint	
	溶剂漆	SB	solvent paint	
	水性漆	WB	water paint	
	效果漆		effect paint	
	清漆	CC	clear coat, varnish	罩光漆主料。天然漆、性能好
	金属漆		metallic paint	色漆中添加铝箔，是主要的效果漆
	珠光漆		pearl finish	色漆中添加云母片
	溶剂		solvent	
	挥发性有机物质	VOC	volatile organic compound	
	固化剂		hardener	
	树脂		resin	
	单组分		one-component	
	双组分		two-component	
	颜料		pigment	
	色母料		color masterbatch	
	基料		base stock	
	效果材料		effect material	
	闪光颗粒		flash particle	
	添加剂		additive	
	胶体		colloid	
	聚氯乙烯	PVC	polyvinyl chloride	
	石蜡		paraffine	
	防锈蜡		anti-rust wax	
	发泡材料		foam material	
	异氰酸酯	ISO	isocyanate	
	多元醇	POLY	polyol	

续表

分类	中文	英文缩写	英文	注释
	比重		proportion	
	固体分		solid content	
	成膜物质		film forming matter	
设备			equipment	
	喷涂机器人	ROBOT	painting robot	
	高压静电发生器		high voltage electrostatic generator	
	供漆单元		paint supply unit	
	管中管换热器	T&T	tube in tube heat exchanger	
	电动执行器		electric actuator	
	媒质		medium	
	换热器		heat exchanger	
	水箱		water tank	
	储能器		accumulator	
	液压站		hydraulic power station	
	液压油		hydraulic oil	
	液压泵		hydraulic pump	
	泄压阀		relief valve	
	冷却装置		cooling installation	
	液压调节器		hydraulic controller	
	喷具		sprayer	
	喷枪	GUN	spray gun	
	手动喷枪	MANU GUN	manual spray gun	
	自动喷枪	AUTO GUN	automatic spray gun	
	空气喷枪		air spray gun	
	无气喷枪		airless spray gun	
	混气喷枪	AA	air assist airless gun	
	双组分喷枪		two-component spray gun	
	静电喷枪		electrostatic spray gun	
	旋杯	CUP	bell,cup	
	挤胶枪		adhesive squeeze gun	
	热熔胶枪		hot melt glue gun	
	旋转喷胶枪		rotary glue gun	
	多孔喷枪		multi-nozzle spray gun	
	定量注蜡枪		quantitative wax injection gun	
	柱塞泵		piston pump	
	容积泵		cubage pump	
	隔膜泵		diaphragm pump	

续表

分类	中文	英文缩写	英文	注释
	螺杆泵		screw pump	
	齿轮泵		gear pump	
	化学泵		chemical pump	
	双作用泵		double effect pump	
	气动泵		pneumatic pump	
	电动泵		electric pump	
	模组		module	
	油漆桶		paint tank	
	循环桶		circulating tank	
	调漆桶		mixming tank	
	溶剂桶		solvent tank	
	固化剂桶		hardner tank	
	保温桶		insulated tank	
	夹套桶		jacket tank	
	中转桶		transfer tank	
	废溶剂桶		waste solvent tank	
	收集桶		gathering tank	
	压力罐		pressure tank	
	搅拌器		agitator	
	低剪切搅拌器		low-shear agitator	
	气动搅拌器		air agitator	
	电动搅拌器		electric agitator	
	稳压器		surge tank	
	涂料调压器		paint regulator	
	背压器	BPR	back pressure regulator	
	过滤器		filter	
	袋式过滤器		bag filter	
	滤芯式过滤器		cartridge filter	
	Y型过滤器		y-types filter	
	空打保护器		runaway valve	
	单向阀		check valve	
	四通阀		four-way valve	
	三通阀		three-way valve	
	球阀		ball valve	
	角阀		angle valve	
	闸阀		sluice valve	
	气控阀		pneumatic control valve	
	电磁气动阀		pneumatic solenoid valve	

续表

分类	中文	英文缩写	英文	注释
	换色装置		colors changer	
	流量计		flowmeter	
	液位传感器		level sensor	
	压力传感器		pressure sensor	
	压力表		pressure gauge、pressure gage	
	温度传感器		temperature sensor	
	温度表		thermometer	
	阻尼式压力表		damped pressure gauge	
	换色阀		color changing valve	
	空气净化器		air cleaner	
	管接头		fitting	
	主管道		main pipe	
	回流管		return pipe	
	枝管		branch pipe	
	支管		drop	
	软管		hose	
	加热器		heater	
	防爆控制箱		explosion-proof control box	
	电控柜		electric control cabinet	
漆膜检测			film detection	
	光泽		gloss	
	雾影		fog shadow	
	橘皮		orange peel	
	云雾		mist	
	鲜映性		distinctness of image	
	色差		color difference	
	颜色		colour	
	效果		effect	
	干膜		dry film	
	湿膜		wet film	
	附着力		adhesive force	
	表面张力		surface tension	
	硬度		hardness	
	转子黏度计		rotary viscometer	
	黏度杯		viscosity cup	

附录 2 喷涂技术常用物理单位对照表

物理量	符号	公制				美国标准			
		中文名称	单位	定义	换算	中文名称	单位	定义	换算
长度	L	米	m			英尺	ft		0.33m
						英寸	in		0.0254m
质量	m	千克	kg			磅	lb		0.45kg
						盎司	Oz		28.35g
容积	V	立方米	m^3			加仑	gal		3.78L
		升	L	dm^3	$10^{-3}m^3$				
		毫升	mL	cm^3	$10^{-3}L$				
流量	Q	立方米每分	m^3/min			加仑每分钟	GPM	gal/min	3.78L/min
		升每分	L/min						
力	F	牛顿	N	$kg·m/s^2$					
		达因	dyn	$g·cm/s^2$	$10^{-5}N$				
压力（压强）	p	帕斯卡	Pa	N/m^2			psi	lbf/in^2	0.07bar
		兆帕	MPa	10^6Pa					
		巴	bar	kg/cm^2	0.1MPa				
动力黏度	η	帕斯卡秒	Pa·s	$N·s/m^2$					
		泊	P[①]	$dyn·s/cm^2$	0.1Pa·s				
		厘泊	cP	0.01P[①]	mPa·s				
运动黏度	v	米的二次方每秒	m^2/s	Pa·s/ρ					
		斯托克斯	St	cm^2/s	$10^{-4}m^2/s$				
		厘斯	cSt	0.01St	$10^{-6}m^2/s$				

① 本书中 P 也表示为 POIS。

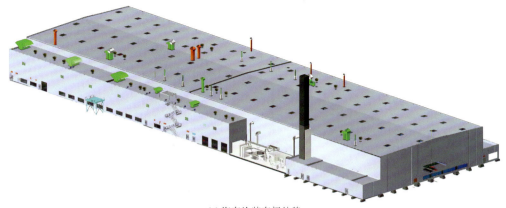

(a) 汽车涂装车间外貌

(b) 汽车涂装车间内部

图 1-1　汽车涂装车间

(a) 汽车油漆喷涂作业

(b) 汽车油漆喷室

图 1-3　汽车油漆喷涂

图 1-11　焊装线涂胶作业

图 1-12　（a）点焊胶作业

图 1-13　（a）折边胶作业

图 1-14　结构胶作业

图 1-16　车窗玻璃挤胶作业

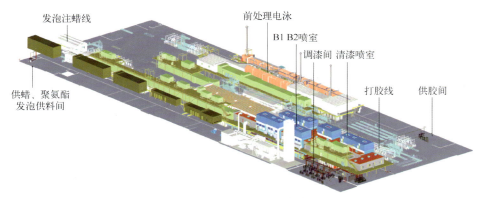

图 3-2 涂装流水线俯瞰

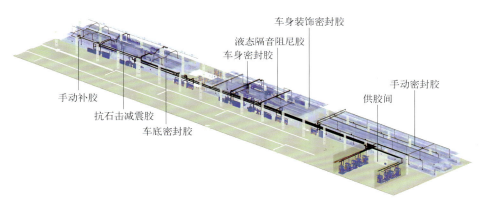

图 3-4 涂装打胶线

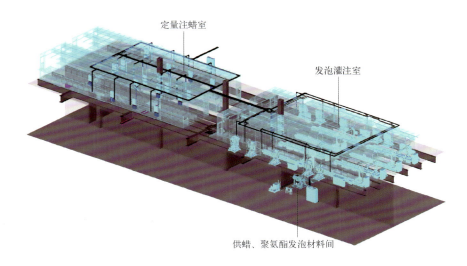

图 3-7 （a）涂装空腔加注线

图 3-7 (b) 聚氨酯发泡加注

图 3-12 工位（线边）供胶系统

图 3-13 调漆间

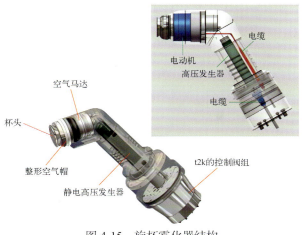

图 4-15 旋杯雾化器结构

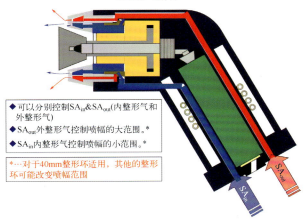

图 4-16 双整形空气

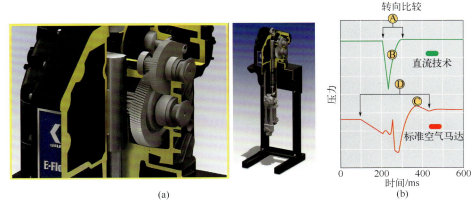

图 4-42 BLDC 直流电动机的齿条动力耦合机构（a）和压力脉动（b）

图 4-52　先进后出式高压定量缸

18—隔膜片
21—隔膜底盘
40—垫圈

便于快速和在线维护关键部件

创新设计且经久耐用的一体式隔膜片,适合各类极端工作条件
隔膜泵可以处理低剪切敏感性材料

弹匣式设计的单向阀组件,便于在线维修

旋转式液体歧管、安装支架和弹匣式单向阀设计可满足个性化安装要求

(a) 高性能隔膜泵

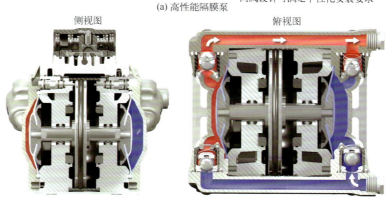

侧视图　　　　　　　　俯视图

(b) 高变比隔膜泵

图 4-54　高性能隔膜泵和高变比隔膜泵

图 4-55 （a）动力齿轮泵外形

图 4-58 碟式涂料稳压器

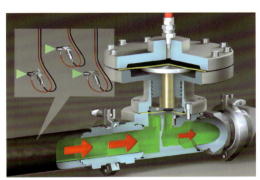
图 4-67 气控式背压器

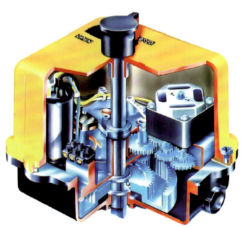
图 4-78 电动执行器

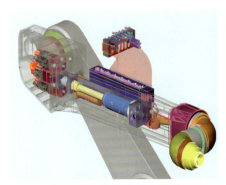
图 4-91 喷涂机器人手臂

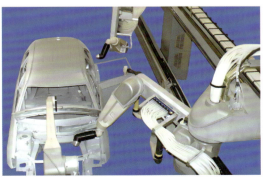
图 4-92 机器人水平移动装置

图 4-95　开门机器人

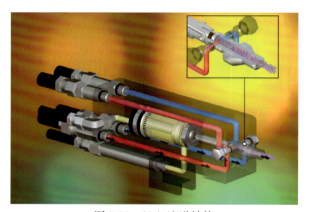

图 7-33　(b) 流道结构

图 10-45　外观项目机器人检测